治 安 学 文 库

2017年度湖北省本科高校治安学荆楚卓越经管人才协同育人计划项目资助出版

当代中国户籍制度改革若干问题研究

宋福荣 著

WUHAN UNIVERSITY PRESS
武汉大学出版社

图书在版编目(CIP)数据

当代中国户籍制度改革若干问题研究/宋福荣著 .—武汉：武汉大学出版社,2020.12(2022.4 重印)
治安学文库
ISBN 978-7-307-21614-3

Ⅰ.当… Ⅱ.宋… Ⅲ.户籍制度—体制改革—研究—中国
Ⅳ.D631.42

中国版本图书馆 CIP 数据核字(2020)第 113441 号

责任编辑:林 莉 沈继侠 责任校对:汪欣怡 版式设计:马 佳

出版发行:**武汉大学出版社** (430072 武昌 珞珈山)
(电子邮箱:cbs22@ whu.edu.cn 网址:www.wdp. com.cn)
印刷:武汉邮科印务有限公司
开本:720×1000 1/16 印张:16 字数:285 千字 插页:1
版次:2020 年 12 月第 1 版 2022 年 4 月第 2 次印刷
ISBN 978-7-307-21614-3 定价:55. 00 元

前　言

当代中国户籍制度是指中华人民共和国成立以后于计划经济条件下建立的以《中华人民共和国户口登记条例》为核心，以定量商品粮油供给制度、劳动就业制度、福利分房制度等辅助性措施为补充规定而形成的一系列户籍管理制度和政策法规的总称，它在维护社会稳定，促进经济发展等方面发挥着重要的作用。但是，随着市场经济体制的建立和社会主义制度的不断完善，当代中国以城乡二元为主体的户籍制度模式弊端日益凸显，成为阻碍经济发展和社会进步的重要因素，深化户籍制度改革的呼声日益高涨。

户籍制度改革是全面深化改革中的一项最基础性的改革，是推进中国特色新型城镇化的重要内容，它对于决胜全面建成小康社会具有重大的现实意义和深远的历史意义。实践中，中央和地方进行了一系列的户籍制度改革探索，特别是21世纪以来户籍制度改革的力度不断加大，并取得了一定的改革成效。本著作在介绍当代中国户籍制度改革现状的基础上，围绕着与户籍制度改革相关的流动人口管理制度、基本公共服务均等化、进城务工农民市民化、城乡户籍一元化、新型城镇化、恢复公民迁徙自由权、国家治理现代化等主题进行了理论探讨。第一章介绍了我国户籍制度的变革历程及当代中国户籍制度改革的现状，指出了当代中国户籍制度改革的推进思路；第二章介绍了流动人口管理的暂住证制度及居住证制度，指出了完善流动人口居住证制度、推进户籍制度改革的主要举措；第三章介绍了我国基本公共服务体制的现状及实现基本公共服务均等化的现实困难与挑战，指出了深化户籍制度改革，实现基本公共服务均等化的路径；第四章介绍了我国进城务工农民市民化的现状及户籍制度对进城务工农民市民化的制约，指出了改革户籍制度，推进进城务工农民市民化的路径；第五章介绍了我国城乡二元户籍制度的发展历程及其改革的必要性和可行性，指出了改革户籍制度，全面推行城乡户籍一元制的路径；第六章介绍了新型城镇化的相关理念及其我国新型城镇化的现状，指出了改革户籍制度，推进新型城镇化的路径；第七章介绍了我国公民迁徙自由权的发展历程及其恢复公民迁徙自由权的必要性与现实困境，指出了推进户籍制度改革，恢复公民迁徙自由权的立法构想；第八章介绍了国家治理现代化的相关理念及其与户籍制度改革的关系，指出了推进户籍制度改革，实现国家治理现代化的应对策略。

笔者长期关注户籍制度改革的理论与实践，结合自己的学习和研究，历经多年的积累与沉淀，撰写了本著作，以期唤醒国家和社会对户籍制度改革予以多方位的关注，为开展户籍制度改革的理论研究提供了多维度的思考和创新模式。

在研究过程中，笔者结合并借鉴了自己参与湖北省政协及湖北省公安厅治安总队关于户籍制度改革调研时收集的相关数据，同时借鉴、参阅和引用了诸多户籍制度改革的专家、学者的研究成果以及相关理论著作和文献，在此一并表示最真挚的感谢！

由于笔者才疏学浅，理论水平和研究能力有限，本著作难免存在疏漏和不当之处，敬请专家学者和读者不吝指正。

作　者

2019 年 12 月于武汉

目　录

第一章　当代中国户籍制度改革的现状及推进思路

户籍制度作为国家行政管理制度的重要组成部分，在我国有着悠久的历史，要对其进行系统的研究，首先必须全面地了解它的发展演变过程，以及在历史进程中发挥了怎样的社会功能。因此，对当前户籍制度改革的相关问题展开研究之前，有必要对我国户籍制度的发展历程进行系统的梳理，在此基础上探讨推进我国户籍制度改革的措施。我国当代户籍管理制度是指在 20 世纪 50 年代以《中华人民共和国户口登记条例》为核心，以定量商品粮油供给制、劳动就业制度、福利分房制度等辅助性措施为补充规定而形成的一系列户籍管理制度和政策法规的总称。随着改革开放这一基本国策的确立，在计划经济条件下建立的当代中国户籍管理制度已不适应中国政治经济的发展，特别是本世纪以来，我国全面深化改革的不断推进和政府治理理念的不断提升，户籍制度改革已全面提上议程并进入深入推进阶段。

第一节　我国户籍制度的变革历程

一、户籍制度的相关概念

户籍是一个古老的概念，“户籍”一词最早出现于《史记》。据《史记·高君列传》记载，公元前 375 年，秦献公“令民为相伍而相牧司连坐，不告奸者腰斩，告奸者与斩敌首同赏，匿奸者与降敌同罚”，即命令臣民向国家申报户口、身份，并按家出一丁、五户成一伍、十户成一什的“什伍制”，仿军队编制编组民众，并赋予告密防奸、连保连坐的维持治安责任。这也是我国历史上最早的“什伍连坐制”。《辞海》（1999 年版）中“户籍”是指“登记居民户口的册籍”，中国古代历代政府用以稽查户口、征收赋税、调派徭役、维护统治秩序的制度。

从历史发展的角度看，户籍制度有狭义和广义之分。就狭义而言，户籍制度是指按户登记人口的一种人口统计和管理制度，其主要目的是掌握人口信息，了解人口中出生、死亡、迁出、迁入、变更更正等基本事项的变化情况。就广义而言，户籍制度具有更深更广的意义，它主要包括与户籍或户口有关的政治制度、意识形态、经济制度以及各项法规政策等。① 我国当前的户籍制度主要包括户口登记制度、户口迁移制度、居民身份证制度、流动人口管理制度、户口档案管理制度以及与其相挂钩的基本公共服务、公民基本权益等社会制度等。因此户籍制度应定义为对户籍进行管理的制度，是国家有关机关依法收集、确认、登记有关公民身份、亲属关系、法定住址等公民人口基本信息的一项行政管理制度。它是以国家法律、法令或政策的形式存在的，因而户籍制度也是一项法律制度，是属于行政法的范畴。

二、中华人民共和国成立前的户籍制度概述

（一）我国原始社会时期的户籍制度

1. 原始社会是我国户籍制度的萌芽时期

（1）姓氏、人名的起源。姓氏是姓与氏的合称，在上古社会，一个姓是一个族或一个部落的标记。以后由于子孙繁衍按代际出现若干分支，每支有一个特殊称号就是氏。它包括这样两个问题：第一，是什么时候产生了给人命名的需要？第二，姓氏的起源及其作用。我国一些姓氏已有 4000 年的历史了，其形成的原因大致有五种情况：一是以祖先的族号或殷号为姓；二是以国名地名为姓；三是以官职和职务为姓；四是以动植物为姓；五是以数字为姓。在同一姓氏内，成员之间的区分则取决于名的规定，于是出现了最简单的“我、私”等代称。文身与服饰，相当于现代户政管理中的身份证件，能够证明每个人的身份和地位。夏禹确定奴隶制王权，是夏朝建立的标志。启破坏禅让制，建立国家天下，开启世袭制度，与此同时，父权家长制家庭出现，于是便开始有了姓氏的区别。《左传·隐公八年》：“天子建德，因生之赐姓，胙之土而命之氏。”西周时期，周天子将姓作为奖品赏赐给有功的下属，但并不是所有的人都有姓氏名号。

（2）人口登记与户口统计制度产生的必要前提。原始人群的主要任务是同自然界作斗争，随着生产力的发展，转向同类之间的争斗。这就要求对原始人群进行记载。对原始人群各成员身份及相互关系的记载，以及原始人群依某

① 陆益龙：《户籍制度——控制与社会差别》，商务印书馆 2003 年版，第 65 页。

种社会形态进行分类统计，都要有技术支持。文字的产生及有关数量的计算知识，为其提供了条件。如某些进步较早的部落在旧石器晚期和新石器时代，就已经学会用刻痕、算筹或结绳等方法表示数目。此外，在征收赋税时，一般以户口和财富的多寡作为依据。奴隶主为了对内镇压奴隶的反抗，对外发动掠夺土地、奴隶和其他财物的战争，也需要征集兵源、组建军队，这些都需要对居民进行详细的登记及调查统计。我国夏朝的人口数为“一千三百五十五万三千九百二十三人”。这是我国最早见诸书面记载的户籍人数。

(3) 地域限制、迁移频繁与家庭定居观念的形成。原始社会时期，我国人民的聚居方式由村落聚居向城邑聚居的方式发展，并修筑了城墙，设置了司徒、司空等官职，有了可靠的安全管理与安全保障体制。

(4) 客观需要与现实可能。第一，户口数量的多少，是一个国家的统治阶级和统治集团统治力量强弱的重要标志。统治阶级总是千方百计地争夺户口，扩充实力，以便在激烈的争斗中立于不败之地。第二，户籍制度具有多方面的用途。财富的分配要以户口数量为依据，徭役的征收要以户口数来摊派，社会治安秩序的维护要以严密的户口控制来实现。所有这些，就是统治阶级不惜血本编制户口，标识公民身份和定期统计户口的真正动机。户口数的用途，是出于征兵的需要也是出于贡赋的需要。第三，随着私有制的发展，社会日益分裂成两大对立的集团。占统治地位的奴隶主阶级就可以运用政权的力量，投入大量的人力和财力来管理户口。科学知识的进步，也为户口管理的进行创造了技术方面的条件。

2. 原始社会户籍制度萌芽的基本过程

人类的产生是户政管理起源的前提。人类的产生经历了原始群、氏族公社等阶段，随后父权家长制家庭逐渐形成为社会的基层组织。游离状态下的人类与定居生活的出现，是早期实施人口管理的前提。定居后，不仅有人口管理，而且出现对户口的管理。由于夏朝还处于原始的农业经济阶段，粗放的耕作使得人们在土地的天然肥力耗竭之后，就不得不迁移，另辟新居。家庭的形成过程，促成了按户管理的可能性。这时的户口管理应该不是出于交纳赋税的需要，更大程度上表现为征兵的需要。国家产生后，按地域划分居民，征兵打仗，征收赋税，这时统计人口的需要便出现了。至于户口登记、调查、文书管理、档案等制度的形成，出现的时间更晚。统治阶级将社会分为两大对立集团，并且地域上也有乡、遂之别，职业有农工商之差。

3. 户籍制度萌芽的一般规律

原始标识是萌芽状态下的户籍制度。所谓标识，是指对事物所作的记号。

原始标识是指人类早期对事物特征所作的一些记号，它主要包括图腾、文身等。原始社会认定和识别身份的需要，取决于人类交往的扩大。

（1）图腾。在母系氏族阶段，以狩猎、采集为生的原始人认为每个氏族都和某种动物或植物有血缘关系，此物被尊奉为该氏族的图腾。图腾被视为氏族的保护者和标志，一般禁杀、禁食。同一图腾所属成员禁止通婚。图腾的目的是确定世系。

（2）文身。文身，即在人体皮肤上刻花纹。文身是每个人的身份、地位外在化和表现化，以便建立长幼尊卑的人际关系。文身的目的即认定身份。

（二）我国奴隶社会时期的户籍制度

1. 夏朝的户籍制度

据史家推测，夏朝中心活动区域大致在今河南西部嵩山周围的伊、洛、颍、钕河流域。据《后汉书·郡国志》称夏朝的人口数为“民口千三百五十五万三千九百二十三人”。元朝马端临著《文献通考·户口考》也说夏朝“其时户口一千三百余万”。一般认为，这些数字出自史家推测，不可尽信。在人口构成上，相传已经有了奴隶主贵族和奴隶的对立。奴隶又有“臣”的家内奴隶，称为“牧竖”的牧奴。

2. 商朝的户籍制度

商朝的统治范围大致分布是：东至东海，西至邯龙，南及巴蜀、江汉及钱塘，北达燕山东麓。商朝的甲骨卜辞中，经常可以见到“登人”的字样。“登人”即临时征集兵力，有统计兵源的意思。商代军人是临时征集的，无常备军。这些兵战前即众，一般从事农业劳动，被征集后，一般按照左、中、右三军编制。这就是商朝的人口登记制度。除此以外，商代的统治者为了做到对其统治对象心中有数，以加强对奴隶的人身控制，还逐渐建立起比较严密的户籍管理方法，达到了“有典有册”，这为后来的统治者提供了可借鉴之处。商朝的奴隶主阶层称“百姓”，除包括商王外，还有邦伯、师长等与商王共同统治人民的大小奴隶主。商朝的农业工具很原始，所以人们会不断迁移。成汤王以后，由于生产力水平的提高，定耕农业的出现，这种经常迁移的情况有所改变。

3. 西周的户籍制度

西周的统治疆域：东到海滨，西到今甘肃东部，南到淮水流域，北到今河北北部和辽宁西南部。《周礼》一书中所记载的西周户籍制度的内容：第一，为了加强户籍，西周设置了众多的户口管理官员。有太宰、司会、司书、大小司徒、乡师、乡大夫、司民等27种。第二，西周的户口登记已经制度化。据《周礼》记载，“司民，掌登万民之数，自生齿以上，皆书于版，辨其中国，与其都鄙，及其郊野，异其男女，岁登下其死生”。第三，西周已有定期统计人口的制度。据《周礼》，这种定期统计人口的制度每三年举行一次，当时叫“大比”。“大比”之后，要将户口统计的结果上报国王。“及三年大比，以万民之数诏司寇。司寇及孟冬祀司民之日，献其数于王。王拜受之，登于天府。”第四，西周的户口档案管理已经制度化。由地方上报给周王的户口文书，其正本藏于天府，副本则分送内史、司会、冢宰，供他们施政时参考。周宣王在太原的料民（调查人口。太原是今甘肃镇原与宁夏固原一带，这里是周部族的早期活动区域，西周政权对这里保持着很强的政治控制能力），这是我国历史上第一次明文记载的有组织、有领导、有特定目的的一次人口普查，它在世界史上也是领先的。① 在甲骨文中还出现了“臣十家”的记载，表明西周不仅统计人口数，也统计户数。

4. 春秋时期的户籍制度

第一，鲁齐卫吴越等国的书社制度。“社之户口，书于版图。”社，就是25家，以社为单位，将社内的户口事项登记在户口版簿上，这就是书社制度，它曾在春秋五国中推行。第二，春秋时期齐国管仲改革的户籍思想。其户政管理思想主要有“四民分治”“不迁不移”“恒业不变”“作内政而寄军令”和“口系于户，户著于地”等。他之所以主张四民分居，士农工商世居其乡而不迁徙不杂居，其中一个原因就是便于组织生产。他认为这样做可以使“父兄之教不肃而成，子弟之学不劳而能”，世守其业，世传其艺。对于祖传职业，“少而习焉，其心安焉，不见异物而迁焉”，这就从基础上保证了社会的安宁。

（三）我国封建社会时期的户籍制度

1. 战国时期的户籍制度

战国时期的户籍制度基本上沿用了西周和春秋时期的户政管理制度，但又有很大的发展，其中比较有影响的是“商鞅变法”所建立的户籍制度。商鞅进行了两次户籍制度改革。第一次是在公元前359年，改革重点是建立什伍连坐制，改革立户办法，建立一家一户的小家庭，改革户籍世袭制，实行按垦田和军功升降户籍的办法，这次改革的目的是为了更好地推行其农战政策。第二次是公元前350年，这次重点是进一步改革社会风俗和改革宗法制，同时也涉

① 陈鸿彝：《中国古代治安简史》，群众出版社1998年版，第34页。

及行政区划改革问题，即把乡村、城镇、村落等集中合并为县，推行郡县制。商鞅户籍制度改革的内容，可以概括为六个方面：第一，改革行政区划旧制，建立什伍连坐制。第二，在全国普遍建立了全面的户口登记制度。“四境之内，丈夫、女子皆有名于上，生者著，死者削。”第三，实行强制分户的办法。“民有二男以上不分异者，倍其赋。”第四，控制迁移。第五，加强对流动人口的管理。“商君之法：接受旅客而旅客无身份证件者，一同治罪!”第六，规定了固定而详细的户口统计制度。商鞅户籍制度改革具有重大的意义，首先，改革在西周、春秋和秦孝公以前的秦国原有户籍制度的基础上进行的，同时又有重大的发展；其次，他所建立的户籍制度是其农战政策的重要组成部分，对秦国的富国强兵有着重要的影响；最后，改革奠定了两千多年中国封建社会户籍制度的基础。商鞅建立的以征收赋税为主要目的的户籍制度，到清朝推行“摊丁入亩”时才告终结。

战国后期，韩、赵、魏、秦等国普遍实行上计制度。由于战争原因，人力成为极为重要的因素。为了掌握和控制更多的人口，每年年初，地方官吏将辖区的户口数目与赋税收入的预算写在券上，呈送国君。国君将券一分为二，左券发给地方，右券由官方保存。到年终，地方官吏将本年度辖区户口增减的实际数目与赋税收入的结算写在册上，送到国君，国君据右券核查，并以核查的结果作为对地方官吏升降赏罚的依据，这就是上计制度。

此外，当时的魏国还颁布了一项比较重要的法律《魏户律》。《魏户律》有记载“假门逆旅，赘婿后父，勿令为户，勿予田宇”，即不允许商人和上门女婿单独立户，亦不允许分田地和房屋给他们，表明当时已确立了不允许单独立户的制度。

2. 秦朝时期的户籍制度

秦统一中国之后，其户籍编制仍沿袭了以往的制度，主要表现为：第一，编户制度。完善了什伍连坐制度，而且在组织和施行方面，比以前更加完备和严厉。第二，立户制度。规定只有私有土地所有者才是户口登记的对象，奴隶不入户籍，户口类别有：民户籍、故秦人户籍、外来人户籍、特殊户籍（宦籍、市籍、宗室籍）。第三，户口登记制度。在户口登记方面，建立了著籍、削籍、更籍等一系列的制度。登记的内容包括户主姓名、籍贯、身份、户口、人口情况、户内成员的年龄、健康状况、祖宗三代的出生情况、家庭、财产和身高。正式在户籍上登记男子的年龄，为适应徭役制度。第四，户口调查制度。据《史记》记载：“汉王所以具知天下厄塞，户口多少，强弱之处，民所疾苦也，以何具得秦图书也。”第五，秦中央户籍档案管理制度。“收秦丞相御史律令图书藏之。”

3. 汉朝的户籍制度

汉承秦制，是秦代户籍的继承与完善。汉朝从中央到地方都设有主管户口的职官。中央和道、县设户曹，管理户口和人口统计。县以下的基层组织是乡、亭、里、什、伍，即五家为伍，十家为什，百家为里，十里为亭，十亭为乡，乡和亭是基层自治组织，乡有乡长，亭有亭长，主要负责户口管理和基层社会治安。汉代有一套户口调查办法叫作“案比户口”。案比又叫算民，即将全部的人口当面一一核对，以确定实际人口与上年相比的增减数。案比每年八月进行。当时在没有摄影技术无法得到照片的情况下，只能用案比的形式，且较严格。案比时县官或在城中，或巡行四乡，老百姓不得遗漏。有一叫江革的齐国人，因怕年迈的老母亲坐畜力车不胜颠簸，亲自拉车送其参加案比。汉朝的户口迁移已经制度化，政府严禁自由迁徙，规定未经乡亭批准、结清赋税，不得迁移更籍，违者受罚，凡迁移户口，要向官府申领“符”“传”“过所”等通行证件，迁入地凭证件办理入户手续。西汉的户口和赋税进一步结合，开始实行户赋和口赋相结合的算赋和征赋制度，户赋，就是每户每年缴纳户口税200钱，算赋就是15岁至56岁的男女百姓，每人每年缴纳人头税120钱，叫作一算，口赋就是7岁至14岁的男女儿童征收的人口税，每人每年缴纳20钱。要如实征收赋税，掌握户数和口数就显得尤为重要。

4. 魏晋南北朝时期的户籍制度

这一时期的历史背景是，汉帝国灭亡，一君万民的统治政体为三国六朝的分裂割据所取代，北方民族南侵，汉族户口大迁移，形成了秦始皇统一中国后分裂、动乱最长的历史时期。由于长期动乱，户籍管理也相当混乱，逃户、漏户、不入户籍户现象极为普遍，严重阻碍了封建经济的发展。统治者为了巩固政权，在户政管理上采取了一些措施。

北魏时期，推行了一系列的改革措施，其中主要是“三长制”和“户调制”。“三长制”是指由邻、里、党长负责检括户口，整顿户籍，其目的是为了抑制荫户的增长，稳定和确保课税来源；“户调制”是以户为单位征收赋税的制度，废除了汉代按口计算的赋税制，当时的封建统治者，非常重视户的登记调查，而忽视口的统计。

东晋时期，政府为了安置北方流民，特在现住地设立他们原籍州郡县的名称，使其临时居住，叫侨置。侨置居住的居民户籍为白籍，即临时户籍。侨置设立后，出现了许多问题。第一，版图混乱。北人南来，都是流民性质，居住不固定，致使侨置郡县也常改变。第二，影响国家财政收入。侨置郡县或侨人不征税租役徭。为改变这种情况，东晋政府采取土断政策，即不分外来户与土著户，一律以现居地为户口登记地，废除了侨置。东晋前后进行了四次土断，解决了三大问题：其一，整顿了户籍，使民籍不立的无贯之人编入国家户籍中。其二，整顿了侨置郡县。其三，制止了流亡人口投靠大族。这四次土断有一个显著的特点，就是军阀、塞人得势之时，也必然是士族失势之时。

东晋南朝时的黄籍和白籍制度。黄籍的登记对象是服役纳贡赋者，还有少数免赋税的高门士族，白籍的登记对象是北方的流民。设置黄白两种户籍的原因在于用纸不同、土著与外来之别。黄籍与白籍的区别是：第一，从表面看，颜色不同。第二，黄籍是西晋以来早已存在的户口册，它是晋代正规的户口册，而白籍始于永嘉南渡，是一种临时性的措施。第三，黄籍上是江南土著户的户籍，白籍则是中原南渡人口，即侨置户的户籍。第四，黄籍一般是纳税服役的实户，而白籍则是不纳税不服役的空挂户。

5. 隋唐时期的户籍制度

隋文帝统一中国，便颁令进行户籍制度改革。第一，括户。括户是通过检查户口，将隐漏不报和逃亡人口搜括出来，遣送还乡或就地入籍，又称括客。形式上包括中央括户与地方括户，内容上包括大索、貌阅、析籍。大索，即大规模地搜索隐匿人口，以便增加统治人手，扩大赋税收入来源。貌阅是隋唐时期地方官亲自检查百姓年貌形状，以便核实户籍的制度。第二，编民。隋唐除了沿袭北魏的三长制调查户口外，还由大将高颖提出“输籍法”，也叫输籍定样，即按财产划分赋役等级，然后将它载入户籍，形成制度。第三，法律措施：由国家发布命令，对“户口不实者，正长远配”；开相纠之科，鼓励告发。户口隐漏实质上是阶级斗争的外化。

唐承隋制，户籍管理更加完备周密。唐代实行“均田制”和“租庸调制”。均田制就是按照人口的年龄授田，为此必须首先清查户口，搞清人口年龄，并规定“男女自初生以上称为黄，4 岁以上为小，16 岁以上为中，21 岁以上为丁，60 岁为老”；租庸调制就是按照人丁交纳赋税。无论实行“均田制”还是“租庸调制”，都必须清查户口，搞清人口年龄。因此，唐代非常重视户口核实和造账、造籍工作。唐代的户口登记更加详细，户主姓名及在户口登记簿册上对户内人口的出生、死亡、逃跑、迁移、成年、入老、疾病等情况都要加以注明。在继承隋朝“三长制”的基础上，唐代县以下的基层居民编户组织实行邻保制度，以严格控制隐漏人口，规定以四家为邻，五邻为保；百户为里，五里为乡。由邻长、保长、里正负责管理户口。居民离乡外出，必须履行严格的审批手续，申请名为“过所”的通行证件。

手实是唐宋时在基层官吏监督下居民自报户内人口、田亩以及本户赋役承担情况的登记表册。在唐代，它是制定计账与户籍的主要依据，每年填报一次。唐代手实的内容大体分为三大部分：（1）根据现状具户主姓名及户内所有良贱人口，注明年龄、性别、身份，并根据貌阅结果注上三疾（残疾、废疾、笃疾）或改正年龄疾状等情况。（2）在均田制下当户“合受田”总数及已受、未受亩数。已受田则分段记载其亩数，所在方位，所属渠名及各段田地的四至，并区分口分、永业、园宅地。（3）户主的保证辞，都作“牒被责当户手实，具注如前，更无加减，若后虚妄，求依法受罪，谨牒”。

6. 宋朝的户籍制度

宋朝的户籍制度基本因袭唐制，其突出特点是：一是根据各户占有土地的不同，把户籍分为主户和客户两类。主户只指占有土地，交纳赋税的业户；客户是指自己没有土地，而向主户租佃耕种、交纳丁税和摊派劳役的农户。宋朝规定，每三年修造一次“丁产簿”，作为征收赋税和科派力役的依据。所谓“丁产簿”，就是记载各等主户和客户的土地、资产和丁口数目的簿册。二是推行“保甲法”。为了加强户口管理，严格控制人民，宋神宗时根据“王安石变法”建议推行保甲法，以十家为一保，五十家为一大保，十大保为一都保，分设保长、大保长、都副保正。保长、大保长和都保正均由有产业的人担任，负责户口管理。在保内实行连坐法，加强对人民的控制。推行保甲法的目的有三方面：一是便于清查户口；二是为谋求基层的社会治安和相互救助；三是建立民兵组织，为军队准备后备力量。

7. 元朝的户籍制度

元朝的户籍制度主要体现在三个方面：（1）户类户等十分复杂，实行“诸色户计”的办法。即按职业将居民划分为若干户种，不同的户种对国家承担的赋役不同，称为“诸色户计”。常见的户种有军户、民户、匠户、站户、盐户、儒户、僧户、道户等。（2）将基层编户为“社”。元7年（公元1270年），元朝政府又下令在汉地立社，规定每50家为一社，设社长，由社长负责按时查点丁户，申报于官。要求社长监督社众，社众服从社众。（3）实行民族歧视政策。元朝统治者把各民族的人划分为四大类：蒙古人、色目人、汉人、南人，其中蒙古人最高贵，色目人次之，汉人（南朝灭亡前，生活在北方的汉人、契丹人、女真人、高丽人）又次之，南人（原南宋统治区内的各族人民群众）最低贱，蒙古人和色目人享有各种特权，而汉人、南人则备受歧视。

8. 明朝的户籍制度

明朝的户籍制度，既沿袭元朝，又有所发展，主要表现在：（1）实行户贴制度。明朝洪武三年（公元1370年）在全国推行“户贴”制，在全国清查户口的基础上，建立了户口册（贴）和户籍簿，登记每户的籍贯、人口数、姓名、年龄。户口册上编有序号，盖有骑缝印记，发给各户保存，以作为每户户籍登记的凭证。户籍册则藏于户部，以核实户口，作为征调赋役的依据。户贴制是我国最早实有户口簿的登记制度。（2）推行黄册制度。黄册制度的内容主要有两个方面：一是按“里甲坊厢”编制户口，据《明史》记载：“以一百户为一里，推丁粮多者十户为长，余百户为十甲，甲凡十人。岁役里长一人，甲首一人，董一里一甲之事。先后以丁粮多寡为序，凡十年一周，曰排年。在城曰坊，近城曰厢，厢都曰里。”里甲的职责是催征钱粮，管理民间事物，维护社会治安，防御自卫，除此之外，还负责户口管理，防止乡民随意外流。(3) 实行10家牌制度。10家牌文告曰：“在城居民，每家各置一牌，备写门户籍贯及人丁之数，有无寄住暂宿之人，揭于各家门首，以凭官府查考。”把户口管理与城市治安管理紧密结合起来。

9. 清朝的户籍制度

清朝是中国历史上最后一个封建王朝，在户籍管理方面的突出特点主要有：（1）保甲制度进一步发展。规定州县城乡，十户立一牌头，十牌立一甲头，十甲立一保长；每户发给一印牌，登记人口及姓名；外出时必须注明目的地，对迁入者必须检查其原籍。保甲的功能主要集中在基础的治安以及清查人口上。(2) 清朝中期，摊丁入亩的赋役法全面推行。摊丁入亩是清朝的一项重要制度，即将丁税摊入土地，新生人口不再加征丁税。丁赋并入田赋一起征收，丁口的多少已与赋役的征收无关，人丁编审制失去作用，中国两千多年来按户口征徭役的制度从此中断，这是一个划时代的巨变。(3) 实行另册制度。清朝为维护社会治安，在户口管理上把对社会存在威胁的人口列入另册进行管理，令牌、甲长、邻佑“随时防范”，如一段时间后确能改过自新，由牌、甲长及邻佑联名俱保，才能在“另册”上除名，这种规定，类似于今天的重点人口的管理。

（四）我国半殖民地半封建社会时期的户籍制度

1. 清朝末年的户籍制度

1840年鸦片战争结束以后，帝国主义掀起了瓜分中国的狂潮，中国被沦为半殖民地半封建社会，民族和阶级矛盾进一步加剧。清政府在内外交困的情况下开始推行宪政，认为“立宪以先制定户籍法，而尤在先能励行户口调查，以树基础”。① 第一，变法时期的警政制度。19 世纪 90 年代前期，以黄遵宪为首的改良主义思想家提出将西方的警察制度引入中国，其中包括引进西方的户籍制度。在他的倡导下，1898 年成立了湖南保卫局，这是中国近代最早的警察机构，颁布了《保卫总局清查户籍章程》，有巡查长、巡查吏、巡查共 17 人，巡查相当于今天的户籍外勤。湖南保卫局存在的时间虽然短，但它揭开了中国警察制度的序幕。第二，清末警政的创办。1905 年，清廷正式宣布成立巡警部，作为全国警政的最高管理机构。巡警部下设警政司、警法司、警保司、警察司、警务司五司。警政司下设四科，其中户籍科“掌审定稽查户口章程，管理各省地方户籍，报告户口统计”。1906 年，清廷改巡警部为民政部。1908 年以后，广东、四川、云南、河南等 14 省设立巡警道。巡警道的官署为警务公所，是全省警务的最高管理机构，其中的行政科负责整蚀风俗，保护治安，调查户口籍贯等各事项。第三，清政府在 1908 年制定了《调查户口章程》《清查户口章程》《京师调查户口规则》《户口管理规则》等法律法规，近代户政管理法律制度由此建立。《调查户口章程》近代警察机关引入户政管理活动中，规定“调查户口，京师内、外城以巡警总厅厅承、顺天府各属以府尹、各省以巡警道为总监督，其未设巡警道各省暂以政司为总监杆。”“各地方所有巡警官长，均有协助调查户口之责”。改变了传统由乡官统领的单一户政管理形式，奠定了近代“户警合一”的户政管理法律制度的基础。该章程还规定户口调查要区分户数调查和口数调查，户数调查是指调查地段有多少户，每户要按要求编订门牌；口数调查是每户内有多少口数。1911 年清政府草拟了《户籍法》，但该法未及颁布便随着清政府的灭亡而胎死腹中。这部《户籍法》虽未施行，但它既摒弃了传统户籍的国家主义和身份标志，也废弃了清中、后期盛行的保甲户籍；确立了户籍管理形式的统一、平等和保障私权的近代户籍管理原则，并使户籍法从诸法合体的法律体系中独立出来，成为单一的行政法规，为民国时期的户籍立法奠定了基础。②

2. 北洋政府时期的户籍制度

北洋政府的户籍制度沿袭了晚清时期“户警合一”的形式。③ 由于政局

---

① 黎世衡：《历代户口通论》，上海世界书局 1922 年版，第 80 页。

② 张谦元、柴晓宇等：《城乡二元户籍制度改革研究》，中国社会科学出版社 2012 年版，第 10 页。

③ 姚秀兰：《论中国近代户政管理法律制度》，载《政治与法律》2005 年第 3 期，第 150～153 页。

不稳，地方自治名存实亡，其户政管理制度中户口编查是警察制与牌甲制并行，而且更加强调警察的监控作用。京师及各省会商埠设有警察厅地方，警察机关组织完备及户口繁盛，经内务部认定者，户口编查适用《警察厅户口调查规则》，实行警察制；对于未设有警察厅的各县乡，户口编查适用《县治户口编查规则》，施行牌甲制。牌甲制不同于保甲制，以十户为一牌，十牌为一甲，各依牌甲号数，按户钉立门牌。十户之外，有零数在六户以上者，得自成一牌，五户以下并入邻牌，十牌之外有零数时，亦同。北洋政府管理人、户等事务的中央机构是内务部。内务部设总务厅、职方、土木、礼俗、卫生、警政六司，其中民治司负责户籍、国籍等事务的管理，有关治安防范的机构则是警政司。1914 年成立地方保卫团，其职责之一就是“编查户口”。北洋政府政局动荡，无暇顾及户籍法的制定，其户政管理法律制度主要以 1915 年的《警察厅户口调查规则》《县治户口编查规则》为主，另有 1916 年的《京兆各属户口编查单行细则》，1927 年的《京师警察厅呈报户籍规则》等。

3. 国民党统治时期的户籍制度

1927 年国共两党合作，带来了北伐战争的胜利，但以蒋介石为代表的国民党很快篡夺了胜利果实。国民党反动政府为了维护其封建法西斯独裁统治，一方面参照英、美、德、日等国户籍及人事登记的法律制度，先后制定了几十部户口管理法规。1931 年南京国民政府正式颁布了中国历史上第一部《户籍法》。该法分通则、籍别登记、身份登记、迁徙登记、变更登记、登记申请、罚则、附则，共 8 章 61 条。后该法被多次修改。除《户籍法》规外，南京国民政府还颁布了一系列辅助性条例、办法，如 1929 年《人事登记条例》《清查户口暂行条例》，1932 年《户口异动登记暂行办法》，1941 年《姓名使用限制条例》，1942 年《暂居户口登记办法》，1943 年《各省市办理户籍及人事登记实施程序》以及 1944 年《省市县各级户政机构充实办法草案》《各省市户政干部人员训练办法》，1946 年《调整各市户政机构原则》，等等；另一方面完善和强化了保甲制度。国民政府时期，以户为单位编制保甲，保和甲根据顺序加以编号，保甲组织内部的各种事务，由保长、甲长和户长负责，保甲负责清朝户口，稽查居民，强迫居民实行“联保联坐”。1937 年还颁布了《保甲条例》，使得保甲制度在全国范围内广泛推行。保甲制度为控制、迫害人民，镇压革命，维护反动统治起到了相当重要的作用，成为国民党反动政府实行封建法西斯独裁专政的有力工具。此外，国民政府还设立了独立的户政机构。在中央为内政部户政司，在省为省政府民政厅户政科，在县为县政府民政科户政股。原由警察机关办理的户政业务，改由市政府及各级自治机关办理。

（五）对中华人民共和国成立前的户籍制度的历史评价

1. 户籍制度是阶级社会的最基本的国家行政管理制度

纵观中华人民共和国成立前的户籍制度发展历程，我国的户籍制度是随着国家的产生而形成的一种社会制度，这种社会制度经历了萌芽、产生、发展到不断完善成熟等几个阶段。夏、商、周时期，是户籍制度的萌芽和形成时期，商朝已经出现了户籍制度的雏形，并在周朝逐渐成为国家的一项基本制度。但当时户籍制度仅以政策的形式表现出来，尚未上升到法律的高度。秦、汉是户籍制度承上启下的阶段，这一时期的户籍制度进一步完善，并出现了专门规定的户籍管理的律、令等法律法规。如秦律中的“傅律”规定了成年男子“傅籍”（即户口登记）以应军役的年龄。汉高祖刘邦令丞相萧何制律，萧何在《法经》六篇的基础上增加了户、兴、厩三篇成《九章律》，其中的户律就是关于百姓户婚、人口登记等方面的事务，第一次将户籍纳入国家的根本大法——律典之中。此后，户籍管理就成为国家根本法的重要内容，被后世所沿袭。从唐朝的《开皇律》《唐律梳仪》，到明清的《大明律例》，“户婚律”一直是其重要篇章之一。与此同时，历代也形成了独特的户籍管理制度，从汉代的“案比”到隋唐的“貌阅”；从三国两晋南北朝的黄籍、白籍的分化，到宋代主、客户之分；从元代的“鼠尾簿”到明清的“黄册”、里甲编户，以及清末、民国时期的保甲制度，户籍制度不仅成为征赋派役的手段，也成为身份等级、社会治安的保障等。①

2. 户籍制度是维护统治阶级利益和社会治安秩序的重要手段

户籍制度作为维护统治阶级利益的重要手段主要体现在征调徭役方面。中国的历朝历代多数按照人头数来征收赋税，夏、周时期的“登人”和“习民数”制度的主要功能就是统计兵力、奴隶和征派民力，西周、春秋、秦朝进一步确立了统一的封建赋役户籍制，隋唐时期达到了鼎盛，一直到清朝推行的“摊丁入亩”制度才标志着我国盛行了两千多年的人头税的正式终极，结束了地、户、丁等赋役混乱的现象，而且在一定程度上促进了劳动力的自由流动。征调徭役户籍制度的推行，保障了封建国家财政收入和兵役徭役的来源，是统治阶级有效控制与剥削劳动者的一个基本手段，是中央集权制国家赖以存在和

① 姚秀兰：《户籍、身份与社会变迁》，法律出版社 2004 年版，第 4~5 页。

发展的基础。①

户籍制度除了在"征调赋役"方面发挥重要的作用外，也是统治阶级维护社会治安的重要手段。由于人口、土地是历代王朝实施统治的基础，因此历朝历代都非常重视人口统计工作。而从秦朝商鞅变法推行的"什伍连坐制"，到北宋时期王安石变法实施的"保甲法"以及清朝和国民党政府时期建立的保甲制度等在维护社会治安方面都起到了重要的作用。

3. 户籍制度在阶级社会具有鲜明的等级色彩

阶级社会的户籍制度能够"表征身份"，这亦是户籍制度的又一重要功能。户籍与身份相联系始于春秋时期管仲在齐国实行的改革，其改革的一项重要内容是按职业把人分为"士农工商"，分业而居，"各安其居""恒业不变"，从而形成了贵贱有别的等级制度。魏晋南北朝时期有士户、吏户、百工户等。两宋时期，有民户、吏户、市户、匠户、军户、亭户、井户、机户、冶户等之分，民户有主户和客户之分。元代的正式户籍按职业分为一般民户及军户、站户、盐户、儒户、医户、乐户、僧户、鹰房、打捕等十几种，分别著籍，成为"诸色户计"。"诸色户计"一经定籍，即不得更易，世袭其业，承担不同的赋役。明代版籍有军、民、匠、灶之分，清朝户贯有军、民、商、灶之别。皆身份永袭，不得脱籍。②"表征身份"的功能使户籍具有等级性和世袭性，如在宋代，作为特权户籍的官户享有"荫补（即做官的资格）、减免某些税收、差役免除和减免刑罚"等特权，而民籍户种和贱籍户种是封建国家赋役的主要承担者，负有更多的义务。户籍的世袭性表现在不同等级、职业间的流动受到制约，军户、匠户和杂户等户种就具有非常突出的世袭性，如三国时期，军户世代为兵，父死子继，兄终弟及。无论是封建世袭户籍制，还是封建职业户籍制，均使民众的身份和职业严格依附于户种类别，限制了阶级之间的自由流动，形成贵贱有别的等级秩序，维系封建国家机器的正常运转。

4. 户籍制度把民众严格束缚在土地之上，严禁自由迁徙和流动

中国传统社会的经济结构是以农为主的一元结构。在这种结构下，土地是社会最基本的生产资料，社会成员各种生活所需都直接或间接地来源于土

① 张谦元、柴晓宇等：《城乡二元户籍制度改革研究》，中国社会科学出版社2012年版，第12页。

② 俞德鹏：《城乡社会：从隔离走向开放——中国户籍制度与户籍法研究》，山东人民出版社2002年版，第329页。

地，因此，地租是封建国家财政收入的重要来源，而农民始终是历代户籍制度最主要的控制对象。为了保证封建国家的赋税收入和兵役、徭役来源，历代统治者利用户籍制度把民众严格束缚在土地上，实行严格的户口迁移制度，严禁民众自由迁徙和流动。政府大规模组织的户口迁移主要是适应形势需要为封建国家统治服务的，主要有：（1）徙狭就宽，即将人口从密度较高的地方迁徙至密度较低的地方，使人口分布均匀。（2）徙内与徙边。徙内是指将人口（多为富户或不轨之人口）迁徙到中央权力机关所在地或能够直接控制的内地；徙边是指将人口迁徙到边远的地方或边境。（3）灾徙。每当发生灾荒时，统治者赈灾救民的措施之一就是将灾民迁徙到丰饶的地方。① 这些均属于由国家组织实施的“人口正常流动”。历代统治者实施“严禁自由迁徙和流动”的户籍政策，另一个重要原因是防止“人口非正常流动”而出现大规模的“流民”现象引发农民起义或暴乱，进而危及封建国家的长治久安和统治秩序。

利用户籍制度遏止人口正常流动的后果，一是阻碍了各地区人民的往来和经济文化交往，阻碍了生产力的发展；二是进一步巩固和强化了自给自足的自然经济；三是进一步加强了封建国家对基层民众的社会控制，维护了封建制国家的统治秩序。②

三、当代中国户籍制度概述

当代户籍制度是国家行政管理制度的重要组成部分，主要包括：一是人口登记制度，即流动人口居住登记制度和常住人口的出生死亡、迁出迁入、变更更正登记制度；二是户口迁移制度，我国实行的户口迁移调控政策；三是居民身份证制度；四是户口统计和户口档案管理制度；五是人口信息管理制度。这构成了我国户口管理制度的全部内容。

（一）当代中国户籍制度建立的背景

当代中国户籍制度是当时特定历史条件下的必然产物，它的形成有着深刻的政治根源、时代背景、国际环境、经济条件。中华人民共和国成立后，国家

① 姚秀兰：《论中国传统社会的户籍制度与人口流动》，载《学习与探索》2005 年第 4 期，第 104～106 页。

② 张谦元、柴晓宇等：《城乡二元户籍制度改革研究》，中国社会科学出版社 2012 年版，第 13～14 页。

出于当时社会生产力发展水平落后和高度集权管理需要，实行现行的户籍管理制度。1954 年《宪法》规定居住迁徙自由是每一个中国公民的基本权利。但是党中央、国务院为迅速扭转旧中国积贫积弱的落后面貌，以超常规发展速度建立中国的现代工业体系，国家选择以高度集中的计划经济体制来优先发展重工业的道路。因此为适应保证中国重工业优先发展和计划经济体制的顺利运行，1958 年《中华人民共和国户口登记条例》明确将我国人口划分为农业人口和非农业人口，并形成了严格限制农村人口向城市流动的户口迁移制度，这是我国当代户籍制度形成的标志。

（二）当代中国户籍制度的发展历程

1. 当代中国户籍制度的建立期（1949—1957 年）

从中华人民共和国成立之初到第一个五年计划时期，我国在经历了短暂的人口自由流动阶段之后，为了巩固新生的共和国政权，维护社会秩序，应对国内外严峻的政治经济环境，逐步建立了与当时国家状况相适应的户籍制度。

（1）中华人民共和国成立初的人口自由流动期。中华人民共和国成立之初，我国经历了一段短暂的人口自由流动时期，城乡之间、区域之间人口流动并没有受到严格的限制，而且 1949 年颁布的《共同纲领》和 1954 年的《宪法》都明确规定公民有“居住和迁徙的自由”。

1951 年 7 月，公安部公布了《城市户口管理暂行条例》，统一规范城市户口登记和管理。该条例旨在建立城市公共秩序，恢复城市经济建设。政府并不是采取强制的、命令式的控制方法来营建公共秩序的，而是以自觉和自愿为基本原则，采取说服劝阻的方式实现人口管理。该条例是全国城市统一户口管理制度开始形成的标志。

1953 年 4 月，为了进行普选，政务院决定进行全国人口普查。为此，政务院发布了《全国人口调查登记办法》。为了配合人口普查工作，农村也建立了简易的户口登记制度。农村的户口登记由民政部负责，户口统计工作由统计局负责。这表明，当时全国城乡分别实行的是两种目的不尽相同的户籍制度。城市户籍制度偏重于维护社会治安，农村户籍制度的目的主要在于掌握人口数量状况。

1955 年 6 月 9 日，国务院发出《关于建立经常户口登记制度的指示》，规定全国户口登记由内务部和县级以上人民委员会的民政部门主管。办理户口登记的机关，在城市、集镇是公安派出所，在乡和未设公安派出所的集镇是乡镇人民委员会。该指示明确规定对常住人口进行登记，对人口出生、死亡、迁出、迁入四项变动登记情况随时掌握，对因离婚、分居、失踪、寻回收养、认领等原因引起的户口变动及时进行管理。户口登记的统计时间定为每年一次。建立经常户口登记制度的目的，主要是为了掌握全国人口及变动情况，为国家计划经济的实施提供了可靠的人口数据。这个指示的发出，对健全全国城乡的户口登记制度起了保障作用。

1956年2月，国务院又发出指示，要求把全国户口登记工作及人口资料的统计汇总业务全部交给公安机关。从此，全国城乡的户籍管理工作和组织机构得到了统一。1956年6月，全国户口工作会议召开，会议讨论了户口管理、重点人口管理工作暂行规定、人口卡片工作、农民盲流问题。

（2）限制农村人口向城市流动的户籍制度形成期。中华人民共和国成立之初，国家处于百废待兴的局面，农村剩余劳动力开始涌入城市，城市人口短时间内的增加加大了城市失业率，社会政治经济等方面的问题突出。为此国家制定了城乡之间、不同等级城市之间居民生活资料的不同供应标准。1953年，粮食统购统销政策正式实施，这成为促使我国城乡户籍制度走向分割的最实质性的一步。1953年4月，政务院公布了《关于劝阻农民盲目流入城市的指示》；1954年3月，内务部和劳动部发文《关于继续贯彻劝止农民盲目流入城市的指示》；1956年12月，国务院发布《关于防止农村人口盲目外流的指示》；1957年3月，国务院公布《关于防止农村人口盲目外流的指示》；1957年12月，中共中央和国务院联合发文《关于制止农村人口盲目外流的指示》。这一系列的劝阻农民不要盲目流入城市的指示，标志着我国限制城乡人口自由迁移的政策开始逐步形成。

这一时期的户籍制度主要有四个方面的特点：一是把户口分为农业和非农业户口两大类，这种社会身份在一定时期内具有世袭性；二是户籍与基本生活消费品定量赔给挂钩，形成了城市户口和农村户口是否吃商品粮的区别；三是户籍与国家垄断下的劳动人事制度挂钩，国家只负责非农业人口在城市的就业安置，并要求城市各单位一律不得私自从农村中招工和私自录用盲目流入城市的农民；四是户籍与社会福利挂钩，实行城市居民优先、城乡完全不同的医疗、劳保、退休、住房、教育、就业等福利保障制度。

这一时期的户籍制度对新生的共和国政权的稳定和社会秩序的恢复、实现工业化目标起到了积极的作用，保证了国家集中财力优先发展重工业建设，但也意味着我国城乡不对等的二元户籍制度开始逐步形成。

表 1-1　　当代中国户籍制度的形成期（1949—1957 年）

时间	法律、法规、政策	相关内容
1949 年	《中国人民政治协商会议共同纲领》	首次确定公民有迁徙自由的权利
1951 年	《城镇户口管理暂行条例》	中华人民共和国统一城市户口管理制度形成的标志
1953 年	《关于劝阻农民盲目流入城市的指示》	开始禁止企业单位从农村招工，在城市建立收容站，将进城农民遣送回原籍
1953 年	《关于实行粮食的计划收购和计划供应的命令》	粮食统购统销政策正式实施
1954 年	《中华人民共和国宪法》	明确规定中华人民共和国居民有居住和迁徙的自由
1955 年	《关于城乡划分标准的规定》	划分农业和非农业人口
1956 年	《国务院关于农村户口登记、统计工作和国籍工作依归公安部门接办的通知》	原先由民政部门和内务部管理的户籍业务全部移交公安机关，全国城乡统一的户籍管理形成
1957 年	《关于防止农村人口盲目外流的指示》	农村人口“盲目”进城受到严格限制

资料来源：根据有关资料整理。

2. 当代中国二元户籍制度的建立形成期（1958—1978 年）

1958—1978 年是严格限制人口迁移时期，特别是严格限制农民向城市迁移，也是我国城乡二元户籍制度形成发展期。

1958 年 1 月 9 日，《中华人民共和国户口登记条例》颁布。该条例规定户口登记工作由各级公安机关主管，户口登记制度包括暂住人口和常住人口的出生、死亡、迁出、迁入、变更登记等内容。户口管理的任务是证明公民身份，维护社会秩序，服务于社会主义建设。该条例以法律的形式进一步规范了全国的户口登记管理制度，是全国城乡统一的户籍制度正式形成的重要标志，也是当代中国户籍制度发展史上重要的里程碑。①

（1）严格地限制人口流动。全国统一户籍制度的形成，是与社会主义改造基本完成，社会主义计划经济体制基本建立这一背景密切相关的。户籍制度

① 万川：《中国户籍制度论稿》，群众出版社 2008 年版，第 52 页。

担当着提供人口资料、配合对敌斗争、维护公民合法权益的任务，它在维护社会秩序和维持重工业优先发展战略等方面起到过十分重要的作用。但就今天而言，这项制度的缺陷也是显而易见的，表现在：第一，婴儿出生，随母落户。母亲的户口性质不同，婴儿的户口性质就不同。这种基于血缘关系不同而形成的户口性质差异可以祸福终生，具有明显的不合理性。第二，“农民由农村迁往城市，必须持有城市劳动部门的录用证明，学校的录取证明，或者城市户口登记机关的准予迁入证明，向常住地户口登记机关办理迁出手续”。这就是说，农村常住人口一旦被登记落户，要想迁往城市，将受到多方面的限制。这项制度本来是为制止农村人口盲目流入城市而提出的，但执行的结果是导致了城乡人口之间不能自由流动。自此以后，我国进入全面运用户籍管理控制人口迁移，尤其是控制农业人口向城市迁移的阶段。

（2）城乡二元户籍制度迅速形成并不断强化。1958 年后我国通过户籍及与其挂钩的粮油配给、票证、外出证明、社会福利等配套制度，有效地控制了人口流动与迁移，除非是政府有计划的招收，否则农村劳动力不能自由进入城镇寻找工作，中小城市的劳动力也不能自由迁徙到大城市。同时这一制度体系也赋予城市户口更多的资源和利益，城乡户口之间的福利差距越来越大，城乡二元户籍结构就形成了。

从 20 世纪 60 年代起，我国实行严格的城镇粮食定量供应制和日用商品凭票供应制，拥有城镇户口的居民则由政府提供平价商品粮、提供住房及其他福利、就业统分统配。这种户籍制度人为地将城乡居民分为农业人口与非农业人口两个不对等的利益集团，形成了事实上的人身等级制度，限制了人力资源的合理流动和人力资本的优化。

在户口迁移控制方面，国家先后颁布了两个带约束性的政策规定，一是 1964 年 8 月 14 日国务院批转的《公安部关于处理户口迁移的规定》（草案），二是 1977 年 11 月 8 日国务院批转的《公安部关于处理户口迁移的规定》。

1964 年 8 月 14 日国务院批转的《公安部关于处理户口迁移的规定》（草案）提出，处理户口迁移，应当正确地贯彻执行控制城镇人口增长的方针。要根据不同的情况，分别采取严加限制、适当控制、不予控制的方针。对从农村迁往城市、集镇，从集镇迁往城市的，要严加控制；对从小城市迁往大城市，从其他城市迁往北京、上海的，要适当控制；其他情况一律不得控制。

1977 年 11 月 8 日国务院批转的《公安部关于处理户口迁移的规定》，不仅提出严格控制市、镇人口增长，而且严格控制农业人口转为非农业人口。该规定指出，处理户口迁移，要根据不同的情况，分别采取严加控制、适当控制、不予控制的原则。从农村迁往市镇（含矿区、林区等），由农业人口转为非农业人口，从其他市迁往京、津、沪的，要严加控制。从镇迁往市，从小市迁往大市，从一般农村迁往市郊、镇郊或国营农场、蔬菜队、经济作物区的，应适当控制。从市镇迁往农村，从市迁往镇，从大市迁往小市的，以及同等市之间、镇之间、农村之间的迁移，理由正当的，应准予落户。农村人口之间的通婚，对有女无儿的户，应准许男到女家落户。

该规定是第一次正式提出严格控制“农转非”的政策。稍后，公安部又在《关于认真贯彻〈国务院批转“公安部关于处理户口迁移的规定”的通知〉的意见》中，更具体地提出了对从农村迁入市镇和“农转非”的内部控制指标，即每年从农村迁入市镇和“农转非”的人数不得超过现有非农业人口的1.5‰。

由于城市与农村、农业人口与非农业人口之间存在着利益上的差别，严格控制市镇人口增长和严格控制“农转非”政策的实施，虽有很多积极意义，但造成了城乡的进一步分隔，造成了农业人口和非农业人口之间事实上的不平等。非农业人口由国家统一供应商品粮，享受国家副食品补贴和公费医疗待遇，可以报考技校，可以在国营企事业单位就业，可以在服兵役期满后由国家安置工作，而农业人口则不享受上述待遇。这种不平等的户籍管理制度，在现实生活中有着广泛而深刻的影响。调整户口迁移和“农转非”政策，一直是人们议论户籍制度改革的焦点。

表1-2　　**当代中国二元户籍制度的建立形成期（1958—1978年）**

时间	法律、法规、政策	相关内容
1958年	《中华人民共和国户口登记条例》（国务院）	以法律形式规范全国户口登记管理制度，标志着全国城乡统一的户籍制度正式形成
1958年	《关于制止农村人口盲目外流的指示的补充通知》	更加严格限制农民向城市流动
1961年	《关于减少城镇人口和压缩城镇粮销量的》	规定要求三年内城镇人口必须减少2000万以上
1975年	《中华人民共和国宪法》	去掉了有关公民迁徙自由的条文，标志着我国公民的迁徙自由失去了宪法保障
1977年	《关于处理户口迁移的规定》	强调严格控制人口迁移
1978年	《中华人民共和国宪法》	没有恢复公民的迁徙自由权

资料来源：根据有关历史资料整理。

3. 当代中国户籍制度的初步改革期（1978—1998 年）

1978 年，党的十一届三中全会召开，全国城乡改革开放，我国进入了建立和完善社会主义市场经济体制新时期，这一时期带来了经济的高度繁荣，同时也使原有的户口迁移矛盾空前显露。不仅如此，伴随改革开放政策的实施，又出现了城乡人口的大流动和来势凶猛的“民工潮”问题，户籍制度不得不逐步调整和实施改革。

（1）改革开放初期，开始调整“农转非”政策。从 20 世纪 80 年代开始，国家开始调整“农转非”政策。“农转非”的内部控制指标也由 1.5‰调到 2‰，农村人口迁入城市的通道开始放宽。1980 年 9 月公安部、粮食部、国家人事局联合颁布了《关于解决部分专业技术干部的农村家属迁往城镇由国家供应粮食问题的规定》，规定指出凡是符合规定的专业技术干部，其配偶由农村迁往城市的，不占公安部正常审批的控制比例，这是我国户籍制度的一次重要调整。①

但随着改革的深入和经济的发展，“农转非”对象越来越多，不少地区对“农转非”政策放得过宽，致使“农转非”人数增长过快，规模过大，超过了财政、粮食、就业以及城市基础设施等方面的承受能力，如再继续下去，将给国民经济带来较大的困难。于是，国务院在 1989 年 10 月发出了《关于严格控制“农转非”过快增长的通知》，要求各地审批“农转非”必须严格控制在国家下达的“农转非”计划指标内，即使符合国家政策规定但没有指标的，各地公安机关也要暂停办理，“农转非”改革被迫暂中断。

（2）十一届三中全会后农民进城务工经商的渠道打开。首先，“自理口粮户口”促使人口迁移限制放开迈出了第一步。20 世纪 80 年代，我国农村开始推进家庭联产承包责任制，剩余劳动力问题逐渐凸显，同时一部分富裕起来的农民也需要为多余的资金寻找新的投资渠道，越来越多的农民进入集镇务工经商，他们迫切需要在集镇落户。在这样的社会背景下，我国出现了介于农村户口与城市户口之间的非农业户口——“自理口粮户口”。1984 年 10 月，国务院颁布《关于农民进入集镇落户问题的通知》，通知明确规定：“凡申请到集镇务工、经商、办服务业的农民和家属，在集镇有固定住所，有经营能力，或在集镇企事业单位长期务工的，公安部门应准予落常住户口，及时办理入户手续，发给《自理口粮户口簿》，统计为非农业人口。”自理口粮户口准许农民

① 李振京、张林山：《我国户籍制度改革问题研究》，山东人民出版社 2013 年版，第 87 页。

自筹资金、自理口粮，合法进入城镇务工或经商，这是自户口登记条例颁布实施以来第一次为农村人口进城开辟蹊径，也是我国户籍制度改革历程上具有里程碑意义的一项重大突破。通知发布后，数百万农民进入城镇落户，据统计，1984—1990 年，全国约有 500 万人口落城镇自理口粮户口，极大地促进了农村剩余劳动力的转移，推动了城乡经济的发展。

其次，居民身份证制度与暂住证制度的设施，为户籍管理奠定了基础。改革开放后，随着城市流动人口的日益增加，人户分离现象日益严重、流动人口管理趋于失控状态。在这种形势下，1985 年 9 月 6 日全国人大常委会颁布实施了《中华人民共和国居民身份证条例》。该条例规定，凡 16 周岁以上的中华人民共和国公民，均要申领居民身份证。从此我国正式实行居民身份证制度，户籍管理工作开始从由户管理模式向人户结合模式转变。1985 年 7 月，公安部颁布《关于城镇暂住人口管理的暂行规定》，规定指出公民外出暂住要分别根据不同情况办理暂住登记。1995 年公安部发布《暂住证申领办法》规定公民离开常住户口所在地，拟在暂住地居住一个月以上的年满十六周岁以上的人员，可申领“暂住证”。暂住证制度的实施，为公民在非户籍所在地长期居住提供了法律保障。

自 1988 年开始，与户籍制度相配套的粮油和副食品价格逐步放开，各种票证开始消失，城市中长期暂住人口大量增加。暂住人口不享受当地城市居民在住房、教育、社会保障等各方面的福利待遇，成为城市内部的一种特殊群体。这是我国打工潮涌起的产物，初衷是为了加强流动人口的管理，但在执行过程中产生了身份歧视、侵犯人身权利等异化，暂住人口与城市户籍人口之间的福利差距也逐渐拉大，在城乡二元户籍结构上又形成了城市内部的二元结构。

（3）20 世纪 90 年代后小城镇户籍制度改革逐步展开。20 世纪 90 年代以来，市场经济体制改革以及与之相配套的各项体制改革日益深入，这期间确立了多种经济成分的合法性，个体、私营经济得以生存发展，弱化户籍制度的限制性功能的要求更加迫切。自粮油价格放开和票证制度成为历史后，城乡隔离体系遭到冲击，同时也为户籍制度进一步改革创造了关键性条件。

首先，当地有效城镇户口兴起。1992 年 8 月，为解决要求进城落户农民过多与进城计划指标过少之间的矛盾，公安部代拟了《关于实行当地有效城镇居民户口制度的通知》，决定在小城镇、经济特区、经济开发区、高新技术产业开发区实行当地有效城镇户口制度；对在城镇有稳定住所和职业，并要求在城镇定居的农村人口，实行当地有效城镇户口制度，多数地方实行的是

“蓝印户口”这种更加机动的户籍政策。这是我国户籍制度改革过程中的一项重要的过渡性措施，蓝印户口是一种介于正式户口与暂住户口之间的户籍，因使用的印章是蓝色而得名，拥有蓝印户口的居民与原有的城镇居民享有同等的权利与义务，但需缴纳一定的城市增容费、城市建设费等费用，并且蓝印户口只是“当地有效城镇户口”，迁往其他城市则不予承认。

当地有效城镇户口制度突破了原有户籍制度的限制，对劳动力的合理流动起到了一定的积极作用，甚至成为不少地区招商引资、搞活房地产市场的重要手段。据统计，截至1993年全国累计出售各种城镇户口300多万个，收入达250亿元。① 当时在全国各地掀起了买卖户口的热潮，给户籍管理工作造成了一定的混乱，也没有真正打破城乡户籍壁垒。

其次，以小城镇为核心的户籍制度改革逐步展开。1993年11月，党的十四届三中全会确定逐步改革小城镇户籍管理制度，允许农民进入小城镇务工经商、发展农村第三产业，促进农村剩余劳动力转移。随后以公安部为主导部门对小城镇户籍改革进行试点工作，实行以公民住房、职业和生活来源为落户条件的迁移制度。1997年6月，国务院批准了公安部《小城镇户籍管理制度改革试点方案》和《关于完善农村户籍管理制度的意见》，按照这一新的政策，在小城镇已有合法稳定的非农职业，或已有稳定生活来源，并且在有了合法固定的住所后，居住已满两年的农村户口人员，可以办理城镇常住户口。经批准在小城镇落户的农民，享有与当地原有居民同等的待遇。2000年6月，国务院发布了《关于推进小城镇健康发展的若干意见》，规定“从2000年起，凡在县级市区、县人民政府驻地镇及县以下小城镇有合法固定住所、固定职业或生活来源的农民，均可根据本人意愿转为城镇户口”。2001年3月30日，国务院批转了公安部《关于推进小城镇户籍管理制度改革的意见》，明确规定：全国所有的镇和县级市市区，取消“农转非”指标，不再实行计划指标管理。凡在当地有合法固定的住所、稳定的职业或生活来源的外来人口，均可办理城镇常住户口。这标志着我国小城镇户口已经全面放开。

4. 当代中国户籍制度的全面深化改革期（21世纪以来）

21世纪以来，中国终于迎来了户籍制度的伟大变革。这一时期可以分为三个阶段：当代中国户籍制度改革的全面深化改革酝酿阶段、逐步落实阶段和创新阶段。这对于促进农业人口向城镇转移，推动大中小城市与小城镇协调发

① 李振京、张林山：《我国户籍制度改革问题研究》，山东人民出版社2013年版，第89页。

展，缩小城乡差距，加快全面建成小康社会的步伐将带来决定性的作用。

（1）全面深化改革的酝酿阶段（2002—2009年）。这一时期原有的户籍制度弊端日益凸显，户籍制度改革处于徘徊和对如何深化改革不断摸索的状态。经过多年的户籍制度改革，其严格限制人口在城乡和城市之间流动的政治功能已逐渐减弱，流动就业已没有太大障碍，主要保留了城镇福利和保障载体的经济功能，城市政府特别是大城市和超大城市政府大多以准入条件代替指标管理，利用户籍准入条件选择城市发展需要的资源和要素，既享受劳动力带来的改革红利又尽量减少所要承担的支付责任，新世纪的户籍改革进入酝酿期。

21世纪初，各地就户籍制度改革展开了试点工作。广东、郑州、上海等地纷纷实行户籍新政；陕西、吉林、辽宁、宁夏、昆明、河北、四川等地也相继出台以放开农民入户为重点的户籍制度改革文件。但全局改革基本处于摸索状态，社会各界对户籍制度改革的呼声很高。2006年，中共中央下发“一号文件”，要求加快推进户籍制度改革，逐步形成城乡统一的要素市场。2007年，全国治安工作会议上公安部宣布将逐步取消农业户口、非农业户口的二元户籍管理制度，截至3月底已有包括河北、辽宁、江苏、浙江、福建、山东、湖北等12个省、自治区、直辖市取消了农业户口和非农业户口的二元户口性质划分，统一了城乡户口登记制度，统称居民户口。这一举措实现了法律意义上的身份平等，但仅仅在户口登记上取消农业户口与非农业户口的差别，而不改革与户籍制度配套的社会保障、教育、住房、就业、土地等制度，则只能称为不彻底的户籍制度改革。

部分地区开始试点居住证制度。深圳、上海、广州、南京等地开始试点居住证制度，其基本功能包括人口登记、身份证明、劳动就业、社会保障、教育等公共服务功能，赋予了外来人口一定的城市福利，是优越于暂住证制度的户籍管理制度。2009年上海的户籍新政还规定，居住证持有者满7年可以转户。居住证制度的试点为完善流动人口管理制度及《居住证暂行条例》的出台奠定了基础。

（2）全面深化改革的逐步落实阶段（2010—2013年）。2008年金融危机爆发后，我国经济发展迫切需要转型。当时的户籍制度严重地阻碍了劳动力、土地、资本等要素的合理流动，阻碍和制约了城镇化进程，拉大了城乡之间的差距，特别是庞大的进城务工农民群体与城市户籍人口之间的待遇差异引发了大量的社会问题。因此户籍制度改革已成为我国经济发展转型、全面推进城镇化、实现社会公平正义的关键性改革，已到了必须全面落实阶段，国家和地方都积极采取应对策略。

首先，国家作出了全面深化改革的战略举措。2010 年中央 1 号文件明确指出：深化户籍制度改革，加快落实放宽中小城市、小城镇特别是县城和中心镇落户条件的政策，促进符合条件的农业转移人口在城镇落户并享有与当地城镇居民同等的权益。继放开小城镇落户之后，中小城市也正式进入了改革的视野。

2011 年 2 月，国务院办公厅印发《关于积极稳妥推进户籍管理制度改革的通知》，这是 2001 年国务院发出通知在全国推行小城镇户籍制度改革 10 年之后关于户籍制度改革的又一国家层面的安排。这一通知有两大关注点：一是"渐进式"改革再度成为现实选择。各地必须立足国情，充分考虑当地经济社会发展水平和城市综合承载能力特别是容纳就业、提供社会保障的能力，推行适合本地的户籍制度改革举措。二是"分类改革"是这一次改革的核心精神。小城镇和小城市可以尽可能放开；在直辖市和副省级城市之外设区的中等城市，适当放开；北京、上海、广州等特大城市，要加强人口管理，但对常住居民，也要尽可能提供教育、医疗、社保等基本公共服务。这一文件第一次从中央层面对分类改革的原则进行明确，中等城市改革正式纳入改革视野，同时明确大城市常住居民基本公共服务均等化的原则。通知发出后一年内，全国有 14 个省（区、市）探索建立了城乡统一的户口登记制度，初步为农业人口落户城镇开辟了通道。

2012 年 11 月，党的十八大报告明确提出，加快户籍制度改革，健全城乡发展一体化机制，"让广大农民平等参与现代化进程、共同分享现代化成果"。

其次，地方层面积极推进户籍制度改革。2010 年以来，以广东、重庆、成都为代表的新一轮地方户籍制度改革纷纷推进。在推进原则和方式上，各地均采取了基本公共服务均等化和规定明确的入户门槛的推进方式。如广东将学历、技能、缴纳社保、义务献血等指标作为入户条件，并赋予相应的分值，以积分入户的形式打开入户通道。重庆、成都在统筹城乡的大背景下展开户籍制度改革，重庆重点解决本市籍进程进城务工农民转户问题，综合考虑与户籍相关的就业、养老、医疗、住房、教育等方面的福利制度，创造了由政府、企业和社会三方分担户籍制度改革成本的改革成本分担机制；成都着力消除附着在户籍背后的公共服务和社会福利的城乡差异，推进城乡公共资源均衡配置和促进城乡一体化发展，农村居民可以带着产权进城。这些地方性的改革尽管存在这样或那样的不足，但都为全面深化改革提供了宝贵的经验。

（3）全面深化改革的创新阶段（2013 年至今）。2013 年 11 月，《中共中央关于全面深化改革若干重大问题的决定》指出，要"创新人口管理，加快户籍制度改革，全面放开建制镇和小城市落户限制，有序放开中等城市落户限制，合理确定大城市落户条件，严格控制特大城市人口规模”。十八届三中全会明确要求加快户籍制度改革，并将其作为社会管理创新的重要内容纳入司法、经济体制改革，再次掀起了户籍制度改革的新浪潮。决定中提出的户籍改革线路更加合理化，特大型城市的规模空前扩大，必须合理地控制和引导人口的流动，对中小城镇的发展，要放开与扶持，合理引导进城务工有条件的农民逐步落户，合理制定相应的落户政策与标准，特大城市与中小城市相协调发展，争取两个十年周期完成户籍制度改革的目标。十八届三中全会描绘了全面深化改革的新蓝图，合理布局了全面深化改革的线路和进程，实际上也制定了户籍改革的线路图，从总体上稳妥地推进户籍制度的改革，逐渐将户籍制度与各种福利相脱离，还原户籍的登记本质。至此，我国户籍制度改革全面进入消除城乡二元体系的时期。

2014 年 7 月，国务院发布《国务院关于进一步推进户籍制度改革的意见》，意见指出，严格控制特大城市人口规模，进一步调整户口迁移政策，到 2020 年努力实现 1 亿左右农业转移人口和其他常住人口在城镇落户的目标，建立完善积分落户制度，全面实施居住证制度，等等。这是对我国新型户籍制度的一次整体构建，涵盖了统一城乡户口登记制度、建立居住证制度，健全人口信息管理制度等诸多方面，也标志着我国实行了半个多世纪的“农业”和“非农业”二元户籍管理模式将退出历史舞台。此后截至 2016 年 4 月全国共有约 30 个省份出台了具体的设施意见，少数省份还提出了户籍人口城镇化的目标。

2016 年 1 月，国务院发布《居住证暂行条例》，国家将以居住证为载体，与居住年限等条件挂钩，稳步推进城镇的义务教育、就业服务、基本养老、基本医疗、保障性住房等公共服务，并使这几大公共服务覆盖城镇常住人口。2017 年 2 月，已有 25 个省区市发布了居住证实施办法，各地努力提高居住证上的基本公共服务范围和标准，少数地方还增加了居住证持有人乘坐城市交通工具享受城市户籍人口同等优惠、符合条件的可申请公共租赁房等权利，尽可能缩小与城市户籍人口之间基本公共服务的差异。

这一系列的措施表明，中国的户籍制度改革进入实质推进阶段，国家对户籍制度改革的决心之大、力度之大。但户籍制度改革是一项复杂的系统工程，不可能一蹴而就，改革并没有解决实质性的问题，公民的迁徙自由、社会保障、公共福利等仍然是我国户籍制度改革道路上的重点与难点，因此必须立足当前、着眼长远，综合施策、协同攻坚。

（三）对当代中国户籍制度历程的归纳总结

回顾当代中国户籍制度的形成发展历程，总体上是从严格控制到逐步松动的过程，并朝着有利于生产力、生产资料等要素的合理配置的方向发展（见下图）。不同时期的户籍制度所承担的社会职能不同，所以我们不能片面地评价我国户籍制度的利弊，例如城乡二元户籍制度虽然造成了城乡居民不对等的利益集团的形成，但它在中华人民共和国成立初期和计划经济时代在维护社会治安和经济秩序等方面还是发挥过重要的作用。

表 1-3　　当代中国户籍制度改革重要节点

1958 年《中华人民共和国户口登记条例》	标志着我国城乡二元户籍制度的形成
1984 年自理口粮户口	1958 年后第一次放松户籍限制
1992 年蓝印户口	小城镇户籍制度改革试点开始
2001 年《关于积极稳妥推进户籍管理制度改革的通知》	小城镇户籍全面放开
2011 年《关于积极稳妥推进户籍管理制度改革的通知》	户口迁移制度改革分类推进
2014 年《国务院关于进一步推进户籍制度改革的意见》	统一城乡户口登记制度
2016 年《居住证暂行条例》	逐步实现基本公共服务均等化

第二节　当代中国户籍制度改革的现状

一、当代中国户籍制度改革的现实意义

（一）户籍制度改革有利于促进经济的改革和发展

1. 户籍制度改革是社会主义市场经济发展的重要条件

在计划经济时代我国户籍制度在巩固国家政权、维护社会治安、保障工业化建设等方面作出了突出贡献，其突出特点就是限制人口流动，而到了市场经济时代，这种户籍制度，则通过限制市场经济要素的流动，限制了市场经济的

发展。市场经济要得到全面发展，户籍制度改革势在必行。在市场经济里并没有一个中央协调的体制来指引其运作，但是在理论上，市场将会透过产品和服务的供给和需求产生复杂的相互作用，进而达成自我组织的效果。在这种情况下，市场对资源的配置起基础性作用，而作为最主要生产要素的劳动力资源也应该按照市场自身的需求来进行流动，也就是说，通过劳动力资源的供求关系来实现劳动力资源的自由流动，只有这样才能保障市场经济的健康发展。市场能否起到配置资源的作用，一个重要条件就是劳动力能够自由流动，人口可以自由迁徙，人才可以无障碍地选择工作地域。然而，户籍制度对人口流动的限制，已经成为市场配置劳动力资源的一大障碍，只有打破这种制度，实现人口在整个社会的自由迁徙和流动，才能将市场对资源的配置作用发挥得淋漓尽致。从这个意义来说，户籍制度改革是在为发展市场经济准备条件。

2. 户籍制度改革是完善社会主义市场经济体制的内在要求

社会主义市场经济是与我国社会主义基本制度结合在一起的经济形态。它是与社会主义公有制、中国共产党的领导、共同富裕的奋斗目标紧密相联系的，与以私有制为基础的资本主义市场经济形态有根本不同的一种经济形态。首先，在建立社会主义市场经济体制的过程中，必须坚持和完善多种多样的公有制经济形式；其次，在社会主义市场经济体制建立的过程中，必须要有政府强有力的宏观调控的支持，宏观调控能通过经济社会政策、经济法规、计划指导和必要的行政管理为市场经济创造一个稳定、安全、有序、公正的社会经济环境；最后，从奋斗目标上看，我国社会主义市场经济要以实现共同富裕为根本原则。2017 年 10 月，党的十九大报告中明确指出：我国经济已由高速增长阶段转向高质量发展阶段，正处在转变发展方式、优化经济结构、转换增长动力的攻关期，建设现代化经济体系是跨越关口的迫切要求和我国发展的战略目标。其中提出了要实施区域协调发展战略，即要加大力度支持革命老区、民族地区、边疆地区、贫困地区加快发展，强化措施推进西部大开发形成新格局，深化改革加快东北等老工业基地振兴，发挥推动中部地区崛起，创新引领率先实现东部地区优化发展，建立更加有效的区域协调发展新机制。以城市群为主体构建大中小城市和小城镇协调发展的城镇格局，加快农业转移人口市民化；提出了要实施乡村振兴战略，即要实质把解决好“三农”问题放在全党工作重中之重，要建立健全城乡融合发展体制机制的政策体系，加快推进农业农村现代化，巩固和完善农村基本经营制度，深化农村土地改革，完善承包地“三权”分置制度；提出了要加快完善社会主义市场经济体制，即要以完善产权制度和要素市场化配置为重点，实现产权有效激励、要素自由流动、竞争公平有序等，要加快建立现代财政制度，建立权责清晰、财力协调、区域均衡的中央和地方财政关系。我国现有的户籍制度对十九大提出的现代化经济体系在城乡协调发展、区域协调发展、农业转移人口市民化等方面还存在一定阻碍作用，只有推进户籍制度改革，才能加快完善社会主义市场经济体制。

（二）户籍制度改革有利于推进城乡一体化发展

由于城乡二元户籍制度的产生，造成了中国城乡二元的经济格局，形成了城市居民和农村居民两个不对等的利益集团，而且在相当长一段时间内，城市居民在教育、医疗、养老、住房、失业、救济、补助等方面享有明显优越于农村居民的权益，并造成了城乡经济割裂发展的状况。

城乡一体化是中国现代化和城市化发展的一个新阶段，城乡一体化就是要把工业与农业、城市与乡村、城镇居民与农村村民作为一个整体，统筹谋划、综合研究，通过体制改革和政策调整，促进城乡在规划建设、产业发展、市场信息、政策措施、生态环境保护、社会事业发展的一体化，改变长期形成的城乡二元经济结构，实现城乡在政策上的平等、产业发展上的互补、国民待遇上的一致，让农民享受到与城镇居民同样的文明和实惠，使整个城乡经济社会全面、协调、可持续发展。①

社会学和人类学界从城乡关系的角度出发，认为城乡一体化是指相对发达的城市和相对落后的农村，打破相互分割的壁垒，逐步实现生产要素的合理流动和优化组合，促使生产力在城市和乡村之间合理分布，城乡经济和社会生活紧密结合与协调发展，逐步缩小直至消灭城乡之间的基本差别，从而使城市和乡村融为一体；经济学界则从经济发展规律和生产力合理布局角度出发，认为城乡一体化是现代经济中农业和工业联系日益增强的客观要求，是指统一布局城乡经济，加强城乡之间的经济交流与协作，使城乡生产力优化分工，合理布局、协调发展，以取得最佳的经济效益；规划学者是从空间的角度对城乡结合部作出统一的规划，即对具有一定内在关联的城乡物质和精神要素进行系统安排。生态、环境学者是从生态环境的角度，认为城乡一体化是对城乡生态环境的有机结合，保证自然生态过程畅通有序，促进城乡健康、协调发展。无论从哪个角度来看，实现城乡一体化，必须消除横亘在城乡之间的户籍制度所造成的障碍。通过消除城乡二元户籍制度所造成的障碍，才能使城乡的人口、技

---

① 《城乡一体化》，载百度百科，http：//baike. baidu. com/view/66464. html，2019 年 10 月 23 日访问。

术、资金、商品、资源等要素相互融合、相互流通，互为市场，逐步实现城乡之间在经济、社会、居民权益等方面协调、全面、可持续发展，实现城乡教育、医疗、社保、就业等一体化。

（三）户籍制度改革有利于推动我国城镇化建设

城镇化是指农村人口转化为城镇人口的过程。反映城镇化水平高低的一个重要指标为城镇化率，即一个地区常住于城镇的人口占该地区总人口的比例。城镇化是人口持续向城镇集聚的过程，是世界各国工业化进程中必然经历的历史阶段。

十一届三中全会后，随着城镇自理口粮户口政策的推行，我国小城镇建设正式启动。20 世纪 90 年代后，小城镇户籍制度改革全面展开，城镇人口不断增加。2002 年至 2011 年，我国城镇化率以平均每年 1.35 个百分点的速度发展。2014 年 3 月，《国家新型城镇化规划（2014—2020 年）》发布，这对我国城镇化进程产生了巨大影响。至 2017 年年末，我国城镇常住人口为 8.13 亿，城镇化率为 58.5%，户籍人口城镇化率为 42.4%。① 这说明有相当一部分城镇人口处于"半市民化"的状态，他们在城镇居住和生活，但无法在教育、社保、医疗、就业等方面享有和城镇居民同等的待遇。在城镇形成了户籍人口和非户籍人口又一利益不对等的两大集团。

中国是一个转型中的国家，许多问题的产生与解决，都带有体制机制转型的色彩。在我国城市化的道路上也不例外，中国的城镇化受到各种体制机制尤其是户籍制度的阻碍，户籍制度的转型是解决城镇化问题的一个重大步骤。改革开放以来，政府顺应了经济发展的要求，采取了一系列政策措施来改革户籍制度以促进城镇化发展。20 世纪 80 年代中期就推出了一系列关于促进小城镇发展的政策和进城务工农民落户的措施。但要看到的是，城镇化发展到了攻坚阶段，影响城镇化发展的深层次的体制机制问题开始显露出来。例如，户籍制度实际上涉及的是一个国家人民内部的利益矛盾、公民权利问题，不单是城市对劳动力就业、生活的调节问题。这个时候，如果没有中央政府的顶层设计、没有城市政府的执行与配合，由于长期以来的利益固化而导致的户籍体制机制固化问题，根本不可能得到解决。而体制机制问题解决不了，中国实际上就找

① 《2017 国民经济和社会发展统计公报发布 去年 GDP 超 82 万亿》，载人民网，http://finance.people.com.cn/n1/2018/0228/c1004-29839916.html，2017 年 11 月 4 日访问。

不到持久发展的动力。从这点来看，中国当前的城镇化，需要政府果断出手改革不合理的户籍制度。户籍制度改革成为解决中国城镇化问题的迫切需求。

（四）户籍制度改革有利于实现社会的公平正义

公平正义是古往今来人们衡量理想社会的标准之一，也是人类社会发展进步的重要价值取向。就当代中国而言，公平正义在构建社会主义和谐社会的进程中处于十分关键的基础地位。没有公平正义，社会的诚信友爱、安定有序、充满活力等也都无法实现。我国《宪法》明确规定：公民在法律面前一律平等。这种平等表现为公民的政治权利、经济权利和社会权利平等等。我国户籍制度仍然造成公民在政治权利、经济权利、社会权利等方面的不平等。政治权利方面，我国宪法规定公民在居住地享有选举权和被选举权，导致我国大量的人户分离人口无法享有这项最基本的政治权利，而且在人大代表当中，农村人口所占的比重明显低于城镇人口；经济权利方面，二元户籍制度的存在导致我国城乡居民在就业、受教育、养老保障、社会救助等方面仍然存在不平等的现象，阶层的固化导致农民依然很难进入国家机关和公有制企业，只能从事地位低下的合同工或临时工，做城市居民不愿做的重活、累活、脏活，获取低廉的报酬；社会权利方面，仍然存在城乡之别，尽管 2014 年国务院发布的《国务院进一步推进户籍制度改革的意见》明确要求，今后进行户口登记将统一登记为居民户口，不再出现农业与非农业户口类型，但二元户籍结构所带来的不平等现象在短期内仍然难以消除，大城市的户口含金量依然高于中小城市。在就业、教育、医疗、社保等社会公共服务等方面，大城市在一定时间内仍将优越于中小城市和农村，导致现今仍有部分农业人口为了享受非农业人口的某些待遇，仍在通过非正常渠道获取非农业户口来实现自己的目的。因此，统筹城乡户籍制度改革，让农村居民享受和城市居民同等的社会待遇，是实现社会公平正义的关键要素，也是构建和谐社会的重要途径。

（五）户籍制度改革有利于确保公民的迁徙自由权

迁徙自由是公民的一项基本人权，指公民享有选择住所和出入国境的自由。而人权是与生俱来的、不可剥夺的权利。1776 年美国《弗吉尼亚权利法案》是人类历史上第一个人权宣言，其中第 1 条规定，“一切人生而同等自由、独立，并享有某些天赋的权利，这些权利在他们进入社会的状态时是不能用任何契约对他们的后代加剥夺的，这些权利就是享有生命和自由取得财产的手段，以及对幸福和安全的追求和获得”。1789 年的法国《宪法》规定“在权利方面，人生来是而且始终是自由平等的”。1948 年《世界人权宣言》第 1 条规定，“人皆生而自由，在尊严及权利上均各平等”。由此可见，自由权和平等权是人权中最为重要的两个方面。迁徙自由是人身自由不可分割的重要组成部分，也是人权的重要内容。该权利作为一项不可剥夺的人权不仅为世界绝大多数国家的宪法所确认，也为《世界人权宣言》和《公民权利和政治权利国际公约》等国际条约所确认。在我国宪法史上，《中华民国临时约法》《中华民国约法》《中华民国宪法》《中华民国训政时期约法》《中华民国宪法草案》、中华人民共和国的《中国人民政治协商会议共同纲领》和 1954 年的《宪法》都规定了公民的迁徙自由。对户籍法律进行修订和完善，能确保我国公民的迁徙自由权。

二、当代中国户籍制度改革面临的主要问题

改革开放以来，我国以破除城乡二元户籍制度壁垒的改革力度不断加大，特别是党的十八届三中全会以来，我国户籍制度进入全面深化改革阶段。改革取得了一些成效，但依然面临着一些问题。

（一）户籍制度改革的顶层设计体系尚不完善

1. 户籍制度改革的客观现状要求完善顶层设计

中国的户籍制度发展到今天，背后的社会管理功能、经济利益格局和社会福利格局错综复杂，住房、就业、教育、养老、医疗、社会救助、最低生活保障等基本公共服务和社会福利依然和户籍有着千丝万缕的联系，围绕着这些处在外围的配套政策的户籍制度改革已经得到了推进，但改革越来越需要进入户籍本身改革这个核心问题上。也就是说，户籍制度改革不仅仅是地方政府的问题，也是中央政府的问题，要在中央政府的宏观调控下进行。在城镇化的过程中，各地经济发展进入新常态，各地政府也获得了户籍改革的红利，但随着城镇常住人口的增多，城市政府要为进城的常住人口提供基本公共服务，导致地方政府不愿为这部分人埋单，这就需要中央政府按照自上而下的顶层设计推动户籍制度改革，这就需要全局性的、系统性的、科学化的顶层设计对改革进行指导。

2. 顶层设计不完善导致部门之间难以形成改革合力

户籍管理制度改革是行政管理体制改革的重要内容，涉及千家万户，关系到广大人民群众的切身利益，是社会各界关注的热点问题，必须纳入各级政府的议事日程，狠抓落实，而仅靠公安机关推动是不可能成功的。当前的户籍制

度改革需要公安部门、人力资源和社会保障部门、卫生计生部门、农业部门、财政部门等多部门通力合作、协同配合，这就需要在中央层面完善顶层设计，以此为指导通过一个主导部门综合推动，协调各职能部门各司其职的同时又互相配合，按照改革方案稳步推动与户籍制度改革相关的各项配套改革。

（二）现行公共服务体制与深化户籍制度改革矛盾较大

公共服务体制是与人民群众的切身利益息息相关的涉及教育、就业、住房等方面的体制，也是户籍制度改革过程中矛盾最突出、最需要迫切解决的改革事项，而且户籍制度改革的成功与否也在一定程度上取决于相关配套制度的改革。

1. 公共服务体制改革滞后导致户籍制度改革受阻

在我国，户籍制度是城市公共服务制度的载体性制度，在现有户籍制度框架下，户籍阻挡了外来人口享受流入地的公共服务，但无法阻止外来人口流入城市的脚步，使他们成为城市的贡献者，却无法成为城市的受益者。当前公共服务体制城乡分割、区域分割特征明显，使户籍制度改革整体局面错综复杂。在公共服务领域矛盾又相对集中地反映在就业、教育、住房、社会保障等方面。例如有些地方的政府提供的廉租房、公租房等只面向城市的户籍人口。

当前中小城市和小城镇户口迁移制度已基本全面放开，但这与公共服务体制的矛盾却日益突出。广大流动人口进入中小城市和小城镇的意愿并不强烈，主要原因是这些区域的公共服务体制与农村之间的公共服务体制差别已不大，最具有吸引力的是中小城市和小城镇的教育资源。而这种改革的后果最终导致城市的公共教育资源严重不足而农村的公共教育资源大量闲置。

2. 公共服务体制改革面临多方利益博弈

户籍制度改革要求公共服务体制将更多的人口纳入服务体系中，这是打破当前利益格局下的社会资源再分配过程。城市各个阶层利益取向不同，现有制度框架下，户籍与非户籍人口的巨大社会福利差异会使原有利益既得者维护现有利益格局的欲望很强烈，必然导致改革阻力加大。此外，政府部门利益和地方利益保护这些因素都成为深化改革的阻力。

公共服务体制必须要改，但是在城乡之间、地区之间仍然存在并不断拉大的前提下，在我国目前的发展阶段直接取消各地的改革服务筛选机制并不现实，改革不可能一蹴而就，这就增加了公共服务体制改革的难度。因此公共服务体制改革的方式、速度、突破口、成本分担等问题都需要得到明确，就业、教育、住房、社会保障等矛盾集中的领域如何在改革速度与改革质量之间寻求平衡有待于进一步研究。

（三）现行土地制度改革将影响户籍制度改革的进程

中华人民共和国成立以来，在逐步探索和调整中，我国形成了一套具有中国特色的农村土地制度体系，主要包括农村土地产权制度、农村集体建设用地利用管理制度、农村土地征收制度、农村土地整治制度和耕地保护制度。中国农村土地制度改革的总体目标是：形成土地产权更为清晰、用途管制更为有力、节约集约更为显著、资源配置更为高效、收益分配更为合理的农村土地管理制度体系和运行规范、平稳有序、城乡统筹的土地市场，促进城镇化、工业化健康发展，为经济社会全面发展提供土地资源保障。

实行以家庭承包经营为基础、统分结合的双层经营体制，是农村改革的重大成果，是我国宪法确立的农村基本经营制度。农村土地承包法自2003年施行以来，对稳定农村基本经营制度，赋予农民长期而有保障的土地承包经营权，增加农民收入，促进农业、农村经济健康发展和农村社会和谐稳定，发挥了重大作用。

党的十八大以来，以习近平同志为核心的党中央对稳定和完善农村基本经营制度、深化农村集体土地制度改革提出一系列方针政策。党的十九大报告明确提出第二轮土地承包到期后再延长三十年。从农村现状看，随着富余劳动力转移到城镇就业，各类合作社、农业产业化龙头企业等新型经营主体大量涌现，土地流转面积不断扩大，规模化、集约化经营水平不断提升，呈现“家庭承包，多元经营”的格局。为此，2017年10月底召开的第十二届全国人大常委会第三十次会议已着手讨论农村土地承包法的修改，其修改的内容涉及关于“三权分置”、关于稳定农村土地承包关系并长久不变、关于土地经营权入股、关于维护进城务工和落户农民的土地承包权益等七个方面的内容。当前处理好农民转移和土地流转之间的关系是关系到农村社会和谐稳定的重要因素。

国家“十三五”规划确立了到2020年我国要实现1亿左右农民和其他常住人口在城镇落户的目标，这1亿人主要指农村学生升学和参军进入城镇的人口、在城镇就业和居住5年以上和举家迁徙的农业转移人口；而党的十八届五中全会决定提出，维护进城落户农民土地承包权、宅基地使用权、集体收益分配权，支持引导其依法自愿、有偿转让上述权益。不得以退出土地承包权作为农民进城落户的条件，是否保留土地承包经营权，由农民选择而不是代替农民选择。如何处理好这两者的矛盾也是户籍制度改革过程中不可回避的问题。

随着城乡之间、城市流动人口和常住人口之间的基本公共服务均等化的推进，随着农村土地制度改革的推进，进城务工人员在土地利益的驱使下，绝不会轻易放弃所拥有土地的各项权益，这将极大地影响我国新型城镇化、进城务工农民市民化的进程。

（四）特大和超大城市户籍制度改革的矛盾集中

2014 年 7 月，国务院为更好地实施人口和城市分类管理，满足经济社会发展需要，将城市规模划分标准进行调整，发布了《关于调整城市规模划分标准的通知》。① 新的城市规模划分标准中，将城市划为 5 个层次 7 个档次。城区常住人口为 50 万以下的城市为小城市，其中 20 万以上 50 万以下的城市为Ⅰ型小城市，20 万以下的城市为Ⅱ型小城市；城区常住人口 50 万以上 100 万以下的城市为中等城市；城区常住人口 100 万以上 500 万以下的城市为大城市，其中 300 万以上 500 万以下的城市为Ⅰ型大城市，100 万以上 300 万以下的城市为Ⅱ型大城市；城区常住人口 500 万以上 1000 万以下的城市为特大城市；城区常住人口 1000 万以上的城市为超大城市。（以上包括本数，以下不包括本数）。

在我国全面深化改革过程中，地区间发展差距不断拉大，不同城市户籍的含金量差别也越来越大。户籍制度改革实践证明，户口含金量越高，对人口的吸引力也就越大，落户需求也就越旺盛；同时所需要的配套成本也就越高，面临的潜在人口涌入压力也就越大，改革的阻力也就越大。因此在户籍制度改革过程中，不同规模不同发展现状的城市户籍制度改革的难易程度差别也就越大。从现有的制度安排来看，大中小城市的户籍已基本放开，如截至 2017 年 9 月，湖北省除武汉市以外，其他城市基本实现了零门槛的落户政策。由于产业发展水平以及户籍对应的福利有限，大中小城市整体上对外来人口缺乏吸引力。目前改革的难点在特大城市和超大城市，这些城市入户需求和供给之间的矛盾特别集中。

在特大城市和超大城市的入户需求较大。这些城市就业机会较多、公共服务质量较高、社会保障体系更为完善、教育等公共资源较为富余，对人口的吸引力就大，因此人口流动的主要方向是特大和超大城市。但这些城市如果放开户籍限制就会形成交通不畅、空气污染、生态破坏、公共卫生恶化、就业就学紧张等社会问题，一旦取消入户门槛后所面临的人口迁入压力和资源承载压力

① 《国务院关于调整城市规模划分标准的通知》，载中国政府网，http：//www.gov.cn/zhengce/content/2014-11/20/content_9225.htm，2018 年 3 月 17 日访问。

等问题将集中爆发。所以如何寻求特大超大城市户籍制度改革和城市承载力之间矛盾的结合点是当前深化户籍制度改革的关键点。

（五）户口登记一元化和城乡一体化的实质进度并不能相互契合

2014年，《国务院关于进一步深化户籍制度改革的意见》明确规定：取消农业户口与非农业户口性质区分和由此衍生的蓝印户口等户口类型，统一登记为居民户口，体现户籍制度的人口登记管理功能。随之各省份纷纷出台方案，普遍提出取消农业户口与非农业户口性质区分，统一登记为居民户口，标志着我国户口登记一元化的全面开始。但是，城乡户籍统一登记后，农民和城市居民之间的权益差别仍然存在，国家在就业、教育、社会保障、医疗等方面的政策制定仍然按照农业与非农业户口为依据，而且城市居民所获取的各项保障依然优越于农民，这种城乡一体化只是户口登记的一元化，并没有取得实质性的进展。城乡一体化是要使城乡人口、技术、资本、资源等要素相互融合，互为资源，互为市场，互相服务，逐步达到城乡之间在经济、社会、文化、生态、空间、政策（制度）上协调发展的过程。城乡户口登记一元化后的城乡政治、经济、文化、生态、居民待遇等各方面的一体化才是我国深化改革所追求的目标，才是缩小城乡差距的完美结合。

日本在助推城乡一体化方面给我国提供了很好的经验。在经济高速发展时期，日本政府的一系列根本性制度安排成为日本避免“城乡二元结构”出现的核心因素。

首先，城乡居民享受同等的政治经济待遇，在房籍、政治权利、社会保障和人员流动等政策上对城乡居民一视同仁，避免人为造成城乡差别。战后经济高速发展时期，日本大量农民离开土地进城工作，有些大企业甚至采用“集团就职”方式，到农村中学整班招收毕业生进城务工。对此，日本政府一方面为新进城务工的农民提供与城市居民相同的社会保障和市民身份；另一方面严格要求企业保障劳动者就业，采用“终身雇佣制”等方式确保农民在进城后不会因失业而陷入困境。这在很大程度上避免了农民在“失地”后再“失业”所带来的严重后果，避免了城市出现“流民”阶层。

其次，消除阻碍人员、资金等经济要素在城乡间流动的壁垒，促进各种资源向农村和落后地区流动。在大量农村人口进城的同时，也有很多日本城市居民希望到农村和小城镇居住或投资从事农业经营。为此，日本建立了较为完善的农业耕地和农村住宅流转体制，鼓励城市人口到农村居住或投资。从城市“下乡”从事农业经营的居民，往往会给农村带来一定的资本，这有利于农业生产集约化。此外，还有很多老年城市居民退休后到大城市远郊或地方小城镇购房生活，其中有些人还租用或购买小块土地耕作。这一方面减轻了东京、大阪等超大城市的人口压力，另一方面也给地方带来大量投资并拉动个人消费。

最后，重视城市化过程的总体布局，避免出现“城乡结合部”和“贫民窟”。在经济高速发展时期，日本也经历过大城市人口迅速增长的阶段。以东京为例，1955年至1970年期间，每年净流入人口达30万至40万人。但由于东京的城市规划以放射状大容量轨道交通为依托，沿轨道交通站点（多为过去的小城镇）建设生活服务、文化娱乐和治安配套完善的居民区，包括大学教授等较为富裕人士在内的、大量在东京工作的居民选择在距东京市中心数十公里的千叶县和埼玉县等地居住。由于规划合理、配套齐全，日本很多大城市带动了周边大片区域发展，东京周边的“首都圈”和大阪神户周边的“阪神圈”等发达经济圈应运而生。

日本通过建立统一的社会保障体系、建设高标准的卫星城和小城镇、维持农产品较高价格以保障农民收入等措施，打通了城乡之间存在的各种壁垒。

第一，统一社会保障体系和宽松的户籍制度是城乡居民相互流动的前提。在日本，居民的养老、失业和医疗保险全国统一，不以地区或身份区分，居民转移户籍几乎不受限制。这使得日本全国人员流动较为方便，解除了农民进城或城市居民“下乡”的后顾之忧。

第二，高标准建设大城市外围卫星城和小城镇是大城市减轻人口压力的前提条件。日本很多大城市的外围卫星城和小城镇的基础设施、生活服务、文化娱乐等条件与大城市中心区相差无几，吸引了很多城市居民前去居住。充分利用好包括退休老人、不必每天通勤的上班族、小企业主及其雇工等群体的资本和消费需求，在很大程度上促进了日本中小城市和小城镇的发展，既避免了大城市人口过快膨胀，又拉动了农村发展，有力促进了城乡平衡和区域平衡。

第三，采取各种措施维持农产品较高价格以保障农民收入。为增加农民收入，日本在对外贸易中多利用高关税、高检疫检验标准等有形或无形“保护壁垒”，在国内则通过农协等行业组织或地区组织维持农产品较高价格。这实际上是以城市消费者出资的形式对农业进行隐形补贴。同时，为保障城市低收入阶层人群的基本生活，日本政府通过补贴等方式使国内市场鸡蛋、牛奶和面包等基本食品的价格处于较低水平。

（六）户籍管理的法律法规滞后

中华人民共和国成立以来，我国一直没有制定一部完整的户籍法，而户籍管理的法律除了由全国人大常委会通过的《中华人民共和国户口登记条例》和《中华人民共和国居民身份证法》以外，其他的均为部门规章或地方性的改革措施或政策。这些措施或政策多半是根据上级户口行政主管部门的一些文件精神来自行选择的，并没有一个统一的法律标准来对其进行规束或引导，并且有些政策不具有延续性。改革就处在了原法律不变的情况下，采取与原法律相悖逆的政策措施的困境之下。这直接导致了改革政策的不合法性，这种不合法性不仅表现在对本法的悖逆方面，更表现在和其他法律条文所产生的冲突方面。如《国务院关于进一步推进户籍制度改革的意见》已明确规定取消农业户口与非农业户口的性质差别，而最高人民法院在死亡赔偿金判定、军人专业退伍、最低生活保障等方面依然存在农村户口与城市户口的差别。

户籍制度的改革滞后于经济发展的需要，而法律的修订又滞后于户籍制度的改革，这种倒置的非制度化现象，反映了我国法制化过程的不合理性，而只有在法制建设合理情况下进行的体制机制改革，才能更加持久，更加健康。①

鉴于目前户籍管理缺乏强有力的法制保障，执行效力不高的现状，我国迫切需要制定《户籍法》，对户口登记的法律地位、管理范围、民事行为、权利义务等进行界定，在管理体系上形成全国统一的基本条件和标准，确保符合条件的公民在国内自由迁移。

（七）户籍制度改革成本分担机制有待健全

户籍制度改革不是简单地废除或弱化已有的制度，而是在分解旧制度的基础上构建新制度。户籍制度改革本质上是利益的再分配，其背后是政府公共支出结构的再调整。

合理的成本分担机制是户籍制度改革的基础。就地方政府而言，推动户籍制度改革，给更多的外来人口以市民待遇，意味着财政开支的扩大，短期来看难以收到显著政绩，而原有利益格局也可能被打破，因此地方政府尽可能回避改革。特别是承载较多外来转移人口的城市改革成本较高，对改革的反对情绪更为强烈，如北上广这些超过千万流动人口的城市。要解决流入人口的落户问题，就意味着要对他们在教育、就业、医疗等方面支出，这种改革的成本分担机制是考验地方政府执政能力的重要因素之一。

户籍制度改革成本数额巨大，涉及主体复杂，包括中央政府、地方各级政

① 孙敬宇：《十一届三中全会以来我国户籍制度改革和调整的研究》，东北师范大学2013年硕士学位论文，第8页。

府、企业、个人等多方分担主体，一定要设计合理的成本分担机制。

第三节　当代中国户籍制度改革的推进思路

一、当代中国户籍制度改革的目标和原则

（一）当代中国户籍制度改革的目标

我国《宪法》第33条规定："中华人民共和国公民在法律面前一律平等。"即公民在法律人格上平等，平等的享有法律权利、承担法律义务，受法律的平等保护以及禁止任何特权，这是我国社会主义社会人人平等原则在宪法上的确认和体现。2004年《宪法》修正案规定："国家建立和健全同经济发展水平相适应的社会保障制度。"

基于当代中国户籍制度的弊端，户籍制度改革应以公平正义为原则，以实现全国城乡之间、区域之间的基本公共服务均等化，进城务工农民市民化、新型城镇化为基本目标，以迁徙自由为终极目标而不断推进改革，让户籍制度回归人口登记、迁移本原功能，实现无条件按常住地登记居民户口，全国人口在城乡之间、区域之间实现自由迁徙基础上的有序流动和动态平衡。

（二）当代中国户籍制度改革的原则

我国户籍制度改革应以公民权利和义务对等为基本原则，以实现公民迁徙自由为终极目标。国外一地户籍通过本人对一地的社会贡献与纳税获得，而在我国大部分依据继承获得。虽然各地在户籍制度改革中推行购买一定面积住房、投资可取得一地户籍，但相比国外的迁徙，我国的户籍制度对公民迁徙附加了太多额外的义务。当然，在户籍制度改革的基础上，相关部门正在推行的以个人缴费为基础参保的各类保障项目，这正是权利义务相对等的原则的体现。从这一层面上说，我国的户籍制度改革正在与社会福利保障部门进行良性的衔接。由于涉及国家社会事务管理的很多层面，我国现阶段进行户籍制度的改革还应注重以下问题。（1）户籍改革应把推进城镇化放在首位的原则，通过户籍制度改革，改变农业结构、城乡结构，提高农民收入，让农民在较为宽松的条件下向城镇迁移，改变我国"城市化"滞后于"工业化"的传统态势，使人口城市化和国家工业化同步进行。（2）户籍改革应注重平等原则的实现的原则。城乡户别公民在经济权利、政治权利、文化权利、社会保障甚至人格

尊严上有着巨大差别。就业的不平等、国家政治生活的话语权的限制、受教育的不平等、社会保险和社会救济等保障体系的不尽完善，迁徙流动的不自由等与宪法精神背道而驰，与以人为本的大环境格格不入。因此，户籍制度改革的实质在于实现公民权利平等，体现社会主义公平正义。（3）户籍制度改革应强调综合配套的原则。户籍制度改革涉及政府多个相关部门的职责和权力，社会管理相关部门应建立与户籍制度改革相配套的衔接制度。一方面，确保公民基本权益的完整实现，另一方面防止由于相关部门的配套制度无法跟进而损害公民权益，使牺牲公民巨大利益换来的改革成果沦为空谈。（4）户籍制度改革应遵循政府市场作用双结合的原则。户籍制度改革要充分考虑我国国情，要在党和政府的引领下，尊重市场规律，允许人才和资源的合理流动和均衡分配，达到市场资源的最优配置。

二、当代中国户籍制度改革的推进思路

（一）加快户籍立法进程

法律在社会系统中居于最高地位并拥有最高权威，任何组织和个人都不能凌驾于法律之上。法治作为一种治国的基本规则，要求法律成为社会主体的普遍原则，不仅要求公民依法办事，更重要的在于制约和规范政治权力。所以，法治在政治上，是对公民权利的保障和对政治权力的规制，是民主的制度化、法律化。法律是否至上，特别是权力的运行有没有纳入法律设定的轨道，是区分法治与非法治的主要标志。2006 年 4 月，中央提出了社会主义法治理念，它以依法治国为核心内容，依法治国的前提条件是必须有法可依。对我国户籍制度的改革也是，没有适合的户籍立法，户籍制度的改革就不能名正言顺，加之与不合理户籍法律条款的冲突，户籍制度的改革势必受到阻碍。

近年来，我国户籍制度改革已取得了显著的成果，颁布了《中华人民共和国居民身份证法》《国务院关于进一步推进户籍制度改革的意见》《居住证暂行条例》等法律法规，各地也纷纷出台了与之相配套的地方性法规，但多是部门规章或地方性的执法规范，并没有上升到法律的高度，当务之急是首先要制定一部与社会主义市场经济相适应、相协调的《户籍法》，为户籍制度改革顺利推进保驾护航。《户籍法》应该包括应该考虑的内容：公民拥有依法迁徙入籍的自由；实行按居住地落户的制度，让户籍管理回归本位；规定户籍不与社会福利和社会保障挂钩，维护公民在法律面前人人平等的原则。其次要调整和改革现有的各项社会领域与户籍制度相关的法律法规，如《社会保障法》

《兵役法》《劳动法》《选举法》等，改革其与户籍挂钩的法律条文，还户籍本来面目。

（二）加强户籍制度改革的顶层设计和统筹协调

户籍管理制度改革是行政管理体制改革的重要内容，涉及千家万户，关系到广大人民群众的切身利益，是社会各界关注的热点问题，必须纳入党和国家的重要议事日程，狠抓落实。目前中央对推进户籍制度改革已做了统一部署，地方也积极响应进行了一系列的改革尝试，但鉴于改革的总体目标和工作方案不够明确，地方政府对改革的深化程度亦无法把握，影响了改革的进程，因此需要中央进一步加强对户籍制度改革的顶层设计和总体规划，对部门和地方工作作出指导。

户籍制度改革需要在中央的统一指导下进行，设立中央全面深化户籍制度改革领导部门，全面指导和协调户籍制度改革工作，明确户籍制度改革总体目标和任务，制定户籍制度改革短期目标和中长期规划，使户籍制度改革循序渐进，有条不紊地进行。

各有关部门要在中央全面深化户籍制度改革领导部门的统一领导下，切实抓好国家有关户籍制度改革各项政策措施和工作部署的落实，及时研究和协调解决工作中遇到的问题。人事、劳动、社会保障、民政、卫生健康、教育、公安等部门要各尽其责，密切配合，形成合力、整体推进，及时调整出台配套政策，剥离各项行政职能在户籍上的附加值，推进户籍制度改革顺利进行。

（三）以基本公共服务均等化为目标，逐步推进城乡一体化发展

基本公共服务均等化包括城乡之间、区域之间、城市外来人口与户籍人口之间的基本公共服务的均等化，这将是一个漫长的过程。目前我国由于地域差异、区域之间经济发展的不平衡以及国家政策的不同倾向造成基本公共服务的不均等，这种不均等主要表现在我国公民在公共教育、就业、住房、社会保障等方面的不平等待遇。要实现基本公共服务均等化，就必须推进城乡一体化发展，逐步消除不平等待遇。

我国户口一元化改革后，出现了一元户口登记与城乡一体化之间的矛盾，导致了城乡一体化明显滞后于户口一元化的问题。为此要推进城乡一体化，实现城乡居民基本公共服务均等化的目标，必须从以下几方面采取措施：第一，进一步推动农村经济发展，保障振兴乡村战略的实施。首先要不断缩小城乡经

济收入差距，努力调动亿万农村人口的积极性、主动性和创造性，提升农业和农村的发展质量、效益和竞争力；其次，坚持城乡融合发展，引导城市基础设施和公共服务能力向农村延伸，改善乡村人居环境，实施农村剩余劳动力就地转移，给城市减压减负。第二，进一步缩小城乡福利待遇差别。政府在城乡一体化规划过程中，要加大对农村在城乡融合方面的政策方面的倾斜和公共财政的投入，完善城乡的公共教育、就业、医疗等基本公共服务体系，完善养老保险、医疗保险、住房等社会保障体系，真正解决人民日益增长的美好生活需要和不平衡不充分的发展之间的矛盾。

（四）以进城务工人员市民化为核心，促进新型城镇化建设

中国2亿多农村剩余劳动力进入城市后活跃在城市的各个舞台，成为城市变革、繁荣与发展的生力军，有力地促进了城镇化进程。但他们流入城市后，由于城乡政策的差异，不能获取与城市户籍人口同等的基本公共服务和社会保障，以致于城镇化规模越来越大，进城务工人员却越来越难以融入城市。

进城务工人员市民化是统筹城乡的需要。新型城镇化是以城乡统筹、城乡一体、产城互动、节约集约、生态宜居、和谐发展为基本特征，大中小城市、小城镇、新型农村社区协调发展、互促共进的城镇化新路径。传统的城镇化主要是土地的城镇化，而非人的城镇化，导致出现了“大城市病”“空城”等现象。建设新型城镇化之要义就是要建设以人为核心的城镇化，即进城务工人员的市民化，实现职业上从农业到非农业、地域上从农村到城镇、身份上从农民到市民的转换，“让进城务工人员成为历史”。

第一，进城务工人员市民化必须科学规划城镇布局，为进城务工人员融入城市创造广阔空间。城市是进城务工人员市民化后的生活空间。要把大量的进城务工人员转化为市民，就必须科学合理地规划布局城市空间，提高城市的承载力。第二，进城务工人员市民化必须加快经济转型发展，为进城务工人员进城创造更多就业机会。如果城市没有一定的经济基础支付进城务工人员市民化成本，特别是就业、社会保障等方面，进城务工人员冒着放弃土地的巨大风险进入城市，就难以实现安居乐业，甚至会引发社会危机。第三，进城务工人员市民化必须完善城镇基础设施，为进城务工人员进城创造良好生活条件。进城务工人员融入城镇化是一个综合蜕变的过程，其中一个重要方面就是由农村生活方式向城市生活方式转变，真正使游离状态的进城务工人员转变为安居乐业的市民。第四，进城务工人员市民化必须完善公共服务体系，通过推进城乡低保、医保、养老、社会救助等保障制度的全面接轨，有序发展面向进城务工人

员等低收入者的公益性廉租房或公租房，逐步覆盖符合条件的进城务工人员，有效解决了进城务工人员的后顾之忧，增强了进城务工人员对城市的认同度和归属感。

第二章　流动人口管理制度与户籍制度改革

第一节　流动人口管理制度概述

一、流动人口概述

（一）流动人口的概念

人口是生活在一定社会生产方式下，在一定时间内、一定地域内，由一定的社会关系联系起来的，由一定数量和质量的有生命的个人所组成的不断运动的社会群体。人口的流动是人口群体的空间运动，是人口群体的固有特征，它是人类社会发展过程中必然存在的一种现象。

中华人民共和国成立后，我国计划经济体制逐步形成，在这种社会背景下，人口流动受到限制，流动人口的规模不大。改革开放后，随着家庭联产承包责任制的实施和社会主义市场经济体制的建立，大量的农村剩余劳动力从土地上解放出来，我国逐渐形成了以进城务工人员为主体的流动大军。随着我国经济体制改革的不断推进，在相当长一段时间内，人口的大规模流动将成为我国经济社会发展的必然趋势。他们极大地推动了中国的经济发展和社会主义现代化建设，但也是我国社会管理的难点之一。因此，探索适合我国国情的流动人口管理制度一直是国家和人口学界在积极探讨和研究的课题。

关于流动人口的概念，人口学界、社会学界、公安学界都从不同方面进行了界定。目前比较认可的定义为：流动人口是指未依法改变法定住址而在常住地市、乡（镇）以外滞留一昼夜以上的移动人口。在这里，一定要将流动人口和迁移人口区分开来，所谓迁移人口，是指至离开原常住地，办理了户口迁移手续，跨越一定的行政区域，前往他地定居的人口。二者区分的主要依据看是否办理了户口迁移手续、是否改变了原常住地。关于流动人口与迁移人口之间的关系，万川教授（北京社科院）在《流动人口概念之我见》① 中作了比较准确、全面的分析：流动人口与迁移人口有些相似，两者都有一个跨越一定的行政辖区流动的过程，但两者的区别也很明显。第一，人口迁移是制度化的人口流动现象，有严格的政策规定和制度约束；而人口流动的规范尚待明确；第二，迁移人口是指户口迁移，它是一个法定概念。根据《中华人民共和国户口登记条例》，公民从迁出地注销户口，跨越户口管辖区，再到迁入地注册登记落户，就是户口迁移。参加迁移的公民，习惯上被称为移民。迁移人口的前提条件，一是改变法定住所，二是跨越一定的户口管辖区，三是办理户口迁移手续，改变常住户口所在地。而流动人口在流动期间并不改变公民常住户口所在地的性质；第三，迁移人口虽然也是从一个辖区移动到另一个辖区，但迁移期间的人口流动是直线型的，而流动人口的流动是曲线型的。也就是说，迁移人口与流动人口的流程方式不同。迁移人口的流程方式是单程式，即只从甲地到乙地，不需再回到甲地；而流动人口的流程方式是双程往返式，即从甲地到乙地，然后从乙地到甲地；第四，迁移人口属常住人口的动态管理，流动人口则不属于常住人口管理范畴；第五，迁移人口与流动人口的动机和目的也不尽相同；迁移人口的动机和目的主要是转业、退伍、被捕、求学、结婚等，流动人口的动机和目的主要是经商、谋生、观光、旅游、探亲访友、度假、求医治病、逃避义务与责任等；第六，两者的落脚点也不同。迁移人口的落脚点是法定住所，流动人口的落脚点是工棚、车站、码头、船只、厂矿企业内部的临时宿舍、旅社、宾馆等；第七，两者的流量也明显不同。近年来我国流动人口的年均规模是7000万，而迁移人口的年均规模是2000万，流动人口数量远大于迁移人口数量。②

（二）流动人口的主要特征

1. 人数多，规模大

改革开放40多年来，随着我国社会经济的迅速发展，流动人口的数量不断增加。2005年的1%人口抽样调查表明，中国流动人口的规模已达到1.5亿；根据国家人口计生委统计，2008年中国流动人口规模已达到2.01亿，

---

① 万川：《流动人口概念之我见》，载《山东警察学院学报》2001年第3期，第84~87页。

② 万川：《中国户籍制度改革论稿》，群众出版社2008年版，第129页。

2009 年中国流动人口已达到 2.11 亿，2012 年中国流动人口达 2.36 亿①，2015 年我国流动人口达 2.47 亿。② 2016 年我国流动人口达 2.45 亿，未来一段时间我国流动人口规模仍持续活跃，人口流动已成为现阶段我国经济、社会、人口转型过程中的突出特点。这样大的流动人口规模在我国历史长河中是史无前例的，在发达国家的发展历史上也从未遇到过，它在促进中国经济发展和推进城镇化进程的同时，也对中国未来社会的长期稳定发展形成了巨大的冲击。

2. 新生代进城务工农民是流动人口中的主要群体

从流动人口的户口性质来看，流动人口大部分来自农村，据《中国流动人口发展状况报告（2016）》统计数据显示，截至 2015 年年末中国流动人口已达到 2.47 亿，新生代进城务工农民占比超过一半，为 51.1%，流动人口的平均年龄是 29.3 岁。由于城乡之间经济发展的不平衡，巨大的收入差距促使大量农村剩余劳动力涌入城市。随着时间的推移，他们在城市的滞留时间越来越长，甚至有些成了事实上的城里人，这就需要城市将流动人口纳入城市规划体系和城市公共服务体系之中。

3. 人口无序流动较为明显，居住环境堪忧

党的改革开放政策和社会主义市场经济体制的建立，使得大量下岗职工和农村剩余劳动力涌向城市、外出务工经商。因为缺乏有关部门的统一协调，人口的流动呈现出较大的盲目性和无序性，这种无序流动在考量城市的容纳能力的同时，还引发一系列社会问题。根据 2016 年北京市 1‰人口调查数据显示，在北京市的流动人口中，没人介绍就直接流向北京的占 37.1%，通过近亲介绍的占 26.6%，通过同村介绍的占 17.9%，通过用工单位上门招工和当地集体组织来的流动人口占的比例微乎其微，分别只占 1.3%和 0.9%③，“有组织”的流动极少，人口无序流动极为明显。

同时，流动人口居住条件差、居住环境堪忧也是党和政府比较关注的问题。受经济条件的限制，流动人口多居住在条件相对差的城郊结合部和城中村，甚至有些人住在建筑工地的工棚里，这些地方卫生、环境较差，治安问题

① 参见原国家卫生和计划生育委员会流动人口司 2013 年 7 月发布的《中国流动人口发展报告 2013》。

② 参见原国家卫生和计划生育委员会流动人口司 2017 年发布的《中国流动人口发展报告 2017》。

③ 侯慧丽：《特大城市产业疏解政策下外来流动力定居意愿的变化——以北京为例》，载《劳动经济研究》2018 年第 2 期，第 109~127 页。

突出。尽管有些地方政府在尝试建设面向进城务工人员的低租金住房、将进城务工人员纳入城镇住房保障体系等，但实际获得廉租房服务的流动人口屈指可数。

4. 人口流动带来的社会问题较为严重

首先，流动人口的合法权益难以保障是当前中国城市流动人口面临的重大问题。这主要体现在社会保障、劳动就业和教育权益等方面。目前的社会保障制度主要是针对城镇从业人员和具有本地城市户籍的人口设计，即在医疗保险、养老保险、失业保险以及工伤、生育保险等社会保障和经济适用房、廉租房、城镇居民最低生活保障等社会救济制度等方面流动人口和城镇人口之间有相当大的差距。而流动人口的子女义务教育问题也不容忽视。2003 年，国务院办公厅转发教育部《关于进一步做好进城务工就业农民子女义务教育工作意见的通知》中指出，流入地政府负责进城务工农民子女接受义务教育，以全日制公办中小学为主；2004 年国务院办公厅下发的《关于进一步做好改善农民进城就业环境工作的通知》又强调，各地教育部门和学校对进城务工农民子女接受义务教育、入学条件等方面与当地学生同等对待。但由于种种原因，在现实生活当中并没有实现进城务工农民子女与当地学生的一视同仁。流动人口在城市生活、工作、消费、纳税、创造财富，为城市经济增长作出贡献，却不能享受至少不能与户籍居民同等享受各种福利待遇、社会公共资源和城市发展的各项成果，这些歧视性的管理制度有悖于社会公平的目标，也不完全符合“以人为本的科学发展观”和“构建和谐社会”的基本要求。

其次，流动人口的违法犯罪问题已成为影响社会治安的重要因素。在各地公安机关所抓获处理的各类违法犯罪嫌疑人员中，流动人口占到了 40%以上，有的地方甚至超过了 50%，严重影响了社会治安秩序。

5. 流动人口覆盖面较广，在城市的滞留时间日趋延长

在多元文化的作用下，人口流动的趋势日益明显，以外出务工、社会交往、盲目流动为目的的人口流动，已经渗透到城市经济、社会生活的各个领域。此外，据有关部门统计，人口流动的现象已经涉及全国各个区县，经常在城乡、地区、省际之间流动，人口跨地域流动的情况较为突出。

北京、上海、广州等特大城市目前聚集有数百万的流动人口，致使这些城市的实际人口规模迅速膨胀。这些流动人口进入大城市，初衷多是到大城市赚点钱，然后回家。但是随着时间的推移和条件的变化，已有相当多的流动人口不再满足于过封闭落后的农村生活，而是期望能在开放、发达、繁华的大都市长期居住、生存下去，融入城市的趋势逐步显现，一部分人已经成为事实上的

城里人。而流动人口在流入地停留呈现长期化、家庭化趋势，据《中国流动人口发展报告（2015）》显示，2014 年，流动人口在现居住地居住的平均时间超过3年以上的占55%，居住5年及以上的占37%。半数以上流动人口有今后在现居住地长期居留的意愿，打算在现居住地继续居住 5 年及以上的占56%。

（三）流动人口形成的历程

1. 人口的自由迁徙流动时期（1949—1958 年）

中华人民共和国成立之初，我国结束了长达半个世纪的战乱，为维护新生的共和国政权和社会秩序，政府采取动员、说服、遣送和安置相结合的方法促使大量的城市流民重返家园，安土乐耕，而没有采取强制措施制止人口流动。1954 年《宪法》第 90 条规定："中华人民共和国公民有居住和迁徙的自由。"当时，公民可依个人意愿自主决定流动与否、流向何处，流动人口在流入地就业、居住及各种社会经济福利权利，除法律另有规定外，与当地原有居民不存在法律和政策上的显著差异。特别是在我国第一个"五年计划"成功实施后，城市工业经济迅速发展，劳动力需求迅速增长，以及农业生产的发展，粮食供应量增长，农民大量流入城市谋求新的职业，其中不少在城市中稳定下来，成为新的城市居民。随着流入城市的农村人口日益增多，其间也出现了粮食、城市就业、就学和基础设施供应不足的问题，政府部门开始劝阻农民流入城市，但重点在于劝阻盲目迁移，对于在城市找到正当职业，以及直系亲属间的"三投靠"等合法流动，允许登记落户，成为城市人口。

2. 人口的非自由迁徙流动时期（1958—1982 年）

所谓非自由迁徙流动，是指公民的流动自由从形式到内容上受到了一定的限制。由于政府部门对迁移流动实行审批权，以及公民一定程度上对集体经济组织的依附关系，公民完全失去流动的自主决策；由于计划经济及与之配套的一整套生活资料票证供应制度的实施，流出人口在流入地的社会经济权利甚至生存所必需的生活资料都难以保障，因此，事实上人口无法流动。这一时期限制人口流动的制度性因素有以下三点。

（1）户口迁移的审批和人口流动限制制度。1958 年通过的《中华人民共和国户口登记条例》，虽然没有从法律上完全限制人口的流动，但通过以是否吃"商品粮"为标准，将城市户口与乡村户口区分开来，并对人口迁移实行严格控制，中国开始对流动人口实行最严格限制和政府管制。条例规定公民在常住地市、县范围以外的城市暂住时间超过三个月的，必须向流入地或流出地公安部门申请延长，无延长理由的应当返回原籍，延长期限最多不超过三个月。同时，该条例明确规定了公民迁入城市的条件和办理户口迁移的行政审批制度，除纳入国家计划的人口迁移外，自发的流动人口事实上失去了成为新的城市居民的机会。

（2）生活资料的票证供应制度。由于人口多，特别是城市人口的迅速增长，农业生产率不高，粮油等基本生活资料商品化率不高。为解决城市人口的基本生活资料供应问题，1955 年，国家即已开始实行粮油统购统销政策和城市户籍人口的计划（票证）供应制度。在这之后的 30 多年中，计划（票证）供应制度的范围不断扩大，使流动人口失去了在城市赖以生存的物质基础，人口的流动也就无从谈起。

（3）农村人民公社制度。20 世纪 70 年代开始实行的农村人民公社制度，对于人口流动特别是从流出地控制人口的流动具有重要作用，农村人民公社是一种在农村实行的以劳动者集体所有制为基础的农村经济组织和政权组织形式，带有经济和政权的双重色彩。经济上，农村人民公社社员集体劳动，按劳分配，社员必须依赖人民公社取得粮食等基本生活资料。政权上人民公社对其成员具有行政上的约束力，未经人民公社的审批及履行相应的手续，农民无法自主流出。

1960 年代中期以后，为进一步限制“非正常”的人口流动，特别是不需要迁移户口的由乡村到城市的流动人口，政府加强了户口登记的力度，尤其是严格要求流动人口必须凭证件登记。在城镇旅馆居住的，必须出具单位或印有公章的介绍信或证明以及个人的证件，然后才能登记住宿；到城市探亲访友的，在亲友家住宿超过三天以上的，亲友必须向所在地段派出所报告登记；要在城市居住三个月以上的，必须凭人民公社或单位开具的介绍信或证明，向派出所申请暂住。出省旅游还必须兑换全国粮票，才能在外省旅店或饭店就餐用膳。

“文革”期间对流动人口的控制已由中华人民共和国成立初期的“单向”控制转变为“三向”控制。一是流出地的控制，流动人口流动时，首先必须经过本人常住地的国家机构或单位认可，由他们开出介绍信，然后才能外出。当然，在政治运动高涨时期，带有政治目的的流动行为常常受到保护和特许。个人在得到当地机构所开具的证明时，实际上已经接受了权威的监视，也就是说，个人的流动行为，从一开始就受到了监视和控制。二是流入地的控制，流动人员必须在到达流入地时登记注册，因而他们在流入地的行动又受到权威机构的监控。三是生存资源的控制，流动者需要征得权威机构的同意，而且还要获得必要的购物票据，如粮油票，才能得到生活必需品。①

3. 人口的限制自由迁徙流动时期（1982 年至今）

20 世纪 80 年代以来，在经济体制、政治体制改革的大背景下，户籍制度的一些外围政策相继被革新，其限制性功能部分失效，中国开始出现了大规模的人口流动。但政府却从形式上严格控制人口的自由流动，所以这一时期为限制自由迁徙流动时期，即公民从形式上可以自由流动，但实质上无法享有和流入地公民相对等的社会政治经济权利，造成了公民和市民之间的差异。

（1）农村生产体制的变革。家庭联产承包责任制的实施，使得农民事实上获得了土地承包经营权，过去人民公社体制下对于集体经济组织形式和政治上的依附关系彻底破除。随着农业生产率的提高，农村剩余劳动力就业的矛盾凸显。同时，城市经济改革的启动和发展，就业机会增多，农村的推力和城市的拉力共同构成了农村人口流动的重要因素。

（2）社会主义市场经济体制的逐步建立。从传统计划经济向社会主义市场经济的过渡是一个渐进的过程。农民在获得形式上的自由流动的同时，社会转型时期的制度性因素，依然在很大程度上制约着人口的流动。由于法制的不健全和原有管理体制的惯性作用，流动人口依然被排斥在转型时期的各种城市社会经济福利和社会保障体制之外，在流动就业权利、社会保障权利以及文化教育权利等方面还处于一种差别地位。这种差别地位制约了人口的自由流动。但在社会主义市场经济体制的逐步完善和深化政治、经济体制改革的强大阵营中，随着社会经济发展水平的不断提高和法制的完善，实行人口的迁徙自由将是一种必然趋势。

二、流动人口管理面临的主要问题

（一）流动人口服务、管理的思想观念滞后

现阶段，我国流动人口服务与管理领域受封建传统思想的影响比较严重，由于城乡二元结构的局限，流动人口因为户籍制度的限制而无法取得城市合法居民的身份。在传统意义上，流动人口仍被定位为“暂住人口”，在住房、就业、保障、医疗等方面受到各种歧视和限制。很多管理者在理念和手段上仍然处于“追求人口控制”的阶段，还存在以管理者自居、排斥全国外来人口的

① 陆益龙：《户籍制度——控制与社会差别》，商务印书馆 2003 年版，第 124～135 页。

旧思想。实际工作中存在着重管理、重控制、轻服务的现象。对流动人口的管理偏重于预防和打击犯罪，而对流动人口的就业、居住、医疗、社会保障、子女教育、计划生育等基本公民权保障重视不够。有些地方在制定流动人口政策目标时，偏重于从有利于职能部门行使管理职能的角度出发，而很少从有利于服务流动人口的角度去考虑，有的甚至以办证收费代替管理，往往使管理流于形式，更谈不上服务。流动人口在城市缺乏社会认同感，在流动人口管理和被管理关系上客观形成了冲突隐患。长期以来，流动人口被视为控制对象，而不是作为服务对象，这与现代法治政府的职能相违背。

（二）流动人口服务、管理陷入被动状态

流动人口违法、犯罪数量攀升，各类社会问题的出现，其中最主要的原因在于有关部门在流动人口管理问题上缺乏针对性、主动性、时效性。主管部门疲于应付，不能积极、主动地开展工作。尚未建立针对流动人口现状的动态分析制度，流动人口服务、管理整体处于被动状态。流动人口最基本的特征是动态变化，但目前对流动人口的微机化、网络化管理也做得不够，管理信息沟通渠道不畅，部门间协作配合不佳。流动人口的流出地和流入地无法实现信息共享，难以及时准确地提供流动人口的数量变化、类型、流入源、流入目的、流动时间、流动意向、子女受教育情况、办理证照情况、社会交往方式和生活特点等情况，使得其在服务和管理上难度增加。

（三）流动人口服务、管理面临转型压力

当前，我国正处于经济社会转型时期，“服务型政府”的理念在政治体制改革中逐步显现。在全球化时代的影响下，流动人口服务、管理工作时刻面临着挑战，“国际金融危机”带来的进城务工人员返乡所引发的一系列社会问题，凸显出有关部门在处理突发事件、应急反应等方面存在严重不足。政府没有在财政收入中列出关于流动人口服务与管理的专项经费支出，致使在应对这些问题时相关部门出现经费不足的情况，这样其服务与管理的水平也就难以提高。

（四）流动人口服务、管理缺乏有效联动

流动人口服务、管理是一个系统工程，需要地域、部门之间的有机配合、上下联动。然而目前的情况是，人口输出地与输入地的公安、社保、教育、民政等部门缺乏有效的协调配合，从而导致针对流动人口服务、管理的“综合

网络”不畅通，无法达到预期的成效，统一、权威的具有合力的流动人口综合管理体制机构的缺位严重限制了政府对流动人口的宏观调控功能。目前，全国大部分地区的流动人口管理仍然是由公安、劳动、计生、工商等多个部门共同管理，管理机构重叠、机构成员不对机构承担实际责任，政府有效资源浪费严重，分散管理的问题十分突出，管理中的盲点广泛存在，全国范围内的高效专职、统一、权威、多层次的具有合力的流动人口综合管理机构还未形成。

(五) 流动人口管理的政策法规建设相对滞后

新时期的流动人口问题表现出前所未有的复杂性和多元性。面对这样的新情况、新问题，现有的流动人口管理政策法规显现出明显的滞后性，主要表现在：一是法规的针对性不强，一些现有的法律、政策体系对流动人口管理和服务的要求，无法突出管理重点，不利于依法行政；二是法规的规范性与系统性不强，流动人口管理规章政出多门，规章条例之间缺乏协调和联系，因此不可避免地出现了法规、规章之间的矛盾和不一致的现象，系统的、统一的权威性法规亟待建立；三是部门间的法律法规约束性不强，目前全国还尚未形成对公安、卫生健康、劳动、工商等职能部门产生共同法律约束的流动人口政策法规。

三、加强流动人口管理的策略

(一) 健全社会保障体系，体现市民待遇

2004 年的《宪法修正案》已明确提出“国家建立健全同经济发展水平相适应的社会保障制度”，表明我国已经意识到建立统一社会保障制度的必要性。2018 年的《宪法修正案》再次强调此条款，也就意味着国家平等对待全国各地的城市和农村居民的决心。市民待遇体现了一个地区、城市和国家对待每个公民的态度。在目前的经济条件下，要平等对待每个公民，就意味着国家要为每个公民提供最低限度的社会保障。因此，完善劳动就业制度和社会保障制度，取消依附在户籍上的城乡不合理的福利政策，协调农民和市民的利益，让流动人口在城市也能享受到城市居民的待遇，缩小、消除阶层之间的心理差距。促使不同地域、不同阶层的人口和谐共处，增强流动人口对城市的认同感和归属感，并在政治上、文化上、经济上、社会上尽可能地融入城市，树立起“同在一方热土，共创美好明天”的理念。

（二）创新管理机制，建立和谐文明的流动人口服务和管理体系

社会公共管理的本质是对社会资源进行权威性优化配置。随着我国流动人口数量的增加和流动性的增强，推行流动人口社会管理是实行有效管理的重要手段。因此，必须树立综合服务和管理的理念，走社会化服务和管理的路子，使对流动人口管理从防范性转向服务型，由单一封闭转向开放服务式。要创新工作机制，综合运用法律的、经济的和行政的等多种手段，充分发挥市场机制在人力资源配置中的基础性作用，又充分发挥政府的宏观调控作用，使人口的流入和流出更加科学、合理、规范、有序，最终实现人力资源优化配置。首先，要有效整合社会资源，建立起专门化、权威化的流动人口服务管理机构。国家建立流动人口服务管理总局，形成全国统一决策指挥系统；各省（市区）、市（地）、县（区）建立流动人口服务管理局，形成枢纽协调系统；乡（镇）、社区建立流动人口服务管理站，形成指导服务系统。各级都有具体的办事机构和工作人员。中央、省（市区）两级要认真履行对流动人口服务和管理的组织、协调、指导和监督职能。按照属地管理的原则，将服务管理重点落在基层社区，在社区应由政府出资招聘专职协管员。其次，要严格责任制，建立城市流动人口登记制度。按照“谁出租，谁负责”“谁经营、谁负责”和“谁用工、谁负责”的原则，规范企业单位用工制度，规范房屋租赁活动，健全基础台账，加强监督检查，给用工企业、单位、出租房业主等落实责任。要严格执行《劳动合同法》《就业促进法》等现行法律法规，实行公平就业，反对就业歧视，保障流动人口的平等就业权利。最后，要创新机制，探索流动人口社会组织体系。流动人口多的地区，可以在流动人口中建立自己的社会组织，实行自我教育、自我管理、自我约束。健全流动人口中的党团和工会妇女组织，纳入流入地党团、工会、妇联组织体系。充分发挥党团员骨干作用和工会、妇联的协调作用，构建流动人口利益表达平台，畅通诉求表达渠道。

（三）推进流动人口服务和管理的立法工作，尽快出台《全国流动人口管理办法》

依法管理是保障流动人口作为公民的基本权利和合法权益，实现管理目的的根本手段。立法机关要从维护社会稳定、促进经济发展、维护社会公平正义的高度出发，逐步制定完善统一、权威的流动人口法律体系，将以行政手段为

主的流动人口管理方式逐渐向法制化、规范化的轨道转变。要使流动人口管理纳入法制化、规范化的轨道，建议全国及早制定和出台统一、完善、权威的《全国流动人口管理办法》，为流动人口依法管理提供必要的法制环境。要根据流动人口管理和服务的特点以及各地实际情况，就流动人口管理的机构、经费、编制等作出具体的规定。同时，要建立和完善与流动人口有关的住房、就业、教育、卫生、社会保障等政策法规体系。

（四）综合治理，预防和减少流动人口违法犯罪

要加强对流动人口违法犯罪活动规律、特点的分析研究，建立点、线、面相结合的动态治安防控网络，及时准确掌握流动人口违法犯罪的动态。要适时对流动人口重点居住区域进行集中整治，重点加强对出租房屋、中小旅店、建筑工地、集贸市场、文化娱乐场所的检查和整治。要以流动人口居住相对集中的“城中村”、城乡结合部等治安情况复杂的地区为重点，适时组织开展入户清查行动，及时发现和消除治安隐患。要加强对流动人口的法制宣传教育，引导其懂法、守法，提高流动人口自我管理、自我服务、自我教育的意识和能力。

（五）依靠科技手段，实现流动人口服务管理信息化

应当建立流动人口信息化服务管理制度，充分借助和利用现代信息技术，有效整合常住人口、暂住人口、租住房屋人员、旅馆住宿人员、洗浴场所留宿人员、出入境人员等人口信息，实现各类人口信息与案件、车辆等信息之间的关联互访、碰撞对比、分析研判，及时掌握人口的流动轨迹和活动动态，提高服务和管理效能。全国应当建立统一的人口服务管理信息网络，各省（市区）、市（地）、县（区）都应建立网站，实现流动人口数据联网、信息共享，实现人口“流入地”和人口“流出地”的信息网上对接。要探索建立人口电子信息卡制度，实行“全程跟踪”，加强对流动人口服务和管理。人口流动时随身携带一张 IC 卡，其中包括身份、健康及婚育状况、户籍地、就业情况、是否有违法记录等各种信息，每到一地办理居住登记时，必须一并将全部流动信息转入当地流动人口管理信息系统，实现微机化和网络化管理，使得流动人口户籍所在地和实际居住地都能及时掌握情况。这样，不仅能有效地实行对流动人口的动态服务和管理，又能整合资源、节省成本。

第二节　流动人口的暂住证制度

一、暂住证制度概述

（一）暂住证制度的形成背景

我国的暂住人口管理工作开始于20世纪50年代末期。1958年颁布实施的《中华人民共和国户口登记条例》首次明确规定了公民离开常住户口所在地到其他城市临时居住3日以上的，要进行暂住登记。同时，《条例》第16条规定："公民因私事离开常住地外出、暂住时间超过三个月的应当向户口登记机关申请延长时间或者办理迁移手续；既无理由延长时间又无条件迁移的，应当返回常住地。"1958年4月公安部发布的《公安部三局关于执行户口登记条例的初步意见》中规定，对于公民申请延长暂住时间的，"准予延长的时间一般不得超过3个月"。由此可以看出，设置暂住人口登记制度的初衷，是为了严格人口管理，严密社会控制。在当时计划经济条件下，人口的流动量很小，暂住的原因多是探亲、访友、就医，少有从事经济活动的。暂住人口管理的相关规定很容易得到落实，暂住人口管理工作平稳开展。

1980年代以后，我国逐步进行的城乡经济体制改革，为大规模人口流动的产生和发展创造了有利条件。暂住人口的数量急剧增加，暂住时间趋于延长，暂住的原因多为从事经济活动。暂住人口在促进城市经济的发展，缓解农村压力、推进农村城市化进程等方面发挥了积极作用。同时，暂住人口的增多，也给城市增加了负担，冲击了城市多方面的管理，增加了城市社会治安问题，农村劳动力的盲目输出使农业受到一定损害。为适应暂住人口的变化，加强管理，公安部于1985年公布实施了《关于城镇暂住人口管理的暂行规定》，将暂住人口的范围扩大到了乡镇，提出实施暂住证制度。由于我国实行严格的户口迁移调控政策，这个时期暂住时间下限的规定已无法落实。1995年，公安部颁布《暂住证申领办法》，对暂住证的申领范围、申领程序，暂住人口的权利和义务作了较为详细的规定。暂住证制度的实施，实际上赋予了公民在户籍所在地以外的地方长期居住的权利。这一时期的暂住人口管理工作得到了各级公安机关的高度重视，户政管理的重点由以常住人口管理为主，转向常住人口管理和暂住人口管理并重。在管理的指导思想和具体措施上，以管理和控制为主。但是，随着暂住人口在城乡经济发展中积极作用的凸显，城市对暂住人口的依存度不断提高，暂住人口在城市的融入度也不断增强，这个时期对暂住人口管理的理念开始转变，由管理控制到管理服务，对暂住人口的包容度逐渐加大。如各城市在执行《暂住证申领办法》的实践中，逐步增加暂住证的服务功能、简化办证手续、降低办证费用。1996 年公安部发出通知，在全国城乡统一启用新的《暂住人口登记表》，有关暂住人口的登记、领证制度趋于完备。至此，流动人口的暂住证制度已全面建立并予以实施。

（二）暂住证制度的相关规定

1. 暂住人口登记制度

1958 年 1 月 9 日，第一届全国人大常委会颁布的《中华人民共和国户口登记条例》第 15 条第 1 款明确规定："公民在常住地市、县范围以外的城市暂住三日以上的，由暂住地的户主或者本人在三日以内向户口登记机关申报暂住登记，离开前申报注销；暂住在旅店的，由旅店设置旅客登记簿随时登记。"这是我国实施暂住人口登记制度的最初规定。

1985 年 7 月 13 日，公安部颁发《关于城镇暂住人口管理的暂行规定》。按照户口登记条例、暂住人口管理暂行规定以及其他相关法律法规的规定，形成了暂住人口申报登记制度。

①对暂住于各类旅馆的，由旅馆设置旅客住宿登记簿随时登记，按时交当地公安机关查验。

②离开常住户口所在地、拟在暂住地居住 3 日以上、1 个月以内的年满 16 周岁的公民，由暂住地的户主或本人向当地户口登记机关申报登记；暂住时间超过 1 个月的，在申报暂住登记的同时申领暂住证。

③离开常住户口所在地、拟在暂住地居住 1 个月以上不满 16 周岁的人员以及探亲、访友、旅游、就医、出差等人员，按照规定申报暂住户口登记或者旅客登记，不申领暂住证。

④华侨和港、澳、台同胞暂住居民家中的，由暂住地的户主或本人于 24 小时内，向所在地户口登记机关申报暂住登记。

⑤正在服刑和劳动教养的人员，因事、因病请假回家暂住的，凭监狱或劳动教养机关证明，由本人于到达当日到户口登记机关申报登记。

申报暂住登记，相关人员应当持有合法有效的身份证件，有关部门应当规范地填写《旅客住宿登记簿》或《暂住人口登记表》，有条件的地方应当把相关信息录入到旅馆业信息系统或暂住人口信息系统中。

2. 暂住证申领制度

1995年6月2日，公安部颁发《暂住证申领办法》，对暂住证的定义、暂住证的登记项目、暂住证的申领人员及其申领程序等作出了明确的规定，这是暂住证制度走向成熟的标志性规范文件。

暂住证是公民离开常住户口所在地的市区或者乡、镇在其他地区暂住的证明。暂住人在暂住地办理劳务许可证、工商营业执照等证照时应当出示居民身份证和暂住证。暂住证为一人一证，有效期限最长为1年。暂住人的合法权益受法律保护，除公安机关依照本规定可以收缴或者吊销暂住证以外，任何单位和个人不得扣押公民的暂住证和其他身份证件。

①申领范围。离开常住户口所在地、拟在暂住地居住1个月以上年满16周岁的下列人员，在申报暂住户口登记的同时，应当申领暂住证：机关、团体、企业、事业单位雇用的人员；从事工业、手工业、建筑业、运输业的人员；从事商业、饮食业、修理业、服务业的人员；从事种植业、养殖业人员；其他需要申领暂住证的人员。探亲、访友、旅游、就医、出差等人员，按照规定申报暂住户口登记或者旅客登记，不申领暂住证。

②申领办法。申领暂住证须持暂住人的居民身份证，并按以下规定办理：暂住在居民家中的，由本人携带户主的户口簿到暂住地公安派出所申领暂住证；暂住在机关、团体、部队、企业、事业单位内部或者工地、工场和水上船舶的，由单位或者雇主将暂住人员登记造册，到暂住地公安派出所申领暂住证；暂住在出租房屋的，由房主携带租赁合同，带领其到暂住地公安派出所申领暂住证。

公安派出所负责办理申领、换领和补领暂住证的日常工作。任何单位和个人不得伪造、变造、买卖暂住证。暂住人口管理站和户口协管人员接受公安机关的委托，协助做好暂住人口的登记、发证和日常管理工作。暂住证丢失的，应当到公安派出所办理补领手续。暂住期满需继续暂住的，应当在期满前办理延期或换领手续。暂住证登记项目需要变更、更正的，应当到公安派出所办理变更、更正手续。

③暂住证登记项目。主要内容包括：姓名、性别、出生日期、常住户口所在地、居民身份证编号、暂住地址、暂住理由、有效期限等。暂住证的式样由各省、自治区、直辖市公安厅（局）制定。

④暂住人义务。暂住人必须遵守下列规定：遵守国家法律、法规和其他有关规定；按照规定申报暂住户口登记，申领暂住证；遇有查验暂住证时，应当主动出示，不得拒绝；不得使用假暂住证或者借用他人的暂住证；离开暂住地时，应当到当地公安派出所办理注销暂住手续，交回暂住证；雇用暂住人口的

单位和个人，应当督促暂住人申报暂住户口登记，申领暂住证，不得雇用未申领暂住证的暂住人。

⑤违法处罚。违反《暂住证申领办法》规定，有下列行为之一的，根据情节轻重，由公安机关予以处罚：不按规定申报暂住户口登记、申领暂住证，经公安机关通知拒不改正的，对直接责任人或者暂住人处以50元以下罚款或者警告；骗取、冒领、转借、转让、买卖、伪造、变造暂住证的，收缴暂住证，处以500元以下罚款或者警告，行为人有非法所得的，除没收非法所得外，处以非法所得1至3倍的罚款；雇用无暂住证人员或者扣押暂住证和其他身份证件的，对法定代表人或者直接责任人处以1000元以下罚款或者警告。

违反《暂住证申领办法》规定，构成违反治安管理行为的，依照《中华人民共和国治安管理处罚法》处罚；构成犯罪的，依据《中华人民共和国刑法》追究刑事责任。

对有违法犯罪行为的暂住人，公安机关可以根据情节吊销其暂住证。

被处罚人对依照《暂住证申领办法》作出的处罚决定不服的，在法定期限内既可以向上一级公安机关申请行政复议，也可以向人民法院提起行政诉讼。

二、暂住证制度的理论评析

暂住证制度是我国户籍制度和人口管理制度的重要组成部分，也是国家行政管理和社会管理的基础性制度，在维护社会治安、服务经济建设等方面发挥过重要的作用，但由于户籍制度及其相关的劳动、教育、社会保障制度改革的滞后，再加上相关的管理行为不规范，也带来了很多的弊端和问题。因此，从理论的角度要辩证地评析居住证制度在社会发展中的作用。

（一）暂住证制度的积极作用

1. 暂住证是暂住人口在暂住地的重要身份凭证

1995年6月2日，公安部颁发的《暂住证申领办法》明确规定："暂住证是公民离开常住户口所在地的市区或者乡、镇，在其他地区暂住的证明。暂住人在暂住地办理劳务许可证、工商营业执照等证照时应当出示居民身份证和暂住证。"从这一规定可以看出：

第一，暂住证是证明暂住人口在暂住地合法居住的凭证。持有暂住证的暂住人口是指离开原常住户口所在地，到其他城市、集镇暂住，在现住地公安机关依法注册登记，取得暂住证的人口。与常住人口不同，暂住人口具有住所的不稳定性。根据我国《民法通则》第15条，住所有着重要的法律意义：一是可以确定公民失踪的时间，二是可以确定债务履行的地点，三是可以确定诉讼管辖的依据，四是在涉外案件中可以决定适用法律的依据，五是可以推定公民居住于何住所地。常住人口的住所具有固定性，住所易于确认，相应的权利容易实现。暂住人口的住所不稳定，流动性较强，如果不通过暂住证进行登记确认，住所就难以确定，相应的权利也不易实现。

第二，暂住证是暂住人口在暂住地租赁房屋的凭证。租赁房屋是指旅馆业以外，公民私有和单位所有，以营利为目的，出租用于他人居住的房屋。《暂住证申领办法》第5条规定："申领暂住证须持暂住人的居民身份证，并按以下规定办理：……暂住在出租房屋的，由房主携带租赁合同，带领其到暂住地公安派出所申领暂住证。"作出以上规定的目的在于，一是通过居民身份证，对暂住人口的合法身份加以确认；二是通过租赁合同，对出租房屋的安全性、合法性进行审查，对出租人和承租人的治安责任加以明确；三是通过暂住证，对出租人和承租人在房屋租赁合同中的权利义务加以公证，使暂住人的法律地位、法律关系和法律事实得以明确，从而充分发挥暂住证的凭证作用。

第三，暂住证是暂住人口在暂住地从事生产经营活动的证明性文件。根据《暂住证申领办法》第2条规定："暂住人在暂住地办理劳务许可证、工商营业执照等证照时应当出示居民身份证和暂住证。"暂住人口在暂住地从事生产经营活动，暂住地的有关行政部门要对其相关法律事实或法律关系是否存在进行甄别。暂住证能以书面的形式证明暂住人口的身份，从而使其取得法律地位，方便其从事生产经营活动。

2. 暂住证在各项行政管理活动中发挥着重要的作用

（1）暂住证有利于维护治安秩序。如果取消暂住证，公安机关就很难对各辖区的流动人口进行掌握，不利于整个社会治安秩序的维护。公安机关要充分发挥暂住证的功能，对于有效遏制流动人口的违法犯罪具有重要作用。首先，暂住证是对流动人口的基本情况进行登记、验证、查访等管理活动中逐步建立发展的，以流动人口的籍贯、职业等特征为依据，对流动人口逐一分类建档，为流动人口的管理工作打下了良好的基础。其次，通过对流动人口动、静态材料及统计数据进行分析研究，可以发现不同时期、不同地区治安管理的薄弱环节，从而为有效加强流动人口管理工作提供参考。再者，以查获流动人口的违法犯罪为重点，及时收集流动人口违法犯罪案件的分布、变动情况和各种治安动向信息，可以增加发现流动人口违法犯罪的线索和渠道，提高控制能力。此外，以办理暂住证为契机，利用多种传播手段，在流动人口聚集地进行普法教育，可以提高流动人口的道德法制意识，有效地控制和减少流动人口的违法犯罪。

（2）暂住证有利于加强劳动就业管理。我国流动人口以从农村流入城市为主要特征，主要动机是寻找就业机会。在流动人口的劳动就业管理中，暂住证的作用表现在两个方面：一是通过暂住证，政府对在暂住地从事务工经商活动的暂住人口进行暂住登记确认，劳动就业部门只要查阅这些登记信息，就能知道取得暂住证的暂住人口是否具备劳动就业的能力、条件，从而降低查阅暂住人口信息的成本。二是对劳动就业人口总量的控制功能。为了使流动人口的劳动就业与城镇下岗职工的再就业不发生冲突，对流动人口实行总量控制和差别就业就显得非常必要。劳动就业人口总量控制要解决两个问题，即什么样的总量规模是合理的，这个总量规模是通过身份控制还是根据能力控制。如果按照能力控制，势必要求对全国人口资源进行再分配，这样既会形成全国人口流动的盲目无序发展，也不利于社会稳定。考虑到中国国情，通过暂住证管理，对劳动就业人口总量实行身份控制，既能够保证城镇下岗职工的利益，又能够减少流动人口寻找劳动就业机会的盲目性。

（3）暂住证有利于加强计划生育管理。根据中国现行的流动人口计划生育工作管理办法，流动人口的计划生育管理实行的是以现居住地为主的管理原则，现居住地承担着流动人口计划生育管理的主要任务和职责。中国现居住地流动人口计划生育状况表现出以下特点：一是计划生育率低；二是早婚生育及计划外怀孕、生育的比重大；三是人工流产率高。形成这种状况的原因主要是社会控制弱化。由于远离家乡，处于一个陌生的异地环境中，流动人口与实际户口登记地分离，使他们脱离正常的社会道德法制控制体系。要想解决这个问题，现居住地计划生育部门就可以充分发挥暂住证的功效：一是通过暂住证，可以加强同流动人口原户口所在地联系，使流动人口原户口所在地的党政组织能准确掌握流动人口的行踪，加强对流动人口的计划生育管理；二是可以通过暂住证，使流动人口与现居住地的计划生育部门取得联系，使他们能通过正规渠道获得医疗救护等社会援助。

（4）暂住证制度有利于加强对流动人口的教育。人口大规模流动，对包括教育在内的社会各领域均产生了重大影响。对流动人口加强教育，不仅有利于城市发展，而且有利于提高整个国民素质。但是，流动人口具有流动性的特点，居住地点的变动使他们难以接受传统正规体制下的教育。为了解决这个问题，教育部门可以通过暂住证，把流动人口纳入教育体系内。流动人口只要在现居住地办理了暂住证，现居住地就可以将他们纳入现居住地的市区体系，从而将流动人口教育与社区教育融为一体，充分利用社区教育资源，对流动人口施以潜移默化的教育，增加他们对社区的认同感，提高社区的凝聚力，提高流动人口的自身素质，促进社区经济、社会的全面进步，构建社区的和谐社会。

（二）暂住证制度实施过程中的负面效应

暂住证制度的实施对于加强对流动人口的管理、维护社会秩序、有效预防和控制违法犯罪起了重要作用。但是在实施中也引发了诸多的社会问题，主要表现在以下几方面。

1. 造成了暂住人口和户籍人口不同的身份和不同的待遇

暂住证制度是较早时期为保护当地社会治安和便于管理流动人员而实行的一项“地方性”制度，长期以来起到了一定的管理作用。然而，暂住证也是表征和区分“本地人与外地人”的符号：持有暂住证，意味着是城市外来人口；持有城市户口，意味着是城市这块领地的永久居民。暂住证反映了持证人与本地市民截然不同的身份，是有异于市民的“另类人群”。而且，作为暂住人口，他们在享有受教育权、选举权与被选举权、社会保障权等方面，和常住人口都有明显的不同，很多应该拥有的权利都无法享受。

2. 办理暂住证过程中乱收费现象严重

办理暂住证的目的是为公安、计生、劳动等管理部门进行社会管理提供较为准确的人口资料，是掌握人口动态的的一种统计手段。但在实际操作过程中，暂住证制度却成为某些部门强制乱收费的一种手段，使暂住人口不堪重负。为减轻暂住人口的负担，2001 年国家计委、财政部联合发布《关于全面清理整顿外出或外来务工人员收费的通知》，明确规定取消外出人员暂住费、暂住人口管理费等 7 项费用。但在执行中仍有不少地方在收取相当数量的管理费，变相收费、巧立名目收费的现象严重。暂住人口为了逃避收费，都不愿主动、积极办证，造成办证率极低。据统计，2001 年广州刚实行 IC 卡暂住证制度时，广州登记在册、暂住半年以上的外来人口就达到 260 万。2006 年，广州市流动人口相关管理部门透露，全市有效暂住证办证约 90 多万份，不及最初实行登记时的一半，与政府公布的流动人口数据 300 万—500 万①，相差悬殊，而且，如果不是经常上门检查和主动服务办证，可能实际办证率还不达10%。这意味着广州大部分外来人口其实游离在暂住证管理范围之外，他们认

① 《广州基层办暂住证乱象百出　外来工期待办证改革》，载搜狐新闻，http：//news. sohu. com/20060906/n245/90502. shtml，2018 年 9 月 18 日访问。

为，办证不是为了管理，也不是为服务，而是为了收费。

3. 制度实施过程中粗暴野蛮查证问题严重

在暂住证制度实施过程中，由于警力普遍不足，许多地方的暂住人口管理工作是通过聘请协管员来完成的。管理部门通过向协管员行政授权，由协管员进行日常的办证、查证工作。但是，协管员的素质相对较低，再加上管理部门的管理不到位，因而在工作中粗暴野蛮查证的现状严重。2003 年重新修正的《广州市流动人员 IC 卡暂住证管理规定》第 17 条规定，公安机关在执行公务时有权查验流动人员的临时登记证、IC 卡暂住证，但应当出示工作证件。（出租屋外来暂住人员管理）服务中心接受公安机关委托，在规定的管辖范围内，可以查验流动人员临时登记证、IC 卡暂住证。但在实际执行过程中，一些治保员、保安员是否获公安机关委托却不得而知，随时随地不受限制地查暂住证，以查暂住证为名对外来人员百般刁难，甚至明目张胆地侵害外来人员的合法权益。收容遣送制度取消之后，在有些外来人口超过常住人口的地方，因查暂住证而被殴打致伤的事件还是频频发生。

（三）暂住证制度的存废之争及其实质

公安部在 1985 年发布了《关于城镇暂住人口管理的暂行规定》后，我国开始实施暂住证制度。暂住证制度推行之后，引发了一系列的社会问题，将暂住证和公民受教育的权利、接受社会保障的权利、享有选举权与被选举权的权利等联系在一起，使得暂住人口和常住人口享有很多不平等的权利。特别是公安机关利用办暂住证非法收取钱财、非法查证的行为引起人们强烈的不满，由此引发了有关暂住证制度存废问题的第一次争论。这次争论发生在广东。2002 年 2 月，广东省人大代表王泽华在广东省九届人大五次会议上提出废止现行暂住证制度，引起了与会代表及社会的广泛关注。当年 12 月，有关方面特邀广东省的部分经济学、社会学、行政管理学专家以及一直关注外来人口的代表，围绕着究竟要不要暂住证、暂住证费用该收多少、暂住证费用该不该降、如何用蓝印户口替代暂住证等问题进行了一次论争。

有关暂住证制度存废问题的第二次论争，缘于沈阳市的户籍制度改革。2003 年 3 月的孙志刚事件把这种社会矛盾推向了高潮，要求废除暂住证制度的呼声此起彼伏。随后，收容遣送制度被废止，《城市生活无着的流浪乞讨人员救助管理办法》出台。2003 年 7 月 22 日，沈阳市公安局宣布，在全市范围内，对外地来沈阳务工经商人员，停止办理暂住证，改为免费申报暂住登记制度，即凡外地人员来沈，不再办理《暂住证》和向公安机关交纳各种费用，实行依法申报暂住登记即可。沈阳市的举措在全国范围内引起回应。7月29日，浙江省德清县公安局开始取消对外来人口办理暂住证，推出对外来人口“市民化管理，亲情化服务和人性化执法”的零收费管理模式。8月5日，安徽省芜湖市公安局也推出废除暂住证的便民措施。但是，广东省公安厅明确表示不取消暂住证制度，由此引发了新一轮的暂住证制度存废之争。媒体反映出的民意倾向于取消暂住证制度，部分专家、学者也支持这种意见。承担流动人口管理任务的基层公安机关则一致认为，实行暂住证制度是适合我国国情和现阶段人口管理实际的重要手段。在没有新的、更有效的科学管理手段替代之前，暂住证制度不能取消。

2004年9月，《新京报》报道，武汉市有关负责人表示，目前实施的《暂住证》的依据与《中华人民共和国行政许可法》相抵触，因此，武汉市宣布取消《暂住证》行政审批。《暂住证》取消后，对外来人口的管理将变为服务。武汉市已经成立了市级、区级以及街道的外来人口服务机构。对此，北京市人民政府法制办和北京市公安局等部门明确表示，北京暂时不会取消暂住证。由此，引发了第三轮的暂住证制度存废之争。

历史上的三次暂住证制度存废之争的实质是暂住证凸显了公民权利平等、迁徙自由、阶层歧视等社会问题，是要废除暂住证制度，使流动人口获得市民待遇，完全实现公民的定居落户自由。但在当时的社会背景下不可能废除暂住证制度，因为户籍制度改革是一个渐进的过程，不能一蹴而就，在没有更科学、更有效的暂住人口管理制度出台前，实施暂住证制度是当时更好的历史选择。

三、改革暂住证制度的必要性

暂住证制度是20世纪80年代在我国大中城市所诞生的特定历史时期的人口管理制度，在维护社会治安、加强流动人口管理等方面起着不可替代的作用。但由于其人为地割裂了本地人和外地人之间的身份，造成了他们在社会权益和社会公共服务等方面的不对等的待遇，以及暂住证自身承载的信息有限，不能发挥更多的社会效能，这种缺乏公平、公正的制度最终会走向消亡。2015年2月15日，国家审议通过的《关于全面深化公安改革若干重大问题的框架意见》及相关改革方案明确指出“将扎实推进户籍制度改革，取消暂住证制度，全面实施居住证制度，建立健全与居住年限等条件相挂钩的基本公共服务提供机制”。2016年1月1日《居住证暂行条例》的全面实施，标志着暂住证制度完成了历史使命并正式退出了历史的舞台。

第三节　流动人口的居住证制度

一、居住证制度概述

（一）居住证制度概况

党的十八大以来，随着我国政治、经济改革的全面推进，中国的流动人口规模将日益扩大。根据近几年《中国流动人口发展报告》提供的数据，2014年我国的流动人口已达2.53亿，2015年达2.47亿，2016年2.45亿，未来一段时间我国流动人口规模仍持续活跃。在城乡二元户籍壁垒尚未完全破除的社会背景下，流动人口这个特殊的群体作为城市建设和社会发展的生力军，其社会地位和社会权益保障日益受到重视，这也是服务型政府在加强社会管理方面应当承担的历史责任。而流动人口管理的重要制度之一——暂住证制度逐渐淡出了历史的舞台，取而代之的居住证制度逐步进入公众视野，特别是伴随着2016年1月1日起《居住证暂行条例》的全面施行，我国将彻底退出暂住证时代，迎来居住证时代。居住证制度是流动人口居住登记和申领居住证的制度，它在一定程度上保护了流动人口的合法权益，提高了人口管理的效能，促进了社会的和谐稳定。

（二）居住证制度的发展历程

我国的居住证制度是伴随着户籍制度改革的深入推进而诞生的，是经济社会转型的必然要求。20世纪80年代起，为加强流动人口管理，给改革开放和社会主义建设提供一个良好的治安环境，公安部先后发布了《关于城镇暂住人口管理的暂行规定》《暂住证管理办法》，暂住证制度在我国全面推行，它在维护社会稳定和查控流动人口违法犯罪方面发挥着重要的作用。但暂住证制度在执行过程中却出现了很多问题，特别是办证过程中的乱收费和粗暴查证现象频繁发生，暂住人口在暂住地受到歧视以及在教育、医疗、保险、就业等诸多方面无法与本地人享有同等的待遇。轰动全国的因无暂住证而被暴打致死的孙志刚事件激起了法律界人士对该制度的声讨，废除暂住证制度的呼声日渐高涨。在暂住证制度的弊端日益凸显及公共服务均等化的理念不断深入人心的社会大背景下，居住证制度应运而生了。

从我国居住证制度形成发展至今，大体可分为三个阶段：

1. 探索、试点阶段（1999—2006 年）

居住证的前身是“人才居住证”，其实施之初是为城市发展吸引高素质人才。这一阶段分为两个时期，先是北上广及浙江试行“人才居住证”时期，北京市于 1999 年率先提出了“人才居住证”的概念，上海市于 2002 年制定了《上海市居住证制度暂行规定》，广东省于 2003 年开始实施《引进人才实行〈广东省居住证〉暂行办法》，浙江省于 2004 年开始实施《引进人才居住证制度暂行规定》。初期的居住证制度是为吸引高层次人才，促进城市经济发展，提高城市综合竞争力。在满足一定条件后，流动人口可在购房、子女教育等方面享受市民待遇，为流动人口提供一定的社会保障。但因北京人口压力较大这一制度并没有很好地推行，而其他大城市则纷纷效仿；其次是浙江、上海进一步试点时期，这一时期的特点是将居住证的申领对象由先期的高科技人才扩大到其他的流动人口。如上海市于 2004 年出台的《上海市居住证暂行规定》及其实施细则及浙江嘉兴于 2006 年发布的《关于加强嘉兴新居民服务管理工作的若干意见（试行）》都将居住证的申领对象扩大到外来流动人口，并且上海市于 2009 年进一步推行户籍新政，规定拥有居住证的外地来沪创业人员、就业人员达到一定条件后可申请落户上海。上海、浙江等地的试点初步形成了居住证制度改革的基本思路，为居住证制度的全面推广奠定了基础。先期的居住证制度的试行促进了各地人才的顺利引进，各地对居住证的适用对象范围作了进一步扩大的调整。居住证管理从对人才到所有流动人口管理是户籍制度的一项重大进步。①

2. 正式确立、全面试行阶段（2007—2014 年）

继北京、上海、广州等地试行居住证制度之后，全国其他各地纷纷仿效。为规范管理，国家相继出台政策措施，2007 年，中共中央、国务院发布的《关于全面加强人口和计划生育工作统筹解决人口问题的决定》中明确提出了要实行流动人口居住证制度，要将流动人口管理服务纳入地方经济社会发展规划。2010 年 5 月，国务院转发的国家发改委《关于 2010 年深化经济体制改革重点工作的意见》中明确提出“进一步完善暂住人口登记制度，逐步在全国范围内实行居住证制度”。② 这是首次在国务院文件中提出在全国范围内实行

① 孔繁荣：《居住证管理在我国大城市人口管理中的作用探讨》，载《人口与经济》2008 年第 1 期，第 43~46 页。

② 参见《关于 2010 年深化经济体制改革重点工作的意见》，http：//baike. so. com/doc/3934682-4129200. html.

居住证制度。2012 年 3 月，全国政协十一届五次会议举行“统筹城乡社会发展 促进进城务工农民融入城市”的协商会上，公安部副部长黄明透露了关于《居住证管理办法》已经形成草案并即将报国务院审定的消息。2013 年 5 月 6 日，国务院总理李克强主持召开并研究部署当年深化经济体制改革重点工作的常务会上明确指出“年内还将出台居住证管理办法，分类推进户籍制度改革”。2014 年 3 月，中共中央、国务院印发《国家新型城镇化规划（2014—2020 年）》，该白皮书提出了要全面推行流动人口居住证制度。2014 年 7 月，国务院发布的《国务院关于进一步推进户籍制度改革的意见》再次提出“全面实施居住证制度”的目标。从 2004 年到 2014 年，全国有河北、山西、辽宁、黑龙江、上海、浙江、江西、山东、湖南、广东、重庆、陕西、新疆等 18 个省（自治区、直辖市）和新疆生产建设兵团以及杭州、郑州、武汉、太原、贵阳、兰州、银川、乌鲁木齐、深圳、东莞、大连、苏州、无锡、南通、本溪、四平、大庆、绍兴、铜陵、池州、泉州、宜昌、郴州、娄底、沧州、马鞍山等 30 个城市先后实施了居住证制度。至此居住证制度开始在全国范围内试行。

3. 统一立法、全面实施阶段（2014 年至今）

2014 年，国务院法制办发布征求意见稿的形式，公开向社会征求推行居住证管理办法的良策。2016 年 1 月《居住证暂行条例》正式生效推广了，全国性的居住证管理的法律、法规正式面世出台，迎来流动人口管理变革的新时代。这标志着“居住证”这一承载着“公平”和“发展”双重意义的重要制度历经考验后终于在全国范围内迎来实质性的推进阶段。2017 年 2 月，已有 25 个省区市发布了居住证实施办法，各地努力提高居住证上的基本公共服务范围和标准，少数地方还增加了居住证持有人乘坐城市交通工具享受城市户籍人口同等优惠、符合条件的可申请公共租赁房等权利，尽可能缩小与城市户籍人口之间基本公共服务的差异。

2018 年 8 月，国务院办公厅发布了《港澳台居民居住证申领发放办法》。该办法是依据《居住证暂行条例》制定的，将居住证的申领范围扩大到港澳台居民。该办法规定了港澳台居民居住证持有人在居住地依法享有 6 项基本公共服务和 9 项便利，将为港澳台居民在内地工作、学习、生活提供方便，极大地保障港澳台居民在内地的各项合法权益。

当然，居住证制度推行的结果是外来人口还不能完全享有城市户籍人口的权利，还存在利益差别，这是户籍制度改革的过渡。户籍制度改革的终极目标是实现迁徙自由，让外来人口和本地户籍人口享有同等的权益。目前，在经济相对发达的中小城市，基本可以达到这个目标，但在大城市还有一定的困难，如果放开落户政策，城市人口流入量过剩，会对城市的基础设施、交通、医疗、教育等各个方面带来很大的冲击。因此，居住证制度是外来人口变为常住人口的一种过渡性措施，是户籍制度改革的“中继站”，为我国公民最终实现“迁徙自由”提供了路径保障。

（三）当前推行居住证制度的必要性

1. 是贯彻落实中央关于加强和创新社会管理的现实需要

近些年来，党中央、国务院高度重视流动人口服务管理问题，为此作出了一系列服务流动人口的决策部署。各地区、各有关部门认真贯彻落实中央部署，努力解决实践中的突出问题，取得了明显成效，其中一项重要的制度性建设是实行居住证制度。从居住证的发展历程可以看出，推行居住证制度对于保障流动人口合法权益、促进流动人口融入当地社会发挥了积极作用。党的十八大指出，要加快改革户籍制度，有序推进农业转移人口市民化，努力实现城镇基本公共服务常住人口全覆盖。党的十八届三中、四中、五中全会以及党的十九大都对加快户籍制度改革作出了明确的部署和要求。2016 年年初，习近平总书记在中央政治局会议上强调指出，促进农业转移人口市民化，是中国特色新型城镇化建设的首要任务。落实好中央提出的有序推进农业转移人口市民化的要求，需要在进一步放宽城镇落户限制的基础上，以建立居住证制度为载体，稳步推进基本公共服务常住人口全覆盖，让暂时不具备落户条件或者不愿意落户城镇的农业转移人口逐步享受与当地户籍人口同等的基本公共服务。

2. 是我国户籍制度改革的必经之路

户籍制度改革的根本任务就是逐步剥离附加在户籍制度上的各种社会福利，还原户籍证明公民身份和维护社会秩序两大主要功能。居住证制度的推行是户籍制度改革的必然趋势。无论是从 20 世纪 90 年代初期推行的蓝印户口制，还是暂住证制度，都只是管理流动人口的有效措施，而不能提供应有的福利和保障，而居住证制度却能给流动人口提供六项公共服务和七项便利，其“福利含金量”逐步向户口本看齐，这是深化户籍制度改革的真实印证。并且《居住证暂行条例》已经全面颁布实施，这意味着居住证的试行阶段已告终，它已正式由地方性制度升格为国家制度，地方政府将必须无条件地施行作为国标版的居住证制度，而不得“选择性执行”。但居住证制度并不是户籍制度改革的终极目标，而只是特定历史阶段的特定改革成果，是一个承上启下的中间阶段，因为它仍然将城市人口区分为拥有城市户籍的人口、拥有居住证的流动人口、既无居住证又无城市户籍的流动人口等几大“阵营”，因此户籍制度改革仍将“路漫漫其修远兮”。

3. 是维护公平正义，构建和谐社会的重要途径

任何一项制度的构建都必须以保障人权为基本的价值取向，否则将会偏离正义的基本原则，成为不合理的“坏制度”。① 与暂住证制度相比较，居住证制度使流动人口更有归属感，使其在为城市承担建设义务的同时还能获取城市回馈给他的相应的权利，使非户籍人口享有户籍人口的部分福利，提高了广大流动人口的法律地位，流动人口在诸如子女教育、劳动就业、计划生育、社会保险、住房保障等方面享受到了一定的“市民待遇”，凸显了流动人口与户籍人口的公平性，使公民在法律面前一律平等的宪法精神有了实质性的体现。

以人为本，实现人的全面发展是构建社会主义和谐社会的本质要求。实施居住证制度，尊重和保障流动人口的合法权益是加强服务型政府提高和完善社会治理能力的重要举措，是实现国家治理现代化的必经历程，对于实现和营造流动人口与户籍人口各尽其能、各得其所而又和谐相处的局面有着重要的保障作用。

4. 是统一证件、统一基本公共服务范围的需要

居住证制度直接关乎进城务工农民市民化，影响户籍人口与非户籍人口的社会融合，影响进城务工人员及家属子女能否在异地享受基本公共服务，是通向公共服务均等化的有效途径。2016 年以前，各地居住证制度处于试点阶段，由于各地经济发展的不均衡性，导致实行居住证制度的地方，在居住证制度的目标定位、居住证所承载的基本公共服务范围等方面存在很大差异，证件种类、式样也不统一。2016 年《居住证暂行条例》（以下简称《条例》）出台后，对居住证的目标定位、申领范围、办理程序以及证件的式样等都予以明确，并明确居住证持有人在居住地依法享有的教育、基本公共卫生服务和计划生育服务、公共文化体育服务、法律援助和其他法律服务六项基本公共服务和办理出入境证件、换领或补领居民身份证、机动车登记、申领机动车驾驶证、报名参加职业资格考试或申请授予职业资格、办理生育服务登记等七项便利。这标志着居住证的证件样式及基本公共服务范围在全国得到了基本的统一。

5. 是推进新型城镇化的调节器

居住证制度将成为新型城镇化的调节器，推动城镇化健康有序发展。社会

① 张海涛：《论宪法对我国居住证制度的规制》，华东政法大学 2011 年硕士学位论文，第 2 页。

在开放，人口流动还将持续，从“暂住”到“居住”，是向以人为核心的新城镇化迈出的重要一步，是推进以人为本的新型城镇化、推动农业转移人口市民化和实现“市民梦”的重要举措，是扩大内需的重要推手。居住证制度也有助于推动“四化”同步：通过调整城乡和地区结构，促进生产要素的有序流动，缩小产业效率差距，消减城乡一体化的困局，推动城乡经济一体化；通过提高乡村居民和欠发达地区居民收入，缩小收入差距，推动社会一体化；通过为常住人口提供均等化的公共服务，缩小水平差距，推动制度一体化；通过调整城市内部二元结构，推动本地人与外来人福利和服务的一体化，即人群一体化。在这四化中，最后一“化”可能是最为严峻的任务。①

二、居住证制度的主要内容

流动人口管理的居住证制度包括流动人口居住登记制度和居住证申领制度。根据有关规定，流动人口的居住登记由基层公安机关或其委托的社区服务机构办理，居住满半年，符合有合法稳定就业、合法稳定住所、连续就读条件之一的，可以申领居住证。居住证申领制度涉及的内容主要有以下几个方面。

（一）《居住证》持有人所享受的公共服务和便利

《条例》规定，居住证是持证人在居住地居住、作为常住人口享受基本公共服务和便利、申请登记常住户口的证明；居住证持有人在居住地依法享有劳动就业，参加社会保险，缴存、提取和使用住房公积金的权力；对符合居住地人民政府规定的落户条件的，可以根据本人意愿，将常住户口由原户口所在地迁入居住地；同时居住证持有人还享有以下六大基本公共服务和七项便利。

六大基本公共服务包括：义务教育；基本公共就业服务；基本公共卫生服务和计划生育服务；公共文化体育服务；法律援助和其他法律服务；国家规定的其他基本公共服务。

七项便利是指：按照国家有关规定办理出入境证件；按照国家有关规定换领、补领居民身份证；机动车登记；申领机动车驾驶证；报名参加职业资格考试、申请授予职业资格；办理生育服务登记和其他计划生育证明材料，国家规定的其他便利。

---

① 杨菊花：《浅议〈居住证暂行条例〉与户籍制度改革——兼论居住证与新型城镇化》，载《东岳论丛》2017 年第 3 期，第 58~66 页。

（二）《居住证》的制发机关、申领条件及申办费用

《条例》规定公安机关负责居住证的申领受理、制作、发放、签注等证件管理工作；申办人应当向居住地公安派出所提交本人身份证、本人近期一寸免冠相片及现居住地址、就读、就业等证明材料。对申请材料不全的公安派出所应一次性告知申领人需要补充的材料；对符合办证条件的，公安机关应自受理之日起 15 日内制作、发放；对在偏远地区、交通不便地区或者特殊情况，不能按期制发居住证的，可适当延长制发时间，但最长不得超过 30 日；首次申领居住证，免收证件工本费。换领、补领居住证，应当缴纳证件工本费。办理签注手续不得收取费用。

（三）《居住证》的使用期限

《条例》规定居住证由县级人民政府公安机关签发，每年签注 1 次。同时，居住证持有人在居住地连续居住的，应当在居住每满 1 年之日前 1 个月内，到居住地公安派出所办理签注手续。逾期未办理签注手续的，居住证使用功能中止；补办签注手续的，居住证的使用功能恢复，居住证持有人在居住地的居住年限自补办签注手续之日起连续计算。

（四）相应法律责任

《条例》制定了约束措施，明确了国家机关及其工作人员对符合申领条件但拒绝受理、发放；违规收费；泄露居民个人信息；收受他人财物或者谋取其他利益及篡改居住证信息等行为都将给予相应处分，直至依法追究刑事责任。同时，对申办人使用虚假证明材料骗领居住证；出租、出借、转让居住证及非法扣押他人居住证等行为，由公安机关给予警告、责令改正，处 200 元以下罚款，有违法所得的，没收违法所得的处罚权。另外《条例》还针对冒用他人居住证或者使用骗领的居住证或者购买、出售、使用伪造、变造的居住证等行为赋予了公安机关处 200 元以上 1000 元以下罚款，有违法所得的，没收违法所得，并对伪造、变造的居住证和骗领的居住证，予以收缴的权利。

三、居住证制度贯彻实施过程中出现的问题

居住证制度解决了流动人口面临的社会福利问题，成为流动人口获得同城

待遇和推动城市融合的过渡性工具。① 全面实施居住证制度是落实党的十八大和十九大部署的重点改革任务，是推进中国特色新型城镇化建设的重大举措，是深化户籍制度改革、推进基本公共服务均等化的重要载体。全国各地、市高度重视《条例》的贯彻实施，有些地方成立了领导小组和工作专班，出台了具体的实施办法；广泛宣传《条例》，引导群众及时主动申领居住证；建立了流动人口居住证管理信息系统，公安内部实现信息资源共享；各地在为居住证持有人提供劳动就业、义务教育、医疗卫生、社会保障、房屋租购、计划生育和法律服务等方面做了很多探索，努力提升居住证的“含金量”，实施居住证工作取得初步成效。各地市在贯彻实施《条例》过程中还存在一些问题。

（一）组织推动力度不够

有的地方没有把居住证工作纳入当地经济社会发展规划统筹安排，没有摆上重要位置，措施不够得力；有的部门工作抓得不紧、不细，存在底数不清、情况不明的现象；对居住证持有人享有的基本公共服务的规定较为笼统，有关职能部门的责任界定不够明确，齐抓共管的力度不够。

（二）居住证含金量有限，流动人口申领办证积极性不高

《条例》规定，政府及其有关部门应当为居住证持有人提供六项基本公共服务、七个方面的便利，但是落实的情况参差不齐。经济较发达地区比欠发达地区落实得好些，为居住证持有人提供便利比提供基本公共服务做得好些。尤其是经济欠发达地区，由于要增加公共服务支出，在教育、医疗保险、社会救助和社会福利等方面的基本公共服务水平相对低些，不足以吸引外来人员主动办证。不少外来人员对申领居住证的目的、意义、功能和能给自已带来什么好处等内容了解也比较模糊，认为居住证只便于申领驾驶证、办理车牌，主动办证的积极性不高。

（三）现有规范性文件与《条例》的衔接存在问题

有些地方政府出台的规范性文件与《条例》的内容存在冲突。例如湖北省 2013 年 1 月份施行的《湖北省流动人口服务与管理条例》规定，流动人口拟居住 30 日以上须登记，公安机关一直在执行。而《条例》规定居住满半年以上才可申领居住证。上述两个系统未兼容，已经有居住登记的外来人员，还

① 胡雯婧：《居住证制度的宪法分析》，扬州大学 2017 年硕士学位论文，第 20 页。

必须从申请办理居住证的时间开始计算居住满半年，以致不少群众反映办证时间太长。《湖北省流动人口服务与管理条例》规定，居住证有效期最长不超过五年，具体期限根据流动人口拟居住时间确定，而《条例》没有对居住证有效期进行规定，只需每年签注一次。

（四）居住证制度仅仅包含户籍的部分功能

近些年来，户籍制度改革步伐加快，各地居住证制度不断探索，政策效果持续显现。从各地实施的居住证制度与现行户籍制度比较看，城市户籍居民可以享受城市全面的社会保障及其福利权益；持有居住证（不包括临时居住证）人口仅能够享受到部分与居住地户籍居民同等的服务和待遇。二者还存在差别，当然差距在不断缩小，户籍制度所强调的以身份为标准来获取福利和权益在淡化，居住证所强调的以居住、就业和缴纳社会保险为标准来获取福利和权益在增强。

四、完善居住证制度，推进户籍制度改革的主要举措

（一）遵循规律，全面推行、落实《居住证暂行条例》

《居住证暂行条例》明确规定了流动人口申领居住证的条件，即只要到其他城市居住半年，要么有合法稳定就业、要么有合法稳定住所、要么子女连续就读一定时段，均可申领居住证，这一制度相对于暂住证制度更加人性化，体现了公平正义和社会的进步。但制度制定得再好，如果不能真正地落实到位，也只能是“水中月、镜中花”。根据笔者对现行《居住证暂行条例》的分析，该条例在责任条款部分并没有对地方政府如何落实居住证提出保障措施以及不落实的问责条款，对政府责任的认定过于笼统和模糊，导致政府具有的自由裁量权和自我解释权太大，而无硬性约束条款，即居住证制度在政策落实的保障条件和责任落实方面，存在着较大的模糊之处，甚至空白之处。① 尽管如此，各地政府应有大局意识，有改革的魄力，及时出台与《条例》配套的实施办法，按照权利义务对等原则，让流动人口在履行义务的同时公平地享有权利。按照区域覆盖、属地管理的原则完善公共服务提供机制，让符合条件、有落户意愿的流动人口尽快融入流入地公共服务和福利制度保障范围，让暂时不具备

① 朱靖宇：《居住证制度落地：时代要求、困境及其实践路径——基于社会治理的分析》，载《社会观察》2016 年第 3 期，第 165~168 页。

落户条件或者不愿意落户城镇的农业转移人口逐步享受与当地户籍人口同等的基本公共服务，并制定考核问责机制。如果地方财力紧缺，则应明确筹资模式，如引入民间资本等，并明确相关细则，以促落实。

（二）宏观把握，逐步落实“证变本”

居住证不同于户口本，《居住证暂行条例》第16条明确规定了居住证转换户口本的条件，基于我国目前的情况，建制镇和中小城市的流动人口只要符合有合法稳定住所和合法稳定就业的条件就可直接落户，不存在“证变本”的限定条件。而只有特大和超大城市，由于其提供的公共服务和便利远远优越于中小城市，具有竞争力和吸引力，才有“证变本”存在的土壤。根据条例的规定，对于大城市和特大、超大城市，“证变本”的条件是要受到该城市的综合承载能力和经济发展的限定的。在人口相对饱和的北京、上海、广州、深圳等超大城市，“证变本”的条件极为苛刻，大多数省会城市如武汉、成都、西安等地的“证变本”也绝非易事，只能逐步落实。目前，我国大城市与特大、超大城市已达一定规模，城市的各种资源有限，承载能力有限，面临的发展空间有限，只有适当控制人口的总规模，才能维持城市经济社会的可持续发展。

（三）提升政府的公共服务能力，努力实现流动人口的公共服务均等化

根据《居住证暂行条例》为居住证持有人提供六项基本公共服务和七项便利，各有关部门和人民政府一方面应当通过各种形式积极向社会宣传，让流动人口知晓其享受的公共服务和便利的范围；另一方面还应当积极创造条件，逐步扩大公共服务和便利的范围，提高服务标准，不断减少户籍人口和流动人口之间的差别。目前各地正在纷纷出台或即将出台居住证管理实施细则，尽可能地为居住证持有人提供应有的公共服务和便利。但居住证与户口本在权利主张和权利保障上，终究存有一定的差距。持居住证的常住人口与拥有户口本的常住人口在保障房工程、城镇低保救助金、失业救济金、城镇居民养老个人账户、基本医疗保险个人账户内定期打入的财政补贴资金等现实的福利性收益还存在差别，这些不公平的待遇也无法在短期内完全消除。当前各地政府应秉持法治之理念，依《居住证暂行条例》之规定，为居住证持有人提供应有的公共服务和便利，并积极为提供均等化的服务创造条件。

（四）做好顶层设计，进一步深化户籍制度改革

国家“十三五”规划纲要和《国家新型城镇化规划》（2014—2020）白皮书都明确提出了“2020年中国常住人口城镇化率达到60%，户籍人口城镇化率达到45%”的目标。① 经过各有关部门的不懈努力，截至2017年年末，常住人口城镇化率已达到58.5%，户籍人口城镇化率已达到42.4%，离国家新型城镇化的目标还有一定距离。② 这就需要各地一方面要进一步推进户籍制度改革，实施更加积极、更加宽松的户口迁移政策；另一方面要全面推行居住证制度，以服务好、维护好广大流动人口切身利益为基本出发点，充分理解和尊重流动人口的发展愿望和利益诉求。居住证管理更加强调对流动人口居住权利的保护，体现了政府为民服务的理念，体现了城乡一体化的社会公平，让外来人员与城市居民享受相对同等的待遇，是流动人口“吾心安处是吾乡”归属感的真实体现，是社会文明进步的重要标志。一纸居住证，实际凝聚着两大功能，其一为基本公共服务，其二则是人口宏观管理。这两大功能在暂行条例中都得以明确，一是明确了附着在居住证上的基本公共服务和便利，以及未来可能提供给持证人的更多权利和便利；二是依据城市的人口承载能力，对居住证持有人落户的条件原则作了规定。这都说明，实施居住证制度实际上是为今后户籍制度改革及最终人口居住服务管理作铺垫，有利于加快实现城乡一体化。

---

① 参见中共中央、国务院印发的《国家新型城镇化规划（2014—2020年）》，载新华网，http：//news.xihuanet.com/politics/2014-03/16/c-119791251-2.html，2014年11月16日访问。

② 《中国人口城镇化率升至58.52%户籍人口城镇化率42.3%》，载新浪网，http：//news.sina.com.cn/2018-02-28/doc-ifyrztfz5257832.shtml，2018年2月28日访问。

第三章　基本公共服务均等化与户籍制度改革

公平正义是现代国家的基本政治原则，是社会主义法治理念的基本内容。党的十八大报告明确提出，加快户籍制度改革，健全城乡发展一体化体制机制，“让广大农民平等参与现代化进程，共同分享现代化成果”，在今后党的工作中要“加快改革户籍制度，有序推进农业转移人口市民化，努力实现城镇基本公共服务常住人口全覆盖”。党的十八届三中、四中、五中全会都明确要求加快户籍制度改革，并将其作为社会管理创新的重要内容纳入司法、经济体制改革，再次掀起了城乡一体化户籍制度改革的新浪潮。2014 年 7 月，国务院出台《关于进一步深化户籍制度改革的意见》，意味着我国户籍制度改革开始进入全面实施阶段，各省纷纷出台户籍制度改革方案。半个多世纪形成的“城乡分治”的二元户籍管理格局以及附着在户籍之上的诸多福利及教育、医疗、就业、养老、住房保障等诸多公共服务的城乡差异严重地制约着我国经济社会的发展和新型城镇化的进程，并在户籍制度改革过程中受到了强大的冲击。如何破解二元户籍格局，加快推进城镇化进程，实现城乡基本公共服务均等化，是户籍制度改革的重点和难点问题，也是深入推进户籍制度改革的关键所在。深化户籍制度改革能否成功，不仅关系到我国新型城镇化进程、公民基本公共服务均等化的实现，还影响到国家经济持续健康较快发展、社会秩序和谐稳定、经济社会结构转型顺利完成。

第一节　基本公共服务均等化概述

一、基本公共服务均等化的基本概念

（一）基本公共服务的概念

中国共产党第十七次全国代表大会明确提出“要深入贯彻落实科学发展观，加快推进以改善民生为重点的社会建设，要围绕推进基本公共服务均等

化”。这是我国首次提出基本公共服务均等化的概念，其后基本公共服务均等化成为社会关注的热点问题。中国共产党第十八次全国代表大会进一步提出“到2020年基本公共服务均等化总体实现”。“十三五”规划纲要进一步明确加快健全国家基本公共服务制度，建立国家基本公共服务清单。

享有基本公共服务是公民的基本权利，保障人人享有基本公共服务是政府的重要职责。随着我国改革的不断深入，城乡关系发生了深刻变化，已经到了统筹城乡发展，建设社会主义和谐社会和社会主义新农村的新阶段，特别是十九大以来我国已进入到社会主义新时代。农村潜在的基本公共服务需要开始变成全面的现实需要，为广大农民提供基本而有保障的公共产品，已成为新时代统筹城乡发展的重大任务。但现实情况却是我国基本公共服务资源的配置存在严重的地区性不平衡，主要表现为公共服务地区间发展不平衡，城乡间发展不平衡，各类基本服务间发展不平衡，相对于备受关注的教育、卫生问题、社会保障、公共安全、环境保护等基本公共服务供给不足问题更为严峻。

在这里首先要明确基本公共服务的范围。基本公共服务包括三个基本点：一是保障人类的基本生存权。为了实现这个目标，需要政府及社会为每个人都提供基本就业保障、基本养老保障、基本生活保障等。二是满足基本尊严或体面的基本能力的需要。需要政府及社会为每个人都提供基本的教育和文化服务。三是满足基本健康的需要，需要政府及社会为每个人提供基本的健康保障。随着经济的发展和人民生活水平的提高，一个社会基本公共服务的范围会逐步扩展，水平也会逐步提高。因此，基本公共服务范围，一般包括保障基本民生需求的教育、就业、社会保障、医疗卫生、住房保障、文化体育等领域的公共服务，广义上还包括与人民生活环境紧密关联的交通、通信、公用设施、环境保护等领域的公共服务，以及保障安全需要的公共安全、消费安全和国防安全等领域的公共服务。本章涉及的与户籍制度改革相关的基本公共服务范围主要是基本公共教育、就业创业、基本医疗卫生服务、计划生育服务、公共文化服务、住房保障、社会保障等领域。

（二）基本公共服务均等化的概念

所谓基本公共服务均等化，是指让全体公民都能获得大致相当的基本公共服务，从而保障每一个社会成员的基本生存权和发展权，保证社会公平公正。其核心是促进机会均等，重点是保障人民群众得到基本公共服务的机会，而不是简单的平均化。由于各地经济发展程度不一样，基本公共服务的供给水平可以有差异，但在制度设计时应以促进城乡、区域和不同社会群体的共同发展为价值诉求。基本公共服务均等化包含两个方面：第一，居民享受基本公共服务的机会均等，如公民都有平等享受义务教育的权利；第二，居民享受基本公共服务的结果均等，如每一个公民无论住在什么地方，城市或是乡村，享受的义务教育和医疗救助等公共服务，在数量和质量上都应大体相等。① 从我国的现实国情出发，实现我国城乡基本公共服务均等化的基本内涵是：第一，基本公共服务均等化不是公共服务的平均化，而是在全国有统一的基本公共服务制度安排；第二，基本公共服务均等化主要是指全体人民的机会均等以及结果大体相同，这就意味着全体社会成员都能享受得到有制度保障的最低标准的基本公共服务；第三，基本公共服务均等化，要将基本公共服务的差距控制在社会可承受的范围以内，在公平正义的前提下保障社会的和谐稳定。基本公共服务均等化要实现在保证全体社会成员基本生存和健康的前提下，更加关注困难群体的生存和发展权利，这就要扩大公共财政覆盖面，建立让全体社会成员共享改革成果的一系列制度安排。

（三）基本公共服务均等化的作用

随着我国工业化和城市化的推进，改革开放的全面深化，基本公共服务均等化在促进经济社会发展中具有越来越重要的作用。

第一，推进基本公共服务的均等化，有利于我国的可持续发展。只有实现基本公共服务的均等化，才能保障所有社会成员公平享受义务教育、基本医疗和公共卫生、公共就业服务等基本公共服务。保障广大社会成员公平分享基本公共服务，是实现人的全面发展的重要保障。只有为全体人民的全面发展提供足够的物质保障，才能为中国经济发展方式的转变，以及经济社会的可持续发展积累足够的人力资本。

第二，推进基本公共服务的均等化，可以缓解社会矛盾促进社会公平正义。科学发展观是用来指导我国社会发展的科学观念，指导我国的发展思路从过去的“效率优先、兼顾公平”转变到效率优先的基础上，更加注重社会的公平正义。我国政府提出“逐步实现基本公共服务均等化”是维护社会公平正义，建设社会主义和谐社会的重大决策。

第三，推进基本公共服务的均等化，将有利于城乡共同协调发展。实现城乡基本公共服务均等化，让所有的社会成员都能享受得到最基本的公共服务，

① 张爱华：《深化户籍制度改革与基本公共服务均等化——以地方政府户籍制度改革为视角》，载《净月学刊》2015年第4期，第81页。

将有利于消除一直存在的城乡差距、地区差距和贫富差距，让全体社会成员共享改革发展的成果，从而消除城乡居民之间的福利差距，将有利于整个社会的安定团结，从而促进整个社会的和谐进步。

二、我国基本公共服务体制的演变

随着我国经济社会体制的转轨，我国基本公共服务体制变化也呈现出阶段性特征。基本公共服务体制的演变，反映了我国人民对发展的要求不断提高。从经济学的角度讲，城市化步伐加快，公共产品供给速度也应加快，但由于我国的城乡分割的二元社会结构，城乡公共产品的供给出现明显不平衡，供给速度也远远落后于城市化的速度。

在计划经济时期，城市以单位为载体，农村以人民公社为基本载体，形成了与计划经济体制相适应的二元公共服务供给体制。在经济发展水平较低的状况下，这种体制实现了我国预期寿命与教育水平的显著提高。然而，传统计划经济体制形成的城乡分割的体制的许多弊端也反映在公共服务领域，现在已经严重阻碍城乡社会公共服务体系的发展和完善，而城乡壁垒存在的根本原因是城乡隔离的户籍制度，以及与户籍制度相伴而生的就业分配、住房福利、公共教育、医疗保障及退休养老等。随着我国改革开放的逐渐深入，以单位和人民公社为载体的公共服务供给体系难以为继。改革开放后，我国开始探索建立新的基本公共服务体制，接下来先回顾我国基本公共服务体制的变迁过程。

（一）公共教育制度的演变

改革开放以来，党和政府十分关心和重视农村义务教育，一直坚持把农村义务教育放在教育发展的重要位置。1986 年《中华人民共和国义务教育法》的颁布和实施，用法律形式正式确定了义务教育的“地方管理，分级管理”的新体制。规定：“实施义务教育所需事业费和基本建设投资，由国务院和地方各级人民政府负责筹措。”1989 年，国家决定在乡一级建立财政，包括教师工资在内的十几种支出都放在乡财政。1992 年颁布《中华人民共和国义务教育法实施细则》，要求：“地方各级人民政府设置的实施义务教育学校的事业费和基本建设投资，由地方各级人民政府负责筹措……中央和地方财政视具体情况，对经济困难地区和少数民族聚居地区实施义务教育给予适当补助。”

2001 年 5 月 29 日，国务院颁布《关于基础教育改革与发展的决定》，提出农村义务教育管理新体制，也就是“在国务院领导下，由地方政府负责，分级管理，以县为主的体制”。2002 年 4 月，国务院办公厅又专门印发《国务院办公厅关于完善农村义务教育管理体制的通知》，提出要加强对农村义务教育的领导和管理，并对经费保障机制、人事编制管理制度提出了具体意见。2003 年 9 月 19 日，国务院颁布《关于进一步加强农村教育工作的决定》，再次强调要落实“以县为主”的农村义务教育管理体制，县级政府要切实担负起相关责任，对本地教育发展规划、经费安排使用、校长和教师人事等方面进行统筹管理。2005 年，教育部发布《关于进一步推进义务教育均衡发展的若干意见》，特别提出要遏制城乡之间、地区之间和校际之间教育差距增大的势头。2007 年，中央政府决定在全国农村义务教育阶段全部免费，并对农村贫困家庭学生免费提供教科书并补助寄宿生活费，从 2008 年春季学期起，城市义务教育学杂费也将免除。2009 年，中央出台农村中小学生均公用经费标准，2010 年农村义务教育经费保障机制全面建立。2010 年 7 月，教育部发布的《国家中长期教育改革和发展规划纲要》指出，要巩固提高九年义务教育水平和推进义务教育均衡发展。2012 年 9 月，《国务院关于深入推进义务教育均衡发展的意见》提出，要深入推进义务教育均衡发展，保障适龄儿童少年接受良好义务教育。2015 年 11 月，国务院印发《关于进一步完善城乡义务教育经费保障机制的通知》，决定从 2016 年春季学期起建立城乡统一、重在农村的义务教育经费保障机制。2016 年 7 月，国务院出台了《关于统筹推进县域内城乡义务教育一体化改革发展的若干意见》，这是党中央、国务院着眼于经济社会发展全局和全面建成小康社会需要，对新时期全面做好义务教育工作作出的重大部署。各地高度重视、精心组织、积极行动，截至 2016 年年底，全国 31 个省份已全部出台了本地区的实施方案。

（二）社会保险制度的演变

当前我国社会保险制度主要包括养老保险、医疗保险、失业保险、工伤保险和生育保险这五大类，这里主要介绍养老保险制度、医疗保险制度、失业保险制度。

1. 基本养老保险制度

基本养老保险主要包括城镇职工基本养老保险制度，以及农村农民的养老保险制度。1997 年，政府在全国范围内建立统一的企业职工基本养老保险制度。2000 年，国务院颁布《关于完善城镇社会保障体系的试点方案》，确定城镇企业职工基本养老保险制度的基本政策。在城镇，对于国家机关、事业单位离退休人员，由政府财政或本单位负责养老；2005 年 12 月，国务院颁布《关于完善企业职工基本养老保险制度的决定》，城镇各类企业职工、个体工商户和灵活就业人员都要参加企业职工基本养老保险，城镇养老保险进一步走向规范化；对于城镇居民，国务院 2011 年下发的《关于开展城镇居民社会养老保险试点的指导意见》（国发〔2011〕18 号）规定，年满 16 周岁（不含在校学生）、不符合职工基本养老保险参保条件的城镇非从业居民，可以在户籍地自愿参加城镇居民养老保险。在农村，国务院 2009 年下发的《关于开展新型农村社会养老保险试点的指导意见》，对长期以来农村居民的居家养老模式进行了突破，部署从当年起在全国 10%的县（市、区、旗）开展新型农村社会养老保险试点，允许年满 16 周岁（不含在校学生）、未参加城镇职工基本养老保险的农村居民，在户籍所在地自愿参加。

（1）城镇养老保险制度发展轨迹。我国城镇养老保险制度始建于 20 世纪 50 年代，因当时受苏联模式的影响，城镇基本养老保险目标是建立一个以“国家—企业”为主导，实行现收现付制模式，覆盖所有企业职工的基本劳动保障制度。时下的养老保险模式以充分就业的经济环境为基础，与计划经济体制相适应。此后，受“文化大革命”影响，我国政治、经济、文化遭受了严重破坏，城镇社会养老保险工作也陷入困顿。“文化大革命”结束后，国家的改革开放政策给经济环境注入了新的活力。为适应市场经济体制的要求，国家对城镇基本养老保险制度进行改革，旨在建立一个适用于城镇各类企业职工和个体劳动者，资金来源多渠道、保障方式多层次、社会统筹与个人账户相结合、权利与义务相对应、管理服务社会化的养老保险新体系。① 此次改革历时十年，以 1986 年国务院颁布的《国营企业实行劳动合同制暂行规定》为开端，至 1995 年国务院发布的《关于深化企业职工养老保险制度改革的通知》提出社会统筹和个人账户相结合的养老保险模式，实现了筹资模式从现收现付模式转变为部分积累模式，支付模式从收益确定制转变为缴费确定制，资金来源要从劳动者不缴任何费用转变为政府、企业和个人三方共同负担，基本形成了我国现行城镇基本养老保险制度的雏形。其中，政府财政补助的基本养老保险作为参保者所享受的最基本的养老生活补助，而由企业和个人共同出资的企业养老保险作为养老金的重要补充。此后的改革基本是在这个大的框架下进行，其主要的成就是 1997 年国务院颁布的《关于建立统一的企业职工基本养

① 陈水生：《城乡社会养老保险制度衔接研究》，南昌大学 2010 年硕士论文，第 25 页。

老保险的决定》将各地的企业职工养老保险制度进行了统一，2005 年出台的《关于完善企业职工基本养老保险制度的决定》提高了统筹层次并对缴费比例、计发办法等具体细节进行了进一步的调整和规定。

（2）农村基本养老保险制度发展轨迹。中华人民共和国成立后实行的户籍管理制度对我国居民进行了城镇和农村的行政性划分，形成了城乡互相隔离的局面。与城镇的“制度养老”不同，农村早期的养老方式更具“家庭养老”之意蕴，如民间广泛流传的“养儿防老”就是一种突出表现。我国最早的农村养老制度探索应该是在人民公社时期以社队为基础的“五保”制度，该制度以自愿互助的形式保障了农村孤寡老人的基本生活，但因缺乏法律的强制性约束，其后也随着人民公社制度的消失而退出了历史的舞台。① 1987 年受到城镇养老保险制度改革的影响，党和政府开始探索与农村情况相适应的社会养老保险制度。1992 年颁布的《县级农村养老保险基本方案（试行）》规定农村养老保险实行“个人缴纳为主、集体补助为辅，国家给予政策支持”的原则，将个人投保和集体投保相结合。但由于政府的责任不清晰以及财政上对城市发展的偏向，事实上政府对农村养老保险几乎没有实质上的投入，使得农村养老保险最终沦为个人储蓄性积累，完全无法体现社会保障的互济性和公平性，而且保障水平不能满足农民的基本养老需要。随着试点工作的不断普及和深入，制度设计的缺陷暴露出来。在 1998 年，出现了参保人数大幅下降的发展趋势，导致大部分农村地区的社会养老保险工作处于停滞状态。鉴于此，国家不得不对已有农村社会养老保险业务叫停整顿，进入清理整顿阶段。2002 年，在党的十六大中重新提出在有条件的地区建立农村养老保险，又在 2003 年出台政策要求积极推进农村养老保险工作，但成效都不显著。2007 年，党的十七大提出，“到 2020 年基本建立覆盖城乡居民的社会保障体系，使人人都享有社会保障”，从而加快了中国建立和发展新型农村社会养老保险制度的进程。根据党的十七大和十七届三中全会精神，2009 年 9 月，国务院印发了《国务院关于开展新型农村社会养老保险试点指导意见》，更加具体地指出了新型农村社会养老保险的举措与工作方向。按照党的十八大精神和十八届三中全会关于整合城乡居民基本养老保险制度的要求，2014 年 2 月国务院下发《关于建立统一的城乡居民基本养老保险制度的意见》，决定将新型农村养老保险制度和城镇居民社会养老保险两项制度合并实施，在全国范围内建立统一

① 何昊城：《城乡基本养老保险协同发展研究》，湖南大学 2012 年硕士论文，第 22 页。

的城乡居民基本养老保险制度。自此，我国农村养老保险进入一个新的发展时期。①

总体上来说，经过多年的探索与发展，我国城乡基本养老保险都取得了一定成绩，但是，我们也必须清醒地看到我国城乡基本养老保险在制度设计和运行过程中还存在不少问题，与户籍制度相关的一个最突出的问题就是进城务工农民养老保险缺失，不解决该问题，公共服务的均等化将无从谈起。

2. 基本医疗保险制度

医疗保险制度就是当人们生病或受到伤害后，由国家或社会给予的一种物质帮助，提供医疗服务或经济补偿的一种社会保障制度。在城镇，对于企业职工，1998 年 12 月，国务院发布了《国务院关于建立城镇职工基本医疗保险制度的决定》（国发〔1998〕44 号），部署全国范围内全面推进职工医疗保险制度改革工作，要求 1999 年内全国基本建立职工基本医疗保险制度；对于城镇居民，国务院 2007 年下发的《关于开展城镇居民基本医疗保险试点的指导意见》（国发〔2007〕20 号）规定，不属于城镇职工基本医疗保险制度覆盖范围的中小学阶段的学生（包括职业高中、中专、技校学生）、少年儿童和其他非从业城镇居民都可自愿参加城镇居民基本医疗保险。在农村，中共中央、国务院 2002 年印发的《关于进一步加强农村卫生工作的决定》（中发〔2002〕13 号）提出，各级政府要积极组织引导农民建立以大病统筹为主的新型农村合作医疗制度，重点解决农民因患传染病、地方病等大病而出现的因病致贫、返贫问题。2009 年 3 月，国家出台《中共中央国务院关于深化医药卫生体制改革的意见》，将城乡统筹增加为改革原则，到 2010 年，在全国农村将会基本建立起适应市场经济体制要求的、和农村经济社会发展水平相适应的农村合作医疗制度。2016 年 1 月，国务院印发《关于整合城乡居民基本医疗保险制度的意见》，就整合城镇居民基本医疗保险和新型农村合作医疗两项制度，建立统一的城乡居民基本医疗保险制度提出明确要求。2016 年 7 月 14 日，人社部公布《人力资源和社会保障事业“十三五”规划纲要》，其中提出，建立统一的城乡居民基本医疗保险制度和经办运行机制，同时，将职工和城乡居民基本医疗保险政策范围内住院费用支付比例稳定在 75%左右。2016 年 10 月，全国已有包括北京、天津、河北、内蒙古、上海、浙江、江西、山东、河南、湖北、湖南、广东、广西、重庆、云南、陕西、青海、宁夏、新疆及新疆建设兵

① 马照泽：《中国农村社会养老保险制度变迁研究》，吉林大学 2014 年硕士论文，第 1 页。

团在内的省、区、市、兵团对建立统一的城乡居民医保制度进行了总体规划部署或已全面实现整合。2017 年 5 月，上述各省将城乡居民医保工作统一划归人社部门，城乡居民医保进入冲刺阶段。

3. 城镇失业保险制度

失业保险是指国家通过立法强制实行的，由社会集中建立基金，对因失业而暂时中断生活来源的劳动者提供物质帮助的制度。它是社会保障体系的重要组成部分，是社会保险的主要项目之一。1986 年 7 月，国务院颁布《国营企业职工待业保险暂行规定》（以下简称《暂行规定》），这是我国失业保险制度建立的标志。《暂行规定》将失业保险的覆盖范围限定为“四种人”（宣告破产的国营企业职工；濒临破产的国营企业法定整顿期间被精简的职工；国营企业终止、解除劳动合同的工人；国营企业辞退的职工），并确定以基金制方式筹集保险费，规定企业按全部职工标准工资总额的 1%缴纳保险费（保险费在企业缴纳所得税前列支）。将保险待遇定义为“待业救济金”，同时规定了领取救济金的资格条件和待遇水平。从以上规定可以看出，此时的“待业保险”制度，是一种覆盖范围仅限于国营企业且保障层次很低的失业救济制度，失业者个人并不承担缴费义务，而享受的待业救济金也仅仅是为了解决失业者最基本的生活困难。1986 年初步建立的待业保险制度，因其自身存在的制度缺陷，在很大程度上只是一种制度象征，并没有发挥应有的作用。对此，1993 年 5 月，针对 1986 年《暂行规定》实施范围窄、保障水平低、基金承受能力弱等方面的不足，国务院颁发了《国有企业职工待业保险规定》（以下简称《规定》）。《规定》在失业保险制度的组织管理模式、资金筹集等方面沿用了《暂行规定》的设计框架，但扩大了适用范围，将失业保险的适用范围由《暂行规定》的“四种人”扩大到七类人员，不过仍局限在国有企业内部，并且在资格规定方面并未遵循国际通行的非本人过失引起失业才有权享受失业保险待遇的原则。另外，《规定》调整了待业保险待遇的参照标准，由原来的参照本人标准工资改为参照社会救济水平，这一改变使得在法定适用范围内的所有失业者可以享受同等的失业救济水平。随着社会主义市场经济体制的确立和现代企业制度的形成，以待业救济为本质特征的失业保险制度显然无法满足建立统一劳动力市场、实现劳动力资源合理配置和社会保障社会化的需要。1998 年 5 月，中共中央、国务院召开了全国国有企业下岗职工基本生活保障和再就业工作会议，形成了原则性的统一制度规定，确立了下岗职工基本生活保障制度的主要内容。

1999 年 1 月，国务院颁布《失业保险条例》和《社会保险费征缴暂行条例》，这是我国失业保险发展史上一个具有标志性意义的重大事件，将我国失业保险制度建设推向一个新的发展阶段。《失业保险条例》在1993年《规定》的基础上，对原制度框架在若干重要方面进行了关键性的修改，主要体现在以下几个方面：一是将制度正式命名为“失业保险”，相应地，将“待业救济金”正式改为“失业保险金”；二是失业保险覆盖范围扩大至城镇各类企事业单位；三是调整了失业保险费的缴费比例，确立了单位与个人的保险费分担机制；四是将失业保险金的给付标准与最低工资和城镇居民最低生活保障线挂钩；五是对失业保险金的给付期限作出了明确规定。① 1999年9月，国务院发布《城市居民最低生活保障条例》，将城市居民最低生活保障制度纳入了法治化的发展轨道。2000年5月，国务院发布《关于切实做好企业离退休人员基本养老金按时足额发放和国有企业下岗职工基本生活保障工作的通知》。2005年，国务院下发《关于进一步加强就业再就业工作的通知》，制定了新一轮积极的就业政策。2006年1月，劳动和社会保障部、财政部下发《关于适当扩大失业保险基金支出范围试点有关问题的通知》，明确了试点工作的有关问题。自此，北京、上海、江苏、浙江、福建、山东、广东七个省市开展适点工作。2008年11月，国务院常务会议决定：“扩大失业保险基金适用范围，帮扶困难企业稳定就业岗位。”同年12月20日，人力资源和社会保障部、财政部、国家税务总局联合发布《关于采取积极措施减轻企业负担稳定就业局势有关问题的通知》，2009年4月底，全国各省、自治区、直辖市均已出台具体的实施文件。②

（三）最低生活保障制度的发展轨迹

最低生活保障制度是世界上绝大多数市场经济国家普遍实行的以保障全体公民基本生存权利为目的的社会救助制度，它根据维持最起码的生活需求的标准设立一条最低生活保障线，每个公民当其收入水平低于最低生活保障线而生活发生困难时，有权利得到国家和社会按照法定的程序和标准提供的现金和实物救助。③ 在城镇，国务院1999年发布的《城市居民最低生活保障条例》第

① 丁煜：《我国失业保险制度的演变、评估与发展意义》，载《中国软科学》2005年第4期，第33~36页。

② 汪洁：《新中国60年失业保险发展的历程及思考》，载《改革与战略》2012年第5期，第89~92页。

③ 唐均：《中国城市居民贫困线研究》，上海社会科学院出版社1989年版，第181页

2 条规定，持有非农业户口的城市居民，凡共同生活的家庭成员人均收入低于当地城市居民最低生活保障标准的，均有从当地人民政府获得基本生活物质帮助的权利。在农村，2007 年 3 月的《政府工作报告》提出，要在年内建立农村最低生活保障制度。2007 年 8 月国务院发出《关于在全国建立农村最低生活保障制度的通知》，通知规定，农村最低生活保障对象是家庭年人均纯收入低于当地最低生活保障标准的农村居民，主要是因病残、年老体弱、丧失劳动能力以及生存条件恶劣等原因造成生活常年困难的农村居民。在通知中指出，要逐步将符合条件的农村贫困人口全部纳入保障范围，稳步解决全国农村贫困人口的温饱问题，建立农村最低生活保障制度，要以地方政府为主，实行属地管理，中央财政对财政困难地区给予适当补助。与城市低保制度相比，我国农村低保制度有以下特点：一是农村最低生活保障线的制定没有城市低保线的标准严格，大多是以“实际收入”为标准，主要是以农产品等实物收入折算而来的。二是在确定低保对象的方式上，农村低保对象的确定，更注重的是村民的基层民主决议，包括投票、集体评议，等等。三是农村对低保对象的动态较弱。农村低保对象相对城市而言更加稳定。① 十届全国人大五次会议上，温家宝总理在《政府工作报告》和《中共中央国务院关于积极发展现代农业扎实推进社会主义新农村建设的若干意见》中指出，建设新农村的一项重要举措是在 2007 年要在全国范围内建立农村最低生活保障制度。

第二节　与户籍相关的基本公共服务体制的现状

一、与户籍相关的基本公共服务体制的现状

（一）公共教育制度

我国二元户籍制度在一定程度上造成了城乡二元教育结构，城市教育和农村教育之间在教育资源、教育水平的发展差距巨大。特别是改革开放后，人口流动加剧，流动人口子女的义务教育公平问题也反映到城乡分割的二元教育体制。随着我国城乡之间、地区之间人口流动规模的不断扩大，流动人口子女随父母在流入地接受教育的人数不断增多，同时城乡教育投入和教育水平的差异

① 刘峰：《国内外农村最低生活保障制度变迁及其启示》，载《中南林业科技大学学报（社会科学版）》2011 年第 6 期，第 19~21 页。

诱使更多的农村适龄儿童流入城市接受优质教育。近年来，针对流动人口子女的教育问题，中央及各级教育主管部门积极出台了一系列流动人口子女在流入地平等接受义务教育的法律法规和政策性文件（见表3-1），为人口城镇化创造了条件。

表3-1 **近年来推进流动人口子女教育的法律、法规及政策**

时间	法律法规	相关内容
1992年	《中华人民共和国义务教育法实施细则》	适龄儿童、少年到非户籍所在地接受义务教育的，可以按照居住地人民政府的有关规定申请借读。
1996年	《城镇流动人口中适龄儿童少年就学办法（试行）》	在京、沪等省市试点。
1998年	《流动儿童少年就学暂行办法》	强调流入地政府应为流动人口子女创造条件，提供接受义务教育的机会，允许招收流动儿童少年就学的全日制公办中小学收取“借读费”。
2001年	《国务院关于基础教育改革与发展的决定》	首次提出了流动人口子女教育“以流入地政府管理为主，以全日制公办中小学为主”“两为主”的办法，国家对流动人口子女进城上学逐渐从“限制”转为“支持”。
2003年	《关于进一步做好进城务工就业农民子女义务教育工作的意见》	规定由流入地政府负责进城务工农民子女接受义务教育工作，接收的学校以全日制公办中小学为主。
2004年	《关于促进农民增加收入若干政策的意见》	规定在城市中小学就读的进城务工农民子女，不再收取借读费、择校费及其他摊派费用。
2006年	《中华人民共和国义务教育法》	法律上明确规定流入地政府为流动人口子女提供平等接受义务教育的义务。
2010年	《国家中长期教育改革和发展规划纲要（2010—2020年）》	坚持以输入地政府管理为主、以全日制公办中小学为主，确保进城务工人员随迁子女平等接受义务教育，研究制定进城务工人员随迁子女接受义务教育后在当地参加升学考试的办法。
2012年	《国家教育事业发展第十二个五年规划》	保障进城务工人员随迁子女享受基本公共教育服务权利，健全输入地政府负责的进城务工人员随迁子女教育公共财政保障机制，将其教育需求纳入各地教育发展规划。

续表

时间	法律法规	相关内容
2017年	《国家教育事业发展“十三五”规划》	确定了“十三五”时期教育改革发展的指导思想、主要目标、战略任务和保障措施，是近期我国教育改革发展的行动纲领和指导性文件。
2017年	《教育部2017年工作要点》	制定以居住证为主要依据的随迁子女义务教育就学政策，落实和完善进城务工人员随迁子女在当地升学考试政策，督促有关省市特别是特大型城市，结合户籍制度改革和本地实际，进一步完善随迁子女在当地参加高考政策。

资料来源：根据有关历史资料整理。

从上表可以看出，21世纪以来，国家为进城务工人员随迁子女教育问题的解决提供了强有力的政策依据，随迁子女义务教育的入学问题已经基本解决，但现阶段依然存在以下问题：第一，随迁子女入学机会不均等。城市的义务教育财政投入是按照户籍人口统计的，流动人口随迁子女因没有城市户籍而使得流入地政府没有获得国家教育经费投入，虽然国家明文规定要采取“两为主”的办法解决流动人口子女入学问题，但实际上并没有解决流入地政府在教育方面的资金难题。所以，有些地方政府仍然对流动人口随迁子女入学采取限制手段甚至隔离措施，为其入学设置众多障碍因素，如要求进城务工人员提供务工证、居住证、子女学籍证明、计划生育证明等多项材料，变相地提高了流动人口随迁子女入学门槛，违背了国家有关流动人口子女平等接受义务教育的初衷。第二，教育资源不公平。多数随迁子女在进城务工人员子弟学校入学或进入收费较高的民办学校，教育资源较好的公办学校难以进入，这在一定程度上还是由他们的户籍所决定的。第三，异地高考政策体系尚未形成。目前城市流动人口子女接受义务教育方面的政策体系基本完备，但非义务教育阶段的政策体系还亟待完善，特别是京、沪这些户籍还有一定含金量的城市，对本地户籍录取人数较多、录取分数较低的情况下，短期内还无法出台接受非户籍人口参考高考的政策。

（二）城乡就业制度

1. 城乡二元就业制度的形成及改革

我国二元户籍制度造就了城乡分割的二元就业制度。二元户籍制度设立的初衷是限制农村人口进入城市就业，与之相配套的粮食定量供应制度，将我国农村人口排斥在城市就业市场之外。随着1958年《中华人民共和国户口登记条例》的出台，农民进入城市被严格限制，必须持有劳动部门的录用证明、学校录取证明或者城市户口登记机关准予迁入证明，才可以办理户口迁出手续。此后，我国长期处于计划经济体制下的统包统配的就业制度使广大农民被束缚在土地上从事农业生产，不准进入城市就业。

改革开放后，我国的就业体制逐渐由计划分配体制向市场分配体制过渡，市场机制在就业市场发挥的作用越来越大，激活了农村剩余劳动力进入城市自谋职业。1992年以来，我国就业制度逐步进入以制度创新为主要内容的新阶段，政府采取积极的就业政策，推出了一系列的推进就业体制改革的重大举措(见表3-2)，完善了就业相关的法律法规等。

表3-2 **近年来我国推进就业体制改革的重大举措**

时间	文　件	相关内容
2004年	《关于促进农民增加收入若干政策的意见》	进一步清理和取消针对农民进城就业的歧视性规定和不合理收费；城市政府要切实把对进城农民工的职业培训、子女教育、劳动保障及其他服务和管理经费，纳入正常的财政预算；及时兑现进城就业农民工资、改善劳动条件、解决子女入学等问题；健全有关法律法规，依法保障进城就业农民的各项权益；推进大中城市户籍制度改革，放宽农民进城就业和定居的条件。
2006年	《关于推进社会主义新农村建设的若干意见》	建立健全城乡就业公共服务网络；完善劳动合同制度，加强务工农民的职业安全和卫生保护等一系列措施。
2007年	《关于积极发展现代农业扎实推进社会主义新农村建设的若干意见》	加大对农村劳动力转移就业培训支持力度，完善培训机制；鼓励用工企业和培训机构开展定向、订单培训；组织动员社会力量广泛参与农民转移就业培训等。
2008年	《中华人民共和国劳动合同法》	明确劳动合同双方当事人的权利义务，重在保护劳动者的合法权益，为构建与发展和谐稳定的劳动关系提供法律保障。

续表

时间	文　　件	相关内容
2011年	《国务院关于进一步做好普通高等学校毕业生就业工作的通知》	要求直辖市外各城市应取消高校毕业生落户限制。
2011年	《全国主体功能区规划》	优化开发和重点开发区域要实施积极的人口迁入政策，引导区域内人口均衡分布，防止人口向特大城市中心区过度集聚；改革户籍管理制度，逐步统一城乡户口登记管理制度。
2012年	《关于积极稳妥推进户籍制度改革的通知》	落实放宽中小城市和小城镇落户条件的政策；分类明确户口迁移政策；依法保障农民土地权益；要着力解决进城务工农民实际问题。
2014年	《国务院关于进一步推进户籍制度改革的通知》	进一步调整户口迁移政策；创新人口管理；切实保障农业转移人口及其他常住人口合法权益
2015年	《就业服务与就业管理规定》	劳动者依法享有平等就业的权利；劳动者依法享有自主择业的权利；国家鼓励劳动者在就业前接受必要的职业教育或职业培训；国家鼓励劳动者自主创业、自谋职业。

资料来源：根据有关资料整理。

2. 二元就业制度的现状

国家推出了一系列的就业制度改革的举措，公民自主择业已成主流，但依然呈现农民与市民、市民与外来人口两个层面的双重分割的劳动力市场。城市居民与外来人口就业差别主要体现在：第一，就业准入不公平。城市居民受户籍制度保护，主要就业于党政机关、企事业单位等相对正式稳定的部门，而外来人口主要就业于私营企业、个体工商户、服务员等稳定性差、就业环境和待遇水平低的行业。第二，就业培训不公平。近年来，尽管国家及各地政府不断完善就业培训体系，加强对外来人口的就业培训工作，但并没有在很大程度上改变基于户籍分配培训服务的现状，外来人口就业培训无论是在规模还是水平上，都和城市居民有很大差别。第三，劳动待遇不公平。外来人口和城市劳动者享有不同的劳动待遇。从工作环境来看，进城务工人员往往从事的是劳动强度大、卫生程度差的工作，出现职业病和工伤事故的比例高。从劳动合同来看，低层劳动力签订合同率低，合同不规范，对雇主的约束力不够，发生纠纷时，自身权益难以保障，而且进城务工人员与城市职工存在同工不同酬，待遇差别大的现象。进入正规单位工作的进城务工人员，一般被聘为合同工或临时工，在工资待遇和社会保险方面与正式职工存在差别。

这种二元就业制度弱化了进城务工人员市民化的意愿，弱化了进城务工人员融入城市的经济基础，降低了进城务工人员市民化的能力，抑制了进城务工人员市民化的进程，不利于社会稳定和城乡协调发展。

（三）住房制度

1. 城乡二元住房制度的形成及改革

我国城乡二元住房制度的格局存在时间较长，计划经济时代，城市居民可以享受政府提供的福利分房待遇，而农村居民只能在村集体组织批准的宅基地上自行建造住房。20世纪90年代后，随着住房制度改革的深化和房地产市场的发展，城市住房的商品化率不断提高，城乡居民都可购买商品房，城乡二元住房制度受到冲击。同时，在城市开始针对低收入人群建立住房保障体系，主要有经济适用房、限价房、廉租房、公租房等形式，解决了相当的城市低收入人群的住房需求。随着我国城镇化的进程不断推进，进城务工人员也有居住的需要，政府也出台了一系列与进城务工人员有关的住房政策（见表3-3），而城镇住房保障体系却没有将其纳入保障范围，多数城市的外来务工人员无法和城镇居民平等地申请经济适用房、限价房、公租房、廉租房，只能选择居住在单位提供的集体宿舍或与他人合租在居住环境较差的城乡结合部。

表3-3　**近年来政府出台的有关进城务工农民住房的政策**

时间	政策文件	相关内容
2005年	《关于住房公积金管理若干问题的指导意见》	有条件的地方，城镇单位聘用进城务工人员，单位和职工可缴存住房公积金。
2006年	《国务院关于解决农民工问题的若干意见》	提出要多渠道改善农民工居住条件。
2007年	《国务院关于解决城市低收入家庭住房困难的若干意见》	要多渠道改善农民工居住条件。
2007年	《关于改善农民工居住条件的指导意见》	各地要将长期在城市就业与生活的农民工居住问题，纳入城市住房建设规划。

续表

时间	政策文件	相关内容
2010年	《关于加快发展公共租赁住房的指导意见》	建议有条件的地区，可以将新就业职工和有稳定职业并在城市居住一定年限的外来务工人员纳入供应范围。
2012年	《公共租赁住房管理办法》	首次明确将外来务工人员纳入城镇公共租赁住房保障体系。
2014年	《住建部关于并轨后公共租赁住房有关运行管理工作的意见》	明确廉租房和公租房并轨后住房保障对象包括“稳定就业的外来务工人员”。
2017年	《关于在人口净流入的大中城市加快发展住房租赁市场的通知》	解决新市民住房问题、加快推进新型城镇化。
2017年	《利用集体建设用地建设租赁住房试点方案》	未来将在北京、上海、沈阳、南京、合肥、厦门、武汉、杭州、郑州、广州、佛山、肇庆、成都13个城市开展利用集体建设用地租赁住房试点。

资料来源：根据有关资料整理。

2. 城乡二元住房制度的现状

二元住房制度下，城镇外来人口面临的住房问题越来越严重，以进城务工人员为主体的外来人口被排除在城镇住房保障体系的现状亟待改善。国家出台的保障城镇外来人口住房政策，部分地方政府只是选择性执行，导致符合条件的进城务工人员无法有效申请到保障房，严重地阻碍了我国人口城镇化和农业转移人口市民化的进程。同时，我国已有的城镇外来人口住房保障政策主要是针对正规就业的进城务工人员群体，而针对非正规就业的进城务工人员群体鲜有涉及，尚需加快推行住房补贴。当前，有些地方政府开始将进城务工人员纳入城镇住房公积金政策覆盖范围，拓宽住房公积金惠及面，或建设进城务工人员公寓和宿舍，或将部分符合条件的进城务工人员纳入经济适用房的保障范围，但完善进城务工人员住房政策的瓶颈亟待突破。2017年在13个城市推行的集体租赁住房的试点政策将进一步健全对非本地户籍承租人的公共服务社会保障机制。

（四）社会保障制度

1. 城乡二元社会保障制度的形成及改革

中华人民共和国成立后，我国便形成了城乡有别的社会保障制度。1951年的《劳动保险条例》标志着我国已经建立了较为完备、面向城镇居民的城镇居民社会保障体系，而农村居民除了户籍意义上的社会救济、社会优抚外主要靠家庭保障和土地保障。近年来我国不断加强城乡二元保障制度的整合，逐步扩大各项社会保障制度的覆盖面，城乡二元保障制度改革取得了一定的成效，如2017年全国大部分省市实现了城乡居民医疗保险并轨。

2. 城乡二元社会保障制度的现状

城乡二元社会保障制度下，进城务工人员的社会保障与城镇人口还是有较大的差别，国家不断完善进城务工人员的社会保障制度（见表3-4），2010年《社会保险法》的制定，对进城务工人员的各项基本社会保险作出明确规定，为完善进城务工人员社会保障制度建立良好的法律环境。在加快推进城镇化和进城务工人员市民化的过程中，进城务工人员的社会保险仍然存在一些问题，如参加城镇职工社会保险的进城务工人员比例依然较少，养老保险等保险还无法实现转移接续等问题还较严重，进城务工人员中断参保情况较普遍等，这些问题将会削弱进城务工人员的进城意愿，加重进城务工人员回流农村的现象，阻碍我国城镇化的水平，阻碍城乡一体化的进程，不利于社会的和谐稳定。

表3-4　　**近年来完善进城务工农民社会保障制度的主要政策**

时间	法律法规政策	相关内容
2006年	《国务院关于解决农民工问题的若干意见》	明确了做好农民工工作的指导思想和基本原则，提出了一系列做好进城务工农民工作的政策措施，是解决进城务工农民问题的重要指导性文件
2009年	《农民工参加基本养老保险办法》	在城镇就业并与用人单位建立劳动关系的农民工，应当参加基本养老保险。
2010年	《社会保险法》	明确进城务工农民群体参加社会保险
2014年	《关于建立统一的城乡居民基本养老保险制度的意见》	将新型农村基本养老保险和城镇居民基本养老保险整合为城乡居民基本养老保险。
2014年	《城乡居民养老保险制度衔接暂行办法》	解决了城镇职工与城乡居民两大制度的衔接问题。

续表

时间	法律法规政策	相关内容
2015 年	《关于做好进城落户农民参加基本医疗保险和关系转移接续工作的办法》	明确进城落户农民参保政策、规范关系转移接续手续、保障关系转移接续中的有关权益、经办服务能力建设和落实组织实施工作等。
2016 年	《关于整合城乡居民基本医疗保险制度的意见》	要求通过中城镇居民基本医疗保险与新型农村合作医疗，建立统一的城乡居民养老保险制度。
2016 年	《流动就业人员基本医疗保险关系转移接续业务经办规程》	进一步完善了流动就业人员基本医疗保险转移接续经办管理服务规定。

资料来源：根据有关资料整理。

总之，我国二元户籍制度造成了城乡居民在教育、就业、居住、社会保障等制度方面的二元特征，形成了农民与市民，流动人口与城市居民两大群体的利益对立。广大进入城市的流动人口特别是进城务工人员群体受到较多的福利歧视，很难享受到城市福利和保障，因而严重地阻碍了城市非户籍常住人口的市民化进程。21 世纪以来，国家致力于城乡一体化建设，不断消除城乡基本公共服务之间的差别，流动人口的基本公共服务水平也不断提高，与户籍人口的福利差距也在不断缩小，城乡一元化的户籍制度正逐步形成。

二、深化户籍制度改革和推进基本公共服务均等化的必要性

我国户籍制度改革按照积极稳妥的方式进行，取得了一定成效，但与市场经济迅猛发展，人口流动不断加快、新型城镇化建设战略要求仍不相适应，甚至受形成于计划经济时期二元结构户籍制度的影响，人口、人才流动在一定程度上受到限制、历史遗留问题难以解决、社会基本公共服务均等化难以实现，进一步深化了户籍制度改革，改革现行户籍管理制度不合理的地方，积极推进城乡一体化户籍制度改革是大势所趋，势在必行。

（一）是解决当前突出户口问题的重要途径

社会问题需要在改革中解决，众多户口问题也需要通过深化改革逐步解决。目前全国各地在户籍管理方面，还存在应落未落常住户口、应销未销户口、项目差错户口、异常户口、城乡居民户口性质差异等方面的突出问题，给居民带来了诸多的不便，侵犯了公民的合法权益，妨碍了社会管理，甚至影响

了政府的形象，急需改革现行户籍管理制度。

（二）是城乡一体化发展的客观要求

经济快速发展中，城乡差距逐渐扩大，城乡二元结构的矛盾日益加剧，严重制约甚至阻碍了城乡一体化，城乡二元的户籍制度将城市与农村、居民与农民割裂开来，造成城乡关系对立，影响社会稳定，是对统筹城乡发展的最大阻碍之一。城乡一体化顺应了城市化发展的基本规律，有利于推进新型城镇化的。户籍制度改革带来人口的大流动、经济大发展、人口巨大变动，促进了城镇化建设，我国经济保持了持续发展态势，经济运行的稳定性和质量效益进一步提高、发展的协调性进一步改善。例如 2016 年全国居民人均可支配 23821 元，其中城镇居民人均可支配收入 33616 元，农民人平均年收入 12363 元，城乡居民人均收入倍差 2.72①。因此，要实现城乡统筹发展和城乡一体化，必须要改革二元的户籍管理制度。

（三）是促进城市化和新农村建设的迫切需要

城乡一体化顺应了城乡相互依存、共生共荣的规律。以湖北省为例，湖北的工业发展迅速，工业化水平有了显著提高，但是其城市化水平却增长缓慢，户籍人口城镇化率和常住人口城镇化率存在较大差距。到 2017 年年末，户籍人口城镇化提高到 42.4%，而常住人口的城镇化率提高到了 58.5%②，相差近 20 个百分点。究其原因，主要是受计划经济体制下城乡二元户籍制度的影响，通过行政手段限制农民向城市的流动，把大量农村人口留在农村，人为地阻止了城市化的进程。此外，全省农业人口 3400 余万，农村产业化程度低，农业产出率不高，农民收入普遍偏低，城乡二元的户籍制度将大量农村人口限制在土地上，一定程度上不利于农村发展致富，不利于“三农”问题的解决，阻碍了社会主义新农村的建设。

（四）是解决“三农”问题的重要途径

城乡一体化顺应了生产关系必须适应生产力发展要求的规律，是解决

---

① 《2016 年全国居民人均可支配收入出炉　荆州人有……》，载荆州新闻网，http：//www.jznews.com.cn/comnews/system/2017/03/01/011894955.shtml，2018 年 3 月 1 日访问。

② 《中国人口城镇化率升至 58.52% 户籍人口城镇化率 42.35%》，载新浪网，http：//news.sina.com.cn/0/2018-02-28/doc-ifyrz5257832.shtml，2018 年 2 月 28 日访问。

“三农”问题的治本之策。湖北省流动人口年均1600余万人，绝大部分流向城市务工、经商，从事服务业。城乡二元的户籍制度却使这些流动人口“人在城市中就业和生活，户籍和社会保障却在农村”，生活面临诸多问题。这种“人户分离”的现象，不仅加大了社会管理的难度，而且使大量进城务工农民在城市中的生活得不到应有的保障，在就业、就学、就医等方面享受不到与城里人同等的待遇。这种长期存在的差别，使一些进城务工农民心理失衡，加剧社会矛盾，影响社会稳定。特别是新生代进城务工农民有650万人，占比超过65%，略高于全国平均水平，他们在城市出生、上学、就业，对农村、农业和土地逐渐陌生，渴望进入、融入城市社会，而城市还没有做好接纳他们的准备。湖北省鄂州市城乡一体化建设中有效解决进城务工农民落户问题，极大地促进了城镇化发展，增加了农民收入，为推进城乡基本公共服务均等化提供了范例。

（五）是实现社会公平正义的关键要素

城乡二元的户籍制度以户口性质为标志，将户口分为农业户口、非农业户口，赋予不同的待遇。城市户口享有基本生活资料供应、就业、教育、医疗、社保等社会福利和优待，而农村户口则被排除在国家福利体系之外，不公平、也不合理。1995年到1998年间出现卖户口现象，反映了人们对控制非农业人口政策的不满，给社会带来了许多负面影响。尽管户籍制度改革不断向前推进，但城乡利益差别依然存在，在有些城市甚至有所强化。城市政府往往以自身利益最大化为出发点，对人口准入机制的设计主要从城市至自身发展需要，对非户籍人口存在普遍的排斥和歧视情况。少数农业人口为了享受非农业人口的某些待遇，仍在暗地花钱买非农业户口来实现自己的目的。因此，统筹城乡户籍制度改革，让农村居民享受和城市居民同等的社会待遇，是实现社会公平正义的关键要素，也是构建和谐社会的重要途径。

第三节　基本公共服务均等化面临的困难和挑战

一、农业转移人口进城落户的意愿和实际增长数量不高

2013年，国务院发展研究中心针对“进城务工人员市民化”做过调研，74%的农村户籍流动人口愿意在城市长期居住，但不愿意放弃农村户籍。这一调研在湖北得到了印证。如2015年调查人员走访了随州300名进城务工人员，

64.4%的进城务工人员认为农村户口好于城镇户口，75.8%的表示不愿意“农转非”。随州市提供的数据显示，2015年全市共办理各类“农转非”2100余人，而2016年1—4月份办理各类“农转非”仅450余人。从“农转非”人员构成看，2015年全市“农转非”人员中，因投资购房823人，征地拆迁726人，投靠“农转非”1416人，聘用、招生等其他393人，自愿转为城镇居民的较少。在已调研过的宜昌、鄂州、荆门、黄冈等地，都存在这个问题。湖北省人社厅2015年对湖北省32名全国优秀进城务工人员工作居住地落户意愿进行调查，其中，男性22名，女性10名；汉族30名，少数民族2名；35岁以下14名，35岁以上18名；初中文化程度以下12名，高中、中专文化程度13名，大专文化程度及以上7名；一线工人14名，一线管理人员13名，创业者5名；高级技术职称1名，中级2名，初级1名；制造业19名，建筑业19名，服务业4名，其他行业2名；武汉市3名，宜昌市、襄阳市、黄冈市各2名，黄石市等市州、直管市、林区各1名。① 结果无一人愿意在工作居住地落户。农业转移人口不愿落户城镇的主要原因有：一是所在城镇提供公共服务均等化的水平有限。户籍制度改革后农业转移人口进城落户的前提条件是在城镇安居和乐业。城镇提供教育、住房、医疗卫生、社会保障、交通、文化等公共服务的水平越高，则越能吸引农民进城居住和就业。反之亦然。相对武汉而言，以省内副中心城市襄阳、宜昌为代表的大城市，教育、住房、医疗卫生、社会保障、交通、文化等公共服务水平较高，但城市发展速度不足以给进城农民提供更多的就业机会；以随州、荆门为代表的省内城市，既没有较高的公共服务水平，也不足以给进城农民提供更多更好的就业机会。所以农民愿意在大城市打工，回农村养老，但不愿意落户中小城市或者不能落户大城市。荆门市提供的数据显示，截至2016年一季度，该市转移农村劳动力549764人，市内156746人，占28.5%，省内（市外）101113人，占18.4%，省外291572人，占53%。② 大多数农村劳动力在市（省）外就业。没有就业的平等机会、没有购房的能力和同等机会，使农业转移人口进城落户的意愿不强。

二是所在城镇为公共服务均等化人为设置障碍。由于城市承载能力有限，

① 此数据资料均来自2016年湖北省政协组织的“深化我省户籍制度改革　助推公共服务均等化”月度协调座谈会专题调研的汇编材料，属湖北省政协和法制委员会2016年编制的内部资料。

② 此数据资料均来自2016年湖北省政协组织的“深化我省户籍制度改革　助推公共服务均等化”月度协调座谈会专题调研的汇编材料，属湖北省政协和法制委员会2016年编制的内部资料。

各地在实际操作过程中往往对政策打折扣。如由于现行户口登记条例规定，迁入户口需要接受单位、村（居）委会或社区同意。社区由于实际承受能力不足，以及工作量的增加，或者存在与村民分利的问题，往往不愿意接受新的入户人员，甚至收费入户，造成入城困难，回村也困难。如果没有经过社区同意，迁入人员在办理社区事务时将面临许多难题。如有的学校不愿意接收进城务工人员生源就读，将他们划入专门的片区或学校，有的购房贷款申请须提交社保、就业合同、资信等进城务工人员给不出的文件等。

三是公共服务均等化在政策上存在偏差。长期以来的户籍“二元制”，使附着在户籍上的公共服务利益有着“二元”的区别。如计生的奖励和处罚、优抚、低保、医疗保险、临时救助、社会保险、教育和住房、就业等。户籍制度改革后，这些利益并没有随之“一元化”，仍然存在差异。如社会抚养费，在农村和在城市的计算标准是不一样的，作为农民，征收的标准低一些。如农村有专项的困难学生补助，新农合的报销比例甚至高于城镇居民，农民购买家电、住房、汽车、培训、创业等享有补贴等。所以实际操作过程当中，农民和非农作为隐性标签依然存在，这些利益在分配时还是以之前的身份发放的。对于农民而言，他宁愿以农民的身份来享受之前“独有”的利益。

除此之外，还有附着在农民土地上的利益和对土地的依赖，也使农业转移人口不愿意进城落户，甚至出现大量已落户的农民想迁回农村的现象。

二、教育系统配套政策的改革有压力

近几年，国家教育部门围绕户籍制度改革，就教育领域推进户籍改革的配套政策的改革做了大量的工作，并取得了一定的成效，但目前依然压力重重。

一是城市教育资源配置紧张，城乡教育资源配置严重不均。目前，随着户籍制度改革的推进，中小城市、城镇放开入户限制，将有更多的农业转移人口成为城镇居民，越来越多的进城务工人员子女跟随父母流入城市，将出现农村教育资源“富余”和城市教育资源“短缺”，一些农村中小学会出现“空心化”，而城镇学校“大班额”问题会更加突出。流动人口多集中在教育资源配置较好的中心城区，学生生源急剧增加，教育配套设施及师资力量无法跟进，大班额问题突出，而流动人口较少的城区，甚至出现了教育资源配置过甚而闲置浪费的现象。因此，必须适应人口变化情况，对城乡中小学校布局进行调整，科学调整、调控城市、城乡教育资源供给。

二是对学生资助工作和财政投入的政策仍以户籍为标准。目前，国家已经建立了从学前教育到研究生教育完整的学生资助政策体系，其中，农村义务教育“两免一补”、营养改善计划、中职免学费和助学金等对学生的补助政策等，明确规定只有农村学生可以享受相应的优惠政策，城市学生不在享受范围。取消户籍身份，农业户口转为居民户口后，现行有关资助政策所规定的“农村学生”户籍将不存在，识别贫困家庭学生难度加大，需要对相关资助政策作出全面调整。目前，义务教育财政投入主要是依据各地户籍在册的学生人数，按照相应的生均拨款标准，通过转移支付的方式拨付到地方财政，而有相当一部分农村籍学生到城市非户籍地就学，给流入地造成了一定的财政压力。

三是招生考试工作的照顾性政策仍受户口性质限制。近些年，全国很多省份开始实行了异地中考、高考政策，例如湖北省教育厅于 2013 年发布《关于进城务工人员随迁子女接受义务教育后在我省参加升学考试实施办法（试行）》，按该办法，外地随迁子女考生满足两项条件就可在湖北省参加高考：（一）随迁子女考生具有湖北省高中阶段教育的学籍，并在湖北省完成三年的高中阶段教育学习；（二）随迁子女考生的父（母）或法定监护人有合法稳定职业、在现居住地有合法稳定住所（含租赁）。取消户籍限制后，随着农村转移人口的增加，将有更多的学生在迁入地参加中考、高考，造成迁入地的教育资源紧张，导致随迁子女最终无法和城市常住人口同等地享受优质教育资源，只能进入进城务工农民子弟学校或教育质量相对较差的学校。

四是财政投入政策的挑战和影响。目前，义务教育财政投入主要是依据各地学生人数，按照相应的生均拨款标准，通过转移支付的方式拨付到地方财政。随着农村转移人口的加快，大量农村学生到城市异地就学，势必给流入地造成巨大的财政压力，需要建立“钱随人走”的财政投入体制，对流动学生按政策予以经费保障。

三、民政部门统一城乡社会救助体系有困难

（一）消除优待抚恤的城乡差别难度大

我国现行的优抚保障制度主要建立在城乡二元经济和社会结构基础上，实行城乡有别的保障模式，不仅大部分优抚对象的抚恤补助优待标准城乡有别，而且优抚对象的服务管理也根据其户口性质，城镇或农村进行区别管理。同时，军人抚恤优待实行国家和社会相结合的方针，优抚保障政策主要由国家有关部门制定，地方各级人民政府主要负责抓好落实。因此，这种城乡有别、国家制定政策的优抚保障模式与当前推进户籍制度改革存在矛盾。目前的优抚保

障政策除死亡一次性抚恤和残疾抚恤外，其他抚恤补助政策，如“三属”（因公牺牲军人遗属、病故军人遗属）定期抚恤金、“三红”（在乡退伍红军老战士、在乡西路军红军老战士、红军失散人员）、带病回乡退伍军人和参战参试退役人员生活补助政策等均城乡有别，只将在农村和城镇无工作单位且家庭生活困难的对象纳入政策范围，享受相关生活补助和医疗补助待遇，造成了城镇同类对象的攀比和上访。义务兵家庭优待金标准城乡不一，目前城镇为当地上年度城镇人均可支配收入的50%，农村为当地上年度农民人均纯收入的100%。因此，要实现优抚保障制度城乡一体，优抚对象享受的抚恤补助优待实行同类对象全员覆盖、一个标准，从根本上消除城乡差别，需要国家政策和雄厚财力支撑。

（二）统一城乡低保标准难度大

城乡低保制度，是一项收入型制度安排，保障的是城乡居民基本生活。户籍制度改革后，城乡经济社会发展水平仍有差距，城乡居民所占有的生产资料、生活资料也不尽相同，居民消费支出水平也存在较大差异。现阶段，统一城乡低保标准，超越了当前经济发展水平和财政承受能力，也不符合现行低保政策法规的要求，需从国家层面进行顶层设计。民政部《最低社会保障审核审批办法》规定“持有非农业户口的居民，可以申请城市低保。持有农业户口的居民，可以申请农村低保”，这种制度性的障碍造成的不平等救助问题在全省乃至全国都存在。

目前湖北省城乡居民最低生活保障标准设立的依据是，城市低保标准一般为上年度人均消费支出的30%，农村低保标准一般为上年度人均消费支出的40%。无论是以城市还是以农村低保标准为基准统一全市低保标准，都不符合“保障困难群体基本生活”这一核心理念，也违背了国家推进城乡救助一体化的发展潮流。

四、计生卫生部门实现计生卫生服务体系城乡一体化有障碍

（一）城乡统一的卫生计生政策还未全部实现

目前，部分省市部分地方在计生奖励、违法生育处理、妇幼健康、医保等政策方面还存在城乡二元化。2016年我国计划生育政策调整后，很多地方取消了农村独生女中、高考加分政策，但部分地方仍然执行农村独生女中考加分

政策。违法生育处理方面，执行城乡有别的政策：城镇居民违法多生育一个子女的，按所在县（市、区）上一年度城镇居民年人均可支配收入的 3 倍分别征收社会抚养费；农村居民违法多生育一个子女的，按所在县（市、区）上一年度农村居民年人均可支配收入的 3 倍分别征收社会抚养费。如果有一农业人口登记为湖北居民户口后又违法生育子女，对其是按照城镇标准还是农村标准征收社会抚养费难以确定。

（二）部分违法生育的新生儿未及时落户

部分违法生育的居民，因担心子女入户后要被征收社会抚养费，隐瞒生育行为，不给违法生育的子女入户。还有极少数地方贯彻落实政策不彻底，仍将缴纳社会抚养费作为违法生育的子女入户的前置条件。

（三）城乡居民界定较难

目前有些计生卫生政策仍然按照城乡差别来执行，如新修订的《湖北省人口与计划生育条例》有关规定（第 34 条第 4 款规定："农村独女户领取《独生子女父母光荣证》的，除享受独生子女的优待外，从人口与计划生育奖励专项资金中，另发给一次性奖金。"）仍然有城乡户口之别。2014 年《国务院关于进一步推进户籍制度改革的意见》发布后，各地人口登记一元化，不再有农业与非农业之别，这就造成了户籍登记与计生政策之间的冲突，计生政策要执行就依然要界定农业户口与非农业户口，现今却缺乏依据了。

五、社会保障部门统一城乡社会保障有难度

（一）全国城乡统一的医保暂时难实现

医疗保险制度是维护社会稳定的重要保障，但如果不消除城乡差别，将会引发矛盾。整合城乡医疗保险制度、发展更加公平的医疗保险体系，打破城乡户籍制度对医疗保险制度的制约，可以使医保体系在政策制定、管理运行、经办服务等方面摒除城乡户籍因素，剥除户籍制度所承载的医疗保障功能，缩小城乡居民医保差距。2016 年人社部提出建立统一的城乡居民医疗保险制度后，各省市积极响应，纷纷发布了整合城乡居民基本医疗保险制度的工作方案。但只有少数地方实行了城乡医疗并轨，而且只涉及缴费标准等部分内容的统一，要实现全国的统一还有赖于各地经济的发展和政策的逐步完善。

（二）城乡养老保险的并轨还有待时日

2014年中央决定合并新型农村居民养老保险和城镇居民养老保险，建立全国统一的城乡养老保险制度，但两者的区别还是存在，城镇职工养老保险保障的是城镇就业群体，是国家强制实施并按规定缴费的；而农村保障的是农村居民群体，是自愿参加的，目前全国农村参保人数有4亿多。要实现两者的并轨，则必须要逐渐缩小城乡居民、城镇职工、行政事业单位等不同群体间基础养老金的差别，打破城乡公共服务的二元体制，这个过程面临着诸多的挑战，还需继续深化相关的改革，以及相应的财政保障。

第四节　深化户籍制度改革，实现基本公共服务均等化的路径

一、深化户籍制度改革，实现基本公共服务均等化的思路

（一）指导思想

高举中国特色社会主义伟大旗帜，全面贯彻党的十八大和十八届三中、四中、五中全会和党的十九大会议精神，以马克思列宁主义、毛泽东思想、邓小平理论、“三个代表”重要思想、科学发展观和习近平新时代中国特色社会主义思想为指导，深入贯彻习近平总书记系列重要讲话精神，以新型城镇化为核心，以促进城乡居民、城镇常住人口和户籍人口基本服务均等化为目标，全面推进户籍制度改革，有效剥离与户籍相挂钩的公共福利，建立城乡居民基本公共服务获取新机制。

（二）基本原则

第一，以人为本，公平待遇。户籍制度改革要始终坚持以人为本为出发点和落脚点，加强政府公共管理和公共服务职能，提高地方政府公共产品和公共服务供给能力，实现社会管理和社会福利分配按常住人口落实，促进城乡之间、地区之间、人与人之间公共服务均等化。

第二，统筹协调，综合配套。推进与户籍相关的城镇公共服务体制改革涉及多个领域和相关职能部门，改革的系统性和综合配套性要求高。因此，各地

政府需要对下一步的户籍改革进行总体设计和统筹规划，政府各职能部门也要出台配套政策，做到户籍制度改革与相关配套政策互相协调、互相促进。

第三，积极稳妥，因地制宜。坚持一切从实际出发，既要大胆改革创新，又要科学稳步推进。充分考虑地区间发展差异、政府承受力和城镇资源承受力，循序渐进，积极引导流动人口平稳有序转移，加快新型城镇化建设，促进城乡统筹发展。

（三）基本思路

建立城乡居民基本公共服务获取新机制，其核心思想是城镇社会福利和社会保障体系的构建应平等地面向所有城镇常住人口，城镇社会福利和基础设施的规划和发展应以常住人口为依据，创造公平竞争的市场环境，消除一切不平等的歧视性的福利政策。

一是要做到新政策不再与户籍挂钩。建立城市常住人口基本公共服务获取新机制，今后禁止各行政主管部门新出台的各项有关政策与户口性质挂钩，除国务院已经明确规定的就业、义务教育、技能培训等政策外，要把范围扩大到社会保障和基本公共服务各领域。即使是户口含金量比较高的超大城市，在制定新的人口规模调控政策时，也不应与户口性质挂钩，而应研究制定其他非歧视性的标准。

二是要做到旧政策与户籍脱钩。研究制定城乡一体化的新标准，使现有政策逐步与户口性质脱钩。要对就业、教育、卫生健康、医疗、保险、社会救助等领域现有各种与户口性质挂钩的政策进行一次全面的清理，取消按户口性质的差别化标准。凡条件成熟的，应尽快调整相关政策，并修订完善相关法律法规；暂时条件不具备的，应研究制定分步实施的办法，提出完全脱钩的时间进程。

在推进户籍制度改革的过程中，同时改革与户籍相关的有公安、教育、民政、人力资源和社会保障、卫生与健康委员会、住房与城乡建设等十几个部门，相关部门的改革推进得越快，附加在户籍管理之上的附加职能也就剥离得越快，户籍制度改革的进程也就能更快地推进。总结起来，即“全盘统筹，分进合击，稳步推进，更加和谐”。当然，统筹十几个部门的改革步伐并非易事，有赖于各级省政府统筹规划、统筹安排，协调跟进，明确各部门的改革路线图和时间进程表，有计划有步骤地给户籍制度“减负”，使基本公共服务和社会保障像当初的福利分房、粮油供应、公费医疗等一样，自然地和户口性质相脱钩了。

二、深化户籍制度改革，实现基本公共服务均等化的目标

根据国务院2014年7月发布的《国务院关于进一步推进户籍制度改革的意见》的规定，国家户籍制度改革的发展目标是：进一步调整户口迁移政策，统一城乡户口登记制度，全面实施居住证制度，加快建设和共享国家人口基础信息库，稳步推进义务教育、就业服务、基本养老、基本医疗卫生、住房保障等城镇基本公共服务覆盖全部常住人口。到2020年，基本建立与全面建成小康社会相适应，有效支撑社会管理和公共服务，依法保障公民权利，以人为本、科学高效、规范有序的新型户籍制度，努力实现1亿左右农业转移人口和其他常住人口在城镇落户。

三、深化户籍制度改革，实现基本公共服务均等化拟解决的问题

（一）户籍制度改革的当务之急是要剥离附着在户口上的公共福利和社会保障，建立新型的社会福利和保障机制

2014年国务院进一步推进户籍制度改革以来，各地积极响应，户籍制度改革进入实质推进阶段，城乡二元社会管理制度受到了巨大的冲击，一些与户籍相挂钩的社会福利逐渐剥离，但是，当前城乡一体化的物质保障体系还没有建立起来，要消除户籍制度的附属功能，就必须剥离户籍与公民经济、政治、文化等权利的联系，恢复户籍制度原本的职能，稳步推进义务教育、就业服务、基本养老、基本医疗卫生、住房保障等城镇基本公共服务覆盖全部常住人口，即户籍制度改革从某种程度上已经超越了户籍制度本身，不仅包括改革户籍制度本身不合理的地方，更重要的是要改革附加在户籍上面的福利分配和社会保障制度。

1. 就业限制和歧视降低了农业转移人口的市民化能力

深化户籍制度改革以来，各地人力资源和社会保障部门健全措施，积极促进进城务工人员等群体在城市充分就业、积极创业。但就中国城市发展现状来看，北京、上海、广州、深圳、武汉等超大城市的基本公共服务水平较高和就业机会较多外，其他大城市虽然在教育、住房、医疗卫生、交通等方面的公共服务水平较高，但城市发展速度不足以给进城农民提供更多的就业机会，而更多的中小城市，既没有较高的公共服务水平，也不足以给进城务工人员提供更多更好的就业机会，这种城市发展速度与进城务工人员就业机会之间的矛盾还将在一定时期内存在。此外，虽然农村剩余劳动力进城就业

的行业、工种限制正在逐步取消，但仍然存在其他制度性的限制，对农村剩余劳动力的就业歧视还未完全消除；城镇公共就业管理服务体系对农村剩余劳动力开放还需解决观念、体制和物质技术条件等问题，让进城务工人员享受与城镇居民同等的公共就业服务还需做大量工作。还需建立完善的农村劳动力转移就业市场服务体系，畅通进城务工人员就业信息，提高有组织外出就业的比例。

2. 社会保障制度的城乡差异和碎片化不利于公民平等享受生活福利和保障

户口登记一元化之前，全国实行的是城乡有别的社会保障制度，城镇居民的社会保障体系相对完善，有基本医疗保障、基本养老保险、失业保险和最低生活保障等，保障项目齐全，保障水平较高，而农村各种社会保障制度建立时间不长，在养老保险、最低生活保障等方面与城镇居民还有差距。实行户口登记一元化之后，各地积极缩小城乡低保的差距，积极推进城乡医保的统一，但这种城乡社会保障制度的差距问题不是短期就能解决的。在城镇就业的进城务工人员群体虽然在城镇工作和生活，但却很难加入城镇社会保障体系。

3. 现行教育制度的城乡差异依然造成农业转移人口随迁子女无法享受城市优质教育资源

各地实行异地中、高考政策后，在一定程度上解决了农业转移人口随迁子女的教育问题，部分地实现了区域内的教育公平。但由于城市的不断扩张，拥有优质教育资源的城区无法满足辖区户籍人口子女的教育需求，而对于无户籍的农业转移人口的子女更是奢求，导致其只能进入教学条件相对差的流动人口子弟学校就读，这种与父母一起随迁的流动儿童虽然进入城市但却无法与城市人口子女享受同等的教育待遇。

4. 外来务工人员在城市难以获得政府提供的住房保障

住房保障是社会保障体系的重要组成部分，各地政府提供的保障房体系包括廉租房、公租房、经适房、限价房等，主要是指政府为中低收入住房困难家庭所提供的限定标准、限定价格或租金的住房。2013 年住建部明确提出地级以上城市要在年底前明确外来务工人员申请住房保障的条件、程序和轮候规则。外来务工人员为城市的经济发展作出了不可磨灭的贡献，随着城乡一体化的深入推进，一些地方政府也开始将其纳入城镇住房保障。《武汉市经济适用住房管理办法》和《武汉市廉租住房保障办法》都明确要求申请者及家庭成员需具备本市城镇常住户口，只有公租房的申请对象可以扩大到外来务工人员。但由于外来务工人员收入不固定，流动性较强，判定其住房保障资格还有一定的难度，导致多数人无法享受城镇住房保障。住房是维持生存的基本商品，外来务工人员的基本住房需求在城市无法得到满足意味着他们在城市无法长期维持生存。相当一部分进城务工人员、经商的农民对所在城市认同感不强，使得他们不得不成为城市的过客，在城市工作一段时间后最终回到农村。

（二）户籍制度改革的最终目标是要运用经济杠杆引导人口合理流动，最终达到迁徙自由

迁徙自由权是公民的一项基本权利，世界上大多数国家都充分保障公民的迁徙自由权。中华人民共和国成立以来，我国公民的迁徙自由权经历了有保障到否定再到部分保障的过程。1954 年《宪法》曾明文规定："中华人民共和国公民有居住和迁徙的自由"，但随之颁布的《户口登记条例》却对户口迁移进行了限制，标志着公民的迁徙自由权开始被剥夺，1975 年颁布的《宪法》正式删除了公民居住和迁徙自由的条款。而在实际操作中，户口迁移制度演变成了人口准入制度。城市户籍管理部门拥有户口的配给权和特许权，外来人口只有达到户籍准入的门槛才能获得户籍准入资格。而城市在教育、医疗、就业等基本公共服务和社会保障方面拥有优越于农村的条件和资源，这种公共资源的有限性也成了城市将外来人口拒之门外的借口。这种人为控制人口流动和迁移的做法只能阻碍我国城市化的进程、加剧城乡之间的对立。市场经济条件下劳动力的自由流动是经济活力的重要因素，阻塞人口自由流动的办法无疑会在一定程度上扼杀经济的活力。因此，户籍制度改革要遵循经济发展规律，引导人口合理流动，最终走向迁徙自由。

（三）户籍制度改革的关键环节是要正确处理好农业转移人口市民化过程中的土地问题

自古以来，我国历史上的户籍制度与土地制度都有着十分密切的联系。推进农业转移人口市民化，在农民转户过程中就必然会涉及土地问题的处理。与农民有关的土地问题主要包括承包耕地、林地、宅基地及所属住房，以及集体经济组织和集体资产。改革开放之初，在农村实行家庭联产承包责任制，将土地所有权和承包经营权分设，所有权归集体，承包经营权归农户，极大地调动了亿万农民的积极性，有效解决了温饱问题，农村改革取得重大成果。当前户籍制度改革要促进农业转移人口市民化，积极推进以人为中心的新型城镇化进

程，农民最关心的还是土地问题。为此，国务院办公厅于 2016 年 10 月印发了《关于完善农村土地所有权承包权经营权分置办法的意见》的“将土地承包经营权分为承包权和经营权，实行所有权、承包权、经营权（以下简称‘三权’）分置并行”的管理办法。新的“三权分置”下，农村土地仍归集体所有，承包权还是承包农户的，但经营权由承包农户转给了他人。这种模式极大地解决了当前农村大量土地闲置的现状，合理地提升了农村土地的利用率。2017 年 10 月习近平在十九大报告中明确指出，深化农村土地制度改革，完善承包地“三权”分置制度。保持土地承包关系稳定并长久不变，第二轮土地承包到期后再延长三十年。这进一步明晰了农村土地问题，赋予农民更加稳定的土地权益。下一步的户籍制度改革应先解决好农民土地权益问题，通过立法推动土地确权、土地收益保障等工作，保障农民合法的土地权利，使农民在转换户籍后心里有底，心态稳定。

2. 农业转移人口的土地承包权有偿退出机制并不切实可行

当前，对于农业转移人口自愿退出土地承包权的，可以利用增减挂钩指标出让利益，由国家或集体予以补偿，使农业转移人口进入城市获取进城置业补偿资金，加快城镇化进程。但事实是农业转移人口并不愿放弃土地承包权，2015 年湖北省宜城市农业转移人口落户城镇人数不足 500 人，不愿落户城镇的主要原因是担心农村权益（土地承包经营权、宅基地使用权和集体收益分配权等“三权”）得不到保障。农业转移人口将退出土地承包权获取的补偿用完之后，必然大规模地回流农村，届时将会带来新的社会问题，所以这种机制暂时不会被农业转移人口所选择。

目前，社会保障已覆盖我国城乡居民，不再是城市专有的福利。尽管城乡社会保障待遇和水平还存在较大差距，但这是由我国社会保障领域发展和改革滞后所决定的。我们不能利用城乡间的这种福利级差来让进城落户农民失去土地权利，缩小城乡社会保障差距、给予进城务工人员平等的社会保障权利才是我们下一步的努力方向。特别是当前城市福利的范围已大大缩小且存在诸多福利准入条件、城乡福利级差已显著缩小的背景下，让农业转移人口放弃土地是不可取的。

（四）户籍制度改革的重要保障是建立合理可行的成本分担机制

1. 如何解决户籍制度改革巨额资金需求是影响改革进程的重大问题

我国户籍制度改革的社会成本主要是解决外来人口的公共服务（产品）享受、基本权利保护、社会经济适应、城市生活融入等问题，主要包括公共教育成本、公共卫生成本、社会保障成本、住房保障成本，以及为保障城镇健康协调发展所必需的城市基础设施、生态环境等基本功能的投资成本，等等。

目前，尽管国家意识到户籍制度改革的重要性和必要性，并将其作为深化政治体制改革的重要内容之一，但较之于外来人口强烈的市民化诉求而言，我国户籍制度改革的整体推进速度仍然十分缓慢，并没有对外来人口产生实质意义的破冰之举。其原因很大程度上在于户籍制度改革需要承担相应的社会成本，如何解决户籍制度改革的巨额资金需求，不但影响相关利益主体的户籍制度改革的抉择，而且造成了当前我国户籍制度改革的举步维艰。

由此可见，社会成本问题正是我国户籍制度改革所面临的突出困难，也是我国政府推进户籍制度改革所面临的巨大挑战。在这样的背景下，构建合理有效的成本分担机制是推进户籍制度改革的重要保障。

2. 现行财政体制改革是推进户籍制度改革的经济基础

按照中国现行的财政体制，地方政府的事权范围，或者转移支付的预算，都是以辖区的户籍人口为依据的。尽管各级政府采取了一系列措施，在改善城镇外来人口公共服务方面取得了显著的成效，但长效的、制度化的、主要靠以财政税收体制为主的国民收入再分配来实现城乡公平的稳定政策机制还没有建立。这个问题不解决，户籍制度改革就没有经济基础。因此，进行户籍制度改革时，必须对公共财政分配体制做出重大改革。

3. 构建多元化的成本分担机制是推进户籍制度改革的迫切需要

钱从哪里来？一直是困扰各级政府推进户籍制度改革的难题。在户籍制度改革中，每年大量外来人口进城，无论其落户或不落户，都需要政府为其公共服务和社会保障买单，使其与城镇居民享受大致同等的待遇，核心是成本由谁支付。显然，仅靠接纳外来人口的地方政府支付，既不合理也不现实。虽然国家和各省都出台了基本均等化规划和方案，但对于承担基本公共服务的地方政府来说，服务需要越来越低，地方财政的压力就会越来越大，而国家和省级财政税收政策没有调整，各省的政策存在差异，无法对接。要将庞大的外来人口全部纳入公共服务均等化的统筹范围绝非易事，即使北上广等经济发达、财政充裕的城市也难以承担，更何况有些经济发展水平有待提高的省份。因此，深化户籍制度改革需要在中央政府和地方政府以及企业和个人之间构建多元化的成本分担机制，让巨额改革成本“化整为零”，为实现城镇基本公共服务常住人口全覆盖提供资金保障。

四、深化户籍制度改革，实现基本公共服务均等化的路径

（一）围绕国家户籍制度改革总方向，实行户籍制度改革规划战略

在当前和今后一段时间内，坚定不移地贯彻落实中央户籍制度改革精神，将其作为社会管理创新的重要基石，纳入政府工作内容，组织、协调相关部门配套改革、整体推进，确保各项制度相互补充、相得益彰、无缝衔接。具体措施建议：首先，积极敦促尚未制定出台户籍制度改革的实施意见的地方政府尽快落实，明确、指导当地户籍制度改革方向；其次，对现行户籍管理法规、政策以及预期相关的公共服务管理方面的法规政策进行修订完善，制定出台统一内容、统一程序、统一标准、统一要求的规范性管理文件。只有健全的法律法规，才能在管理过程中做到有法可依；再次，加强组织领导和统筹协调，户籍制度改革涉及公安、人社、民政、教育、社会保障等政府职能部门之间的协调配合，必须在政府的统一组织领导之下，改革完善相关配套政策，才能形成整体推进，均衡发展的局面；最后，加快建立各地统一的人口基础信息共享平台。大力推进以公民身份号码为唯一标识，以人口基础信息为基准的各级人口基础信息库建设，分类完善劳动就业、教育、收入、社保、房产、信用、卫生健康、税务、婚姻、民族等信息系统，逐步实现跨部门、跨地区信息整合和共享，建立大数据背景下的人口服务和管理网络。

（二）全面落实、积极完善居住证制度，建立居住证持有人在城镇享受基本公共服务的制度保障

全面实施居住证制度的真正意义在于，公民权利在逐步实现从户籍地向居住地的转移。以前公民的权利是和户籍捆绑在一起的，居住证制度则能实现“权利随人走”，是贯彻党中央“以人为本”理念的真实反映，对于促进新型城镇化的健康发展，推进城镇基本公共服务和便利常住人口全覆盖，保障公民合法权益，促进社会公平正义具有十分重要的意义。

1. 广泛宣传，全面落实居住证制度

由于暂住证制度的负面影响，广大流动人口对居住证制度的认识不足，对居住证所提供的公共服务和便利不清楚，所以办证热情并不高。因此，首先要加强宣传力度，扩大受众面积。多形式、多渠道、创造性地开展宣传发动工作，利用广播、电视、网络媒体，悬挂横幅标语等方式进行宣传，做好强大的宣传发动攻势，为居住证制度的全面落实营造和谐的社会环境，形成“办居

住证可以享受待遇，凭居住证才能享受待遇”的良好氛围，使广大流动人口对居住证所提供的基本公共服务和便利了然于胸。其次，要使居住证所提供的公共服务和便利落到实处，教育、卫健委、民政、人力资源和社会保障等部门不能因为这样那样的原因而不为居住证持有人提供服务，保障其权益，使制度形同虚设。

2. 积极完善居住证制度，不断解决制度执行中的难题

各地政府要加强制度的组织推动力度，把居住证工作纳入各地经济社会发展规划统筹安排，各职能部门要齐抓共管，明确各自职责所在。当前全国对居住证所提供的公共服务落实情况存在参差不齐的现象，经济较发达的中东部等地较经济欠发达的西部等地落实得要好一些，为居住证持有人提供便利比提供基本公共服务做得好些。由于要增加公共服务支出，在教育、医疗保险、社会救助和社会福利等方面的基本公共服务水平相对低些，不足以吸引外来人员主动办证。所以一定要建立地方政府不落实居住证制度的监管机制。

3. 确保居住证持有人的基本公共服务，逐步实现居住证持有人与户籍人口享有同等的基本公共服务权益

基本公共服务和便利是居住证制度的核心内容，也是推行居住证制度的基本宗旨所在。《居住证暂行条例》确定的义务教育、基本公共就业服务、基本公共卫生服务和计划生育服务、公共文化体育服务、法律援助和其他法律服务、国家规定的其他基本公共服务这六项基本公共服务要落实到位。经济较发达的地区除了提供《居住证暂行条例》所规定的六项基本公共服务和七项便利以外，还可以根据各地的实际情况和经济能力，提供更多的服务和便利，以扩大居住证的“含金量”，赋予居住证持有人与户籍人口相对同等的基本公共服务权益。

（三）努力推进基本公共服务城镇常住人口全覆盖

基本公共服务是最基本的民生需求，也是政府公共服务职能的“底线”。政府一定要在就业服务、义务教育、社会保险、住房保障等方面不断满足城镇常住人口的需求，在劳有所得、学有所教、病有所医、老有所养、住有所居等方面持续取得新进展，促使基本公共服务均等化总体实现。

1. 就业服务方面

推动城镇就业制度改革，促进流动人口和户籍人口享受同等的就业权益是未来一段时期户籍制度改革的重要内容，也是进一步完善社会主义市场经济体制的内在要求。因此，各地应积极改革就业政策，建成城乡统筹的就业模式。

（1）建立公平的就业制度。即不论是外来人口还是本地户籍人口，平等地参与就业，无就业歧视现象，这是城乡平等就业制度的前提。这就要求各地政府在制定就业政策时应保证全体劳动者享有公平的就业机会，要抓紧清理一切不利于劳动者公平就业的歧视性政策。劳动者就业机会的取得不得与户籍属性相挂钩，所有事企业单位应面向社会组织公开招聘，并择优录用。

（2）加强就业、创业服务指导。各级政府要加强劳动力服务平台基础设施建设，建立劳动力市场网络体系，服务城乡所有用人单位和劳动者，并为劳动者提供统一的就业服务指导，包括就业政策法规咨询、信息发布、劳动者求职登记、职业介绍和指导以及咨询查询服务，促进城乡劳动者平等就业。建议各地人力资源和社会保障部门统筹考虑，在进城务工人员输入相对集中的城市，整合各部门公共服务资源，建立进城务工人员综合服务平台，为进城务工人员提供便捷、高效、优质的“一站式”综合服务。鼓励提供以创业带就业，建立面向人人、功能齐全、公益可及的创业服务平台。

（3）加强就业培训体系建设。各级政府要将外来人口培训工作纳入就业培训体系，使外来人口和户籍人口能享受同等的培训待遇。建议各地政府开发网络服务平台对进城务工人员进行职业培训指导，如为进城务工人员提供更多的慕课以提高其基本知识和基本技能，打造进城务工人员终身职业培训体系；开展进城务工人员免费职业培训行动，打通技能劳动者从初级工、中级工、高级工到技师、高级技师的职业发展通道；实施新生代进城务工人员职业技能培训计划。这些都要求政府如何最大效能地动员和组织各类社会资源参与进城务工人员就业培训服务，切实提高外来人口的就业水平。

（4）加强保障外来人口的合法权益。首先要保障外来人口和本地户籍人口平等的就业权益；其次要全面贯彻国务院、省政府各级市政府关于全面治理拖欠进城务工人员工资问题的有关政策意见，推动政府、部门、企业三方责任落实到位，将保障进城务工人员工资纳入政府目标责任考核体系，健全进城务工人员工资支付保障长效机制，全面治理拖欠进城务工人员工资问题，切实保障进城务工人员的合法权益。

2. 义务教育方面

改革开放以来，城镇外来人口为城市的建设和发展作出了令人瞩目的贡献，为长期在城镇工作和生活的外来人口随迁子女提供基本的教育服务是服务型政府不可推卸的责任。为配合户籍制度改革，各地政府城镇常住人口随迁子女的义务教育方面要做好以下几项工作。

（1）确保城镇常住人口随迁子女平等接受义务教育。教育部门应继续深入贯彻落实中央有关外来人口子女教育的相关政策，继续将所有城镇常住人口随迁子女教育纳入教育事业发展规划和财政经费保障范围。以流入地政府为主，统筹安排妥善解决随迁子女入园问题。以流入地政府为主、以公办学校为主，保证随迁子女平等接受义务教育，充分保障随迁子女的公平受教育权益。对家庭经济困难的在园幼儿、义务教育学校寄宿生给予生活补助，实施入学关爱行动。进一步强化流入地政府责任，建立以居住证为主要依据的随迁子女入学政策，简化优化随迁子女入学流程和证明要求，依法保障随迁子女平等接受义务教育。落实平等待遇，随迁子女与同城学生在收费、资助、学籍异动、入队入团、评优表彰及参与各种活动等方面一视同仁。

（2）准确把握户籍制度改革带来的城镇教育资源的影响，合理规划基础教育格局。户籍制度改革和“全面二孩”政策推行后，城镇学龄人口会带来新变化，这就需要教育部门掌握人口信息动态，提前做好规划，扩大城市义务教育和高中阶段教育学校办学资源，做好中小学校布局调整工作，推进公办中小学校标准化建设，满足户籍制度改革后不断扩大的办学需求，消除“大班额”现象。

（3）建立合理的城镇常住人口随迁子女义务教育成本分担机制。建立合理的城镇常住人口子女义务教育成本分担机制，明确中央承担主要的财政投入责任，同时强化流入地政府的支付责任，促使流入地中小学接纳城镇常住人口随迁子女入学的财政保障机制或激励机制。各地政府应在制度上强化流入地政府对外来人口随迁子女入学的支持，流入地政府要承担人口转移过程中教育资源的投资成本，所以政府应按接纳外来人口子女的学生数量拨付相应的教育经费，实施经费随生源流动的模式。

3. 社会保险方面

“十三五”期间，国家积极构建全覆盖、保基本、多层次、可持续的社会保险制度，实施全民参保计划，保障公民在年老、疾病、工伤、失业、生育等情况下依法从国家和社会获得物质帮助。如何将社会保险方面依然附着在户籍制度上的福利剥离出来，是户籍制度改革的目标和关键所在。各地政府要以保障外来人口社会保险权益为重点，以促进外来人口融入城市为目标，积极为城镇所有常住人口制定和完善各项社会保障政策和措施，为外来人口提供和本地户籍人口同等的公共服务，为实现国家新型城镇化建设目标扫清障碍。

（1）积极消除养老保险方面的差别。一是进一步扩大养老保险的覆盖范围，允许个体工商户、非全日制从业人员、灵活就业人员和城乡居民以个人身份参加企业职工基本养老保险，按规定缴费和享受保险待遇。二是各级政府要加大财政对基本养老保险的投入力度，降低低收入人员缴费水平。三是城乡居民养老保险并轨后，各地人社部门要积极落实政策。四是进一步落实完善城乡居民养老保险关系转移接续办法，逐步消除户籍在养老保险关系转移接续中的作用，建立健全养老保险待遇调整机制。

（2）进一步补充完善工伤保险制度。当前，有些地方的工伤保险政策还未有效覆盖大部分城镇外来人口，外来人口及灵活就业人员工伤事故频发，工伤待遇普遍难以落实，成为影响城镇外来人口合法权益的突出问题。所以，建议各级政府进一步扩大工伤保险的覆盖面，对不依法缴纳工伤保险的企业予以处罚，建立对参保企业实施奖励及预防补助的激励政策。

（3）健全医疗保险稳定可持续筹资和报销比例调整机制，完善生育、失业等保险政策。建议各地在“十三五”期间将医疗保险全部接入国家异地就医结算系统，做好医保关系的异地转移接续的管理服务，推进异地就医及时结算，逐步实现符合条件的人员跨省异地就医直接结算的目标。按照国家“十三五”规划的精神，逐步将基本医疗保险和生育保险合并实施。继续完善用人单位招用进城务工人员参加失业保险的政策，进城务工人员等同城镇职工参加失业保险享受有关待遇。

（4）进一步推进全国社会保障信息系统建设。据统计，目前我国社保卡持有人数约为10亿，持卡人数约为全国总人数的72%。今后还要进一步扩大社会保障卡持有对象，增加参保人数，建立和完善全省社会保障数据库系统，全省所有参保人员社会信息实现数据共享。

4. 住房保障方面

农村人口向城市转移是城镇化的核心，而外来人口进城后的居住问题又是核心中的核心。因此，为了加快推进城镇化进程，促进外来人口融入城市，应积极推进城镇住房制度改革，打破原有住房制度对外来人口的限制，不断改善外来人口的居住环境和质量。

（1）给予符合条件的外来人口与城镇居民同等的住房政策待遇。对已稳定就业并在城镇居住一定年限符合当地住房保障条件的进城务工人员纳入公共租赁住房予以保障。各地在每年竣工分配的公租房中，拿出一定比例的房源有计划地定向供应进城务工人员，特别是进城务工人员数量较多的大中城市应提供更多的房源。建立完善进城务工人员住房公积金制度，进一步拓宽住房公积金制度惠及面，将住房公积金制度向乡镇和广大进城务工人员延伸，将在城市中有稳定工作的进城务工人员及时纳入住房公积金缴存范围，并在用工合同中予以明确，建立公积金异地互认、转移接续制度，方便进城务工人员购买住房并在贷款额度、年限上给予适当照顾。

（2）鼓励和支持用工单位为外来人口提供集体宿舍。有关职能部门应制定集体宿舍的规范标准，保证住房基本的生活条件和环境质量。政府应对为外来人口提供住宿条件的企业给予政策上的倾斜和扶持。

（3）政府与企业共建住房租赁平台。2017 年 8 月杭州市政府与阿里巴巴合作共建住房租赁平台，旨在把公共租赁住房、长租公寓、开发企业自持房源、中介居间代理房源、个人出租房全部纳入平台管理，这是一种非常科学规范的模式，能极大地缓解当前房屋租赁市场的混乱状态，很好地保护业主和租赁者的合法权益，其他各地政府亦可以借鉴并予以发挥。

（4）做好外来人口在城市的居住规划。外来人口住房问题应纳入城市建设和发展规划，充分尊重外来人口意愿，考虑外来人口的住房需求，按照城市人口发展的实际趋势和城市空间发展趋势，科学合理地规划外来人口的居住用地，并尽可能地实现外来人口在城市中的均衡分布。

（五）积极推进限制性的公共服务覆盖符合条件的外来人口

限制性的公共服务是指有条件地获取公共服务，是与政府所提供的基本公共服务有区别的，它与申请者的居住时间、就业状况、收入条件相关联，而不是与户籍挂钩，主要涉及城镇常住人口随迁子女的异地高考教育服务、最低生活保障、保障性住房等。

户籍制度改革的战略重点是推进福利去户籍化，重建符合市场经济要求的社会福利和保障体系。在当前社会经济发展水平和城市综合承载能力有限的情况下，必须设置一些限制性的公共服务。特别是当前我国地区之间、城乡之间还存在一定的福利级差的情况下，对城市设置福利准入的条件尤为必要，可以有效地防止有些人钻福利的空子。

1. 城镇常住人口随迁子女异地高考教育服务

随着各地户籍制度改革的深入推进，城乡教育资源的矛盾越来越突出，农村教育资源的“富余”和城镇教育资源“短缺”的现象越来越严重，特别是那些外来人口较多的城市，面临的流动人口子女入学的压力较大。因此，各地教育部门应出台异地高考政策，以学籍年限和居住年限作为异地高考的门槛，而不是以户籍为标准，而且随着城镇教育供给能力的增长可以逐渐放宽年限要求，最终达到一个较低的值，促进常住人口享有均等化的受教育机会。

2. 最低生活保障

所谓城乡居民最低生活保障是国家对共同生活的家庭成员人均收入低于当地最低生活保障标准，并且符合当地最低生活保障家庭财产状况规定的家庭，给予差额救助，以保证该家庭成员基本生活所需的社会保障制度。

十八届三中全会提出要“推进城乡最低生活保障制度统筹发展”，在舆论看来，多地实现城乡低保标准的统一，是社会救助实现城乡统筹的具体体现，有助于打破城乡二元壁垒，保障民生底线公平，让更多困难群众享受到经济发展成果。

开展以常住地为社会救助申请地进行申请社会救助。对已进入城市，有长期固定职业或固定住所，在原户籍地没有土地承包、宅基地、集体经济收益的农村贫困居民，在申请社会救助上探索取消城乡限制，允许申请城市各项救助。

自2005年以深圳为代表的城市先后建立了城乡居民最低生活保障标准并轨的模式，如今，全国已有多省、直辖市实现了这一模式（如表3-5）。没实现的地方也应确立未来城乡低保标准统一的规划目标。

表3-5　　**各地首次统一城乡居民最低生活保障标准及时间**

地区	城市低保标准（元）	农村低保标准（元）	调整时间
深圳	344	344	2005. 1. 1
北京	710	710	2015. 7. 1
上海	790	790	2015. 7. 1
广州	650	650	2015. 1. 1
南京	700	700	2015. 7. 1
杭州	660	660	2014. 12. 1
长沙	450	450	2015. 7. 1
合肥	510	510	2015. 1. 1
天津	860	860	2017. 4. 1

资料来源：根据有关资料整理。

3. 保障性住房

保障性住房主要是政府为中低收入住房困难家庭提供的限定标准、限定价格或租金的住房，一般由廉租住房、经济适用住房、公共租赁住房、定向安置房等构成。2014年，国家住建部将廉租住房和公共租赁房并轨统称为公共租赁住房。从全国各地的保障性住房政策来看，各类保障性住房申请条件一般限于本地户籍居民，而没有本地户籍的外来人口则基本没有被政府纳入保障对象。

当前，随着我国各项改革的不断深入推进，保障性住房申请取消户籍限制、逐步放宽准入条件、将城镇外来务工人员纳入保障性住房覆盖范围是一种必然的趋势。但与低保制度一样，作为一种社会救济类公共服务，在保障房需求数量与城市供给能力的供求矛盾之下，合理设置准入门槛在一定程度上可以缓解城市保障性住房建设的压力。以户籍为申请条件是与当前深化户籍制度改革、推进民生工程建设相违背的做法，建议以申请者的流入地工作年限和家庭收入及资产状况为准，充分保障外来人口和本地人口享受同等的权益。

（六）深化公共财政制度改革，建立政府、企业、个人共同参与的进城务工人员市民化成本分担机制和财政转移支付同进城务工人员市民化挂钩机制

户籍制度改革目标的最终实现除了需要相关制度的改革创新，逐步消除体制机制障碍外，还需要加大相关投入，解决户籍制度改革过程中的基本权利保障和城市公共服务享受的资金需要，即需要承担户籍制度改革的进城务工人员市民化的社会成本。农业转移人口市民化的成本既包括私人成本，也包括公共成本。由于农业转移人口市民化的本质是与城镇居民一样均等化地享受城镇公共服务，农业转移人口市民化不但要解决农业转移人口的基础设施、城镇住房、教育、医疗卫生、社会保障等基本公共产品和服务需求，还要培育农业转移人口适应城镇生活的经济社会能力。据有关专家估算，湖北省进城务工人员市民化的人均成本约为15万元，而要达到“十三五”时期努力实现500万农业转移人口和其他常住人口在城镇落户”的总体目标则需要7.5亿元的成本。如何解决农业转移人口市民化所需的巨额投入，会显著影响各个利益相关者的行为选择，会深刻影响湖北省农业转移人口市民化进程。成本分担机制的合理建构成为农业转移人口市民化的关键所在。

建议各地健全由省、地方政府、企业、个人共同参与的农业转移人口市民化成本分担机制，根据农业转移人口市民化成本分类，明确成本承担主体和支出责任。实行财政转移支付与农业转移人口市民化挂钩、建设用地增加规模与吸纳农业转移人口落户数量挂钩的政策，加大对地方政府的财政支持，减轻地方政府的压力；完善引导个人和企业承担相关成本的机制。加快建立公共财政体系，进一步加大对城乡基础设施和公共服务的投入。省财政应设立小城镇建设专项扶持资金，用于小城镇污水处理、垃圾处理等公用基础设施建设项目和道路、排水、绿化等城镇基础设施建设项目补助。

要出台鼓励社会资本参与投资建设的政策。各地政府出台相关政策，解决城市基础设施建设过度依赖公共财政投入的问题。要放开小城镇公用事业投资领域，建立政府调控价格和市场定价相结合的公用事业价格体系，逐步形成投资、经营、回收良性循环的市场投融资机制。发挥市场在资源配置中的基础性作用，吸引社会资金特别是银行资金投入小城镇建设，进一步完善政府引导、市场运作的多元化投融资体制。

外来人口个人要承担城市生活成本，提升个人能力素质成本以及社会保障中需要个人承担的支出。同时，要加快转变观念，在保障自身在农村土地权益的前提下，积极盘活农村资产，参与政府对城市安居成本和社会保障成本的分担，尽可能减轻政府的压力。

第四章　进城务工人员市民化与户籍制度改革

20世纪80年代改革开放涌现的“民工潮”，引发了中国城市流动人口管理、城市交通问题、城市治安问题等一系列的社会问题，其中最为突出的是进城务工人员群体背后隐含的社会公平、社会稳定以及社会和谐等问题，而这又是事关全面建设小康社会的重要问题。

进入21世纪后，国家更加高度重视进城务工人员问题。2006年，国务院颁布了《国务院关于解决进城务工人员问题的若干意见》，意见明确指出进城务工人员问题事关我国经济和社会发展全局、解决进城务工人员问题是建设中国特色社会主义的战略任务，这标志着进城务工人员问题不再是单纯的流动人口问题，而是全面建设小康社会新时期的一个重要政治问题、经济问题、社会问题等。① 2012年11月召开的党的十八明确提出“加快改革户籍制度，有序推进农业转移人口市民化”。2013年《中共中央关于全面深化改革若干重大问题的决定》第23条规定：“推进农业转移人口市民化，逐步把符合条件的农业转移人口转为城镇居民。”2014年7月24日公布的《国务院关于进一步推进户籍制度改革的意见》，进一步把统筹户籍制度改革、有序推进农业转移人口市民化问题作为户籍改革的突破口。2017年习近平总书记在党的十九大报告中指出，要以城市群为主体构建大中小城市和小城镇协调发展的城镇格局，加快农业转移人口市民化。这些都充分显示了进城务工人员是受国家高度关注的群体，进城务工人员市民化是我国全面深化改革的关键环节之一，是我国人口城市化的必经之路。进城务工人员能否融入城市，实现市民化，是一个与经济、文化、社会制度、社会管理、社会心理等密切相关的综合性问题。解决进城务工人员有三种不同的思路：一是任其游离在城市和乡村之间，二是让其返乡成为农民，三是将进城务工人员转化为市民。第一、第二种思路虽然在一定

---

① 马桂萍：《农民工市民化制度演进与创新》，辽宁师范大学2008年博士学位论文，第2页。

程度上缓解了进城务工人员问题，但不能从根本上解决由进城务工人员所带来的实际社会问题，而第三种思路，即推动进城务工人员市民化不仅符合人口转移规律，而且更有利于我国工业化、城市化的健康发展，是解决进城务工人员问题的根本途径。本章节主要结合户籍制度改革研究进城务工人员市民化的相关问题。

第一节　进城务工人员市民化概述

一、进城务工人员市民化的相关概念

（一）农民、进城务工人员、市民的概念

关于“农民”，《康熙字典》说，“耕也种也”为农，“其庶人力于农穑”，“种曰农敛曰穑”。《辞海》解释“农民是直接从事农业生产的劳动者”。《现代汉语词典》解释“农民是在农村从事劳动生产的劳动者”。依据典籍可知，农民是与农业联系在一起的人，这是传统意义上的农民。当代中国的农民，应该是自1949年中华人民共和国成立至今，经历了革命胜利获得土地的个体农民、社会主义改造后在社会主义条件下的农民、改革开放后迈向现代化的新型农民等发展阶段的农民。特别是21世纪后出现的新型职业农民，他们是具有科学文化素质、掌握现代农业生产技能、具备一定经营管理能力，以农业生产、经营或服务作为主要职业，以农业收入作为主要生活来源，居住在农村或集镇的农业从业人员。他们是与中国特色社会主义发展，与中国生产的现代化、市场化、社会化、国际化乃至政治民主化相联系的，他们必将从思想观念、生活方式、生产方式等方面走向现代化。他们不仅有专门从事农业生产的劳动者，还有进城务工人员、雇工、农村知识分子、个体劳动者、私营企业主、乡镇企业管理者、农村管理者，等等。① 他们处在不断地分化、转化、发展时期。

关于“进城务工人员”，多数学者对此概念有基本相似或相近的认可。进城务工人员是1978年改革开放后中国社会经济转型、制度变迁的产物，是中国实行家庭联产承包责任制和粮食流通体制改革后农村剩余劳动力进入城市的

① 陆学艺：《当代中国社会阶层研究报告》，北京社会科学文献出版社2002年版，第178页。

结果。首先，他们来自于农村，属于农业户口；其次，他们的社会身份虽然是农民，但他们的主要时间是在从事非农生产活动；再次，他们的非农活动不限于工业领域，还包括商业、服务业等第三产业活动。① 根据国务院《全民所有制企业招用农民合同制工人的规定》，“农民合同制工人是指从农民中招用的使用期限在一年以上，实行劳动合同制的工人，包括从农民中招用的定期轮换工”，以区别于在城市的全民所有制和集体所有制企业中拥有城市户口的工人。② 2006年3月27日公布的《国务院关于解决农民工问题的若干意见》中指出进城务工人员是我国改革开放和工业化、城市化进程中涌现出的一支新型劳动大军。他们的户籍仍在农村，主要从事非农产业，有的在农闲季节外出务工、亦工亦农，流动性强。有的长期在城市就业，已成为产业工人的重要组成部分。③ 有学者认为，进城务工人员是从农民中率先分化出来、与农村土地保持着一定的经济联系、从事非农业生产或经营、以工资收入为主要来源，而不具有城市居民身份的非农产业从业人员。可见，进城务工人员是从农民中分离出来的一个特殊的群体，是具有农村居民身份、以从事非农业生产或经营为职业、以工资收入为主要来源但与农村土地依然保持经济联系的从业人员。进城务工人员这一概念表明的不仅仅是一种职业，也不仅仅是一种社会身份或社会地位，而是社会身份与职业的结合。从职业上看，进城务工人员是工人；从社会阶层上看，进城务工人员是位于农民与市民之间的边缘社会群体；从户籍上看，进城务工人员是拥有农业户口的人员。

关于“市民”，1999年版的《辞海》指出，市民在古罗马，指享有公民权的罗马人，以区别于没有公民权的外来移民。中世纪欧洲城市的居民，因商品交换的迅速发展和城市的出现而形成，包括手工业者、反封建领主和商人等，他们要求改革社会经济制度。17、18世纪，随着资本主义生产方式的形成和发展，市民逐步分化为资产阶级、无产阶级、小资产阶级和城市贫民，泛指住在城市的本国公民。有学者认为“市民，即近代都市文明中的公民，一般是指长期或固定生活、工作在城里，以非农产业为劳动对象的居民”。一般来讲，市民应具有以下四个特征：具有城市户籍；生活、工作在城里；从事非

---

① 刘芳：《近年来关于城市农民工问题的研究综述》，载《西北师大学报》2005年第1期，第120页。

② 《全民所有制企业招用农民合同制工人的规定》，http：//www.nmldt.gov.cn，2003年12月31日。

③ 《国务院关于解决农民工问题的若干意见》，载《人民日报》2006年3月28日。

农生产；意识、行为方式和生活方式与城市文化相联系。

比较进城务工人员与市民这两个概念，不难看出两者具备如下相同特征：一是居住场所，二者一般居住在城市；二是收入来源，二者均以非农产业为其主要收入来源。同时两者又存在如下区别：一是在户籍上，进城务工人员拥有的是农村户口，而市民则拥有的是城市户口；二是在意识、行为方式和生活方式上，进城务工人员与农村文化相连，而市民则与城市文化相连。

（二）进城务工人员市民化的概念

进城务工人员市民化是指离开农村务工经商的进城务工人员克服各种障碍最终逐渐转变为市民的过程和现象。它包括四个层面的含义：一是职业由次属的、非正规劳动力市场上的进城务工人员转变成首属的、正规的劳动力市场上的非农产业工人；二是社会身份由农民转变成市民；三是进城务工人员自身素质的进一步提高和市民化；四是进城务工人员意识形态、生活方式和行为方式的城市化。① 这四个层面相互影响、相互制约，其中前两个层面主要取决于宏观体制改革和相关的制度创新，对进城务工人员市民化进程具有决定性的影响，即进城务工人员市民化的深刻内涵在于，它不是简单的城乡人口结构的转化，更重要的是传统劳动方式、生活方式向现代化劳动方式与生活方式的转化，即进城务工人员逐渐转变为市民的一种过程和状态，期间伴随着思想意识、行为方式、生活方式和交际方式等的变化。②

中国进城务工人员既是城市建设者，又是共享者。进城务工人员将成长为知识型、技术型和创业型劳动者，由中低端劳动向中高端劳动提升的空间大、速度快。新型城镇化给进城务工人员带来改变生活的新期待。中国特色社会主义新时代，进城务工人员发展将从技能素质提升拓展到文化素质提升，从改变劳动生产和生活的条件，到融入城市全面享有公共服务。

二、进城务工人员市民化的重要意义

党的十九大明确指出：中国特色社会主义进入新时代，我国社会主要矛盾已经转化为人民日益增长的美好生活需要和不平衡、不充分的发展之间的矛盾。这种不平衡有一个最重要的体现就是城乡的不平衡，农民和市民的差别待

① 刘传江：《中国农民工市民化研究》，载《理论月刊》2006年第10期，第5页。

② 马桂萍：《农民工市民化制度演进与创新》，辽宁师范大学2008年博士学位论文，第6页。

遇的不平衡。特别是“十三五”时期，新生代进城务工人员占进城务工人员的比重已经超过50%，他们对共享改革发展成果的要求远高于第一代，对平衡发展的要求也远高于第一代。他们多数在城市里长大，对生活在城市、成为市民的意愿最强烈。因此，从长远来看，进城务工人员的根本出路是进城务工人员市民化。

(一) 进城务工人员市民化有利于构建社会主义和谐社会

构建民主法制、公平正义、诚信友爱、充满活力、安定有序、人与自然和谐相处的社会主义和谐社会，是社会主义的本质要求，体现了广大人民的共同愿望。社会主义和谐社会不仅是一个人与自然和谐相处的社会，更是一个人与人和谐相处的社会。然而由于户籍制度、就业制度、教育制度和社会保障制度等制度方面的原因，造成对进城务工人员的差别对待，这不仅违背了社会公平正义的原则，而且违背了市场经济所倡导的自由平等原则，造成了城市经济领域的不和谐，制约了社会主义市场经济的健康发展。由于制度的原因和经济的原因，使得进城务工人员政治地位低下、政治权利缺失，造成了城市政治领域的不和谐，由此产生社会信任危机，不利于诚信友爱社会的形成。同时，乡村文化在与城市文化的冲突与交汇中处于劣势，导致进城务工人员在城市文化生活中的边缘化，表现为城市文化生活的不和谐。加快进城务工人员市民化的进程，消除城市经济领域、政治领域、文化领域的不和谐状况，有利于构建社会主义和谐社会，有利于实现建设小康社会的宏伟目标。

(二) 进城务工人员市民化有利于缩小城乡之间的贫富差距

衡量一个国家的收入差距，国际上通用的指标是基尼系数。基尼系数最大为“1”，表示居民之间的收入分配绝对不平均；最小等于“0”，表示居民之间的收入分配绝对平均，但这两种情况都仅仅只会出现在理论上。因此，基尼系数的实际数值只能介于0—1之间。基尼系数越小收入分配越平均，越大表示收入分配越不平均。接近0.5的基尼系数可以说是一个比较高的水平，世界上超过0.5的国家只有10%左右，主要发达国家的基尼系数一般都在0.24到0.36之间。而近些年来，我国居民的收入系数一直处于0.46至0.48之间(见图4-1)，这是一种高位状态，城乡居民收入差距较大，有的甚至高达4倍。进城务工人员市民化可以使进城务工人员通过职业的改变，安心在城市就业和生活，获取相对高的收入，从而逐渐缩小城乡居民之间的贫富差距。

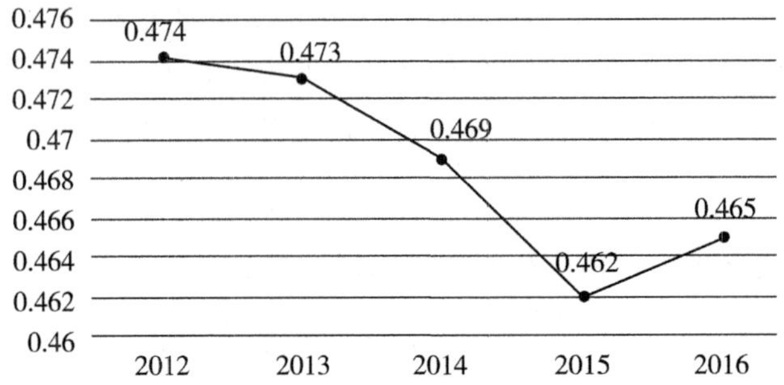

图 4-1　2012—2016 年居民收入基尼系数

（三）进城务工人员市民化有利于实现社会的公平正义

公平正义是社会主义核心价值观的重要内容，是建设法治国家、法治政府、法治社会的应有之义。2017 年 1 月习近平总书记在全国政法工作会议上强调，实现社会公平正义是我们党的一贯主张，公平正义是中国特色社会主义的内在要求。我国长期的二元户籍制造成进城务工人员与市民不仅在身份上的差别，而且也造成了社会地位的差别，在福利待遇和社会保障等方面不平等的待遇。特别是社会保障和公共服务等方面，拥有农村户籍的进城务工人员享受的待遇比拥有城市户籍的市民明显差，造成了城乡居民不公平的待遇，这种现状与我国当前所强调的要让全体社会成员共享改革的成果的提议是相矛盾的。因此，只有实现进城务工人员市民化，才能消除城乡居民之间诸多的不平等，最终实现社会的公平正义。

（四）进城务工人员市民化有利于拉动国内投资趋向

城镇化有助于改善投资结构、提高投资效率，拉动投资规模持续健康增长。从非生产性投资看，进城务工人员进城落户后，将在子女教育、医疗卫生等方面衍生出大量公共服务需求，带动学校、医院等公共服务基础设施投资快速增长，同时，对城镇住房尤其是廉租房的需求将显著增加。非生产性投资作用于社会事业，不仅可以大大减少项目造成的投资重复和浪费，而且有利于培育数量稳定、素质较高的产业工人，为工业化的长远发展提供人才支撑。从生产性投资看，城镇化过程中发达地区和大城市的产业将逐渐向中小城市扩散和转移，带动中小城市交通、通信等基础设施建设加快发展，企业新建和扩建厂房等固定资产投资也将大幅增加。这类投资有利于减轻大城市的承载压力，推动形成合理的产业分工布局，促进区域协调发展。

（五）推进进城务工人员市民化有利于解决“三农”问题

农村劳动力不完全转移将使农业处于兼业化经营状态，对农业生产会产生消极影响。在中国部分地区，随着农户非农活动增多，农地利用呈现粗放经营的趋势，耕地利用水平不断降低，农地荒废现象严重。因此，推进进城务工人员市民化，并建立完善的农村土地流转市场和土地确权制度，耕地资源就可以向专业农户集中，从而改变农地经营细碎化的状况，提高农业的土地利用率和劳动生产率。农民向城镇集中还能避免村庄过度膨胀，避免农村空心化问题，有助于集约利用城镇公共基础设施，推进城乡公共服务均等化。同时，当前的进城务工人员主体是新生代进城务工人员，他们在外出动因、身份定位、价值取向、职业认同等方面都与上一代进城务工人员有很大的不同，他们从谋求生存向追求平等转变，只有逐步推进这部分群体的进城务工人员市民化，才能解决他们的城市社会融合问题，不致造成城市社会断裂。

第二节　进城务工人员市民化的现状

一、当前进城务工人员市民化的现状

（一）从数量上来看，我国进城务工人员市民化的水平依然不高

根据国家统计局统计，2011 年至 2015 年，我国进城务工人员总数依然处于上升的趋势（见图 4-2）从 2011 年的 25278 万人，增至 27747 万人。一般情况下，进城务工人员人数越多，其市民化的水平也应迅速提高。但是，如表 4-1 所示，《中国统计年鉴 2016》显示，2001 年到 2015 年这 15 年间，我国城市人口占人口总数的比例由 37.66%上升到 56.10%，共上升了 18.44 个百分点。同期，乡村人口占人口总数的比例由 62.34%下降到 43.90%，也下降了 18.44 个百分点。尽管乡村人口占人口总数的比例在逐年下降，但到 2015 年年底，在我国 137462 万人口中仍有 60346 万农民。从 2001 年到 2015 年，我国城市人口共增加了 29052 万人，乡村人口却只减少 19217 万人，而 2015 年进城务工人员的数量已经达到 27747 万人。很显然，每年进城务工的人数都在迅速增加，而乡村人口减少的数量仍低于进城务工人员增加的数量，也就是

说，在进城的务工人员中，只有部分人完成了向市民的转化，而有相当一部分进城务工人员没有完成向市民的转化，不得不成为往返于城市和农村之间的“迁徙人”。上述分析表明我国进城务工人员市民化的水平比较低。

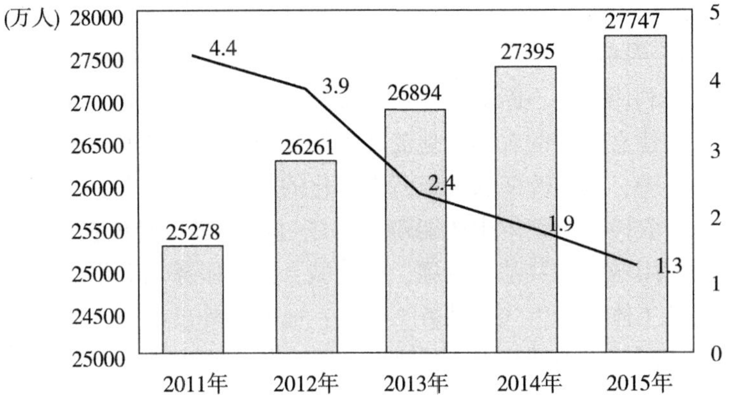

图 4-2 2011—2015 年中国进城务工人员人数统计（单位：万人）

资料来源：《2016 年中国统计年鉴》，由中华人民共和国统计局提供。

表 4-1 **中国人口数及构成** （单位：万人）

年份	总人口（年末）	按城乡分			
		城镇总人口		乡村总人口	
		人口数	比重（%）	人口数	比重（%）
2001	127627	48064	37. 66	79563	62. 34
2002	128453	50212	39. 09	78241	60. 91
2003	129227	52376	40. 53	76851	59. 47
2004	129988	54283	41. 76	75705	58. 24
2005	130756	56212	42. 99	74544	57. 01
2006	131448	58288	44. 34	97160	55. 66
2007	132129	60633	45. 89	71496	54. 11
2008	132802	62403	46. 99	70399	53. 01
2009	133450	64512	48. 34	68938	51. 66
2010	134091	66978	49. 96	67113	50. 05

续表

年份	总人口（年末）	按城乡分			
		城镇总人口		乡村总人口	
		人口数	比重（%）	人口数	比重（%）
2011	134735	69079	51.27	66656	48.73
2012	135404	71182	52.57	64222	47.43
2013	136072	73111	53.73	62961	46.27
2014	136782	74916	54.77	61866	45.23
2015	137462	77116	56.10	60346	43.90

资料来源：《2016 中国统计年鉴》，由中华人民共和国统计局提供。

（二）从社会地位来看，进城务工人员的社会地位还有待提高

根据国家统计局统计，进城务工人员进入城市后，主要在建筑业、制造业、批发和零售业、住宿和餐饮业、修理业等低端行业工作，而很难进入国家公务员行业。职业决定了身份地位，进城务工人员从事的职业决定了他们在城市的身份地位相对较低，并被城市人口所排斥，成为社会转型和经济变迁中的一个特殊的群体。他们在城市中工作和生活，为城市的发展作出了贡献，却没有被城市居民所认可，没有被户籍制度所认可，成为游离在农民和市民之间的“边缘人”。同时，由于他们没有城市户口，也就无法享有政治参与权利，因为我国公民的政治参与权利仍然以户籍地为依据，而进城务工人员长期脱离户籍地，在流入地也无法享有政治参与权，导致进城务工人员政治参与权的缺失。这种职业身份和政治参与权利的缺失足以表明进城务工人员的社会地位相对较低。

（三）从经济收入看，进城务工人员收入普遍较低

进城务工人员就业的行业，多为脏、累、苦、险的行业，近年来因“民工荒”及人口老龄化的原因导致这些行业的工资待遇有所提高，但他们的工资实行的是按日计酬，不能保障每天每月都有收入，随时都面临着失业的危险，导致进城务工人员总体工资较低，有的甚至低于城市最低生活保障标准。同时，进城务工人员被拖欠工资的现象时有发生，根据国家统计局统计，2015 年，被拖欠工资的进城务工人员人均被拖欠工资为 9788 元，比上年增加 277

元，增长2.9%①，这也使得进城务工人员收入普遍低于城市市民。

（四）从生活状况看，进城务工人员的生活质量较差

进城务工人员生活质量普遍不高，首先是进城务工人员生活、卫生条件差。受工资水平低限制，大部分进城务工人员的月消费几乎全部用于住宿和食品消费，而在生病时，只有少数人会选择去正规医院，其他人大多选择自己买药治疗或去个体诊所。其次是居住环境质量差，近四成进城务工人员居住在工棚或集体宿舍，地方狭窄拥挤，室内肮脏零乱，除了被褥衣物，几无他物。子女受教育难、就业服务和职业技能培训不到位、进城务工人员从事的职业技术含量低且工资水平低也是进城务工人员面临的问题。

（五）从进城务工人员自身来看，进城务工人员市民化意愿不高

我国户籍制度在从“二元”向“一元”过渡的过程中，户籍藩篱正在不断消除，农业转移人口在城市不仅可享有就业、教育、社会保障等方面的权利，在有些城市还可以申请保障房、廉租房等政府提供的公益性住房。户口的附加利益在逐渐消失后，它就失去了吸引力。农村人口有了医疗保险、养老保险、低保等社会保障，这已经使他们相当满足，而中共中央办公厅、国务院办公厅印发的《关于完善农村土地所有权承包权经营权分置办法的意见》提出农村土地所有权、承包权、经营权分置的管理办法，即农村土地为集体所有，但是承包权、经营权可以转让。同时农民可以进城买房落户，但是农民仍可保留土地承包权。这一政策更是使进城务工人员吃了定心丸，更加不愿迁移进城落户，而愿意过着“离乡不离家，进城不落户”的生活。这样，进城务工人员“进”可进城务工，“退”可回乡务农，最大限度地降低了城镇化可能带给个人和家庭生计的冲击和风险。社会保障制度的完善和国家三权分置的土地政策在一定程度上降低了进城务工人员市民化的意愿。

二、户籍制度对进城务工人员市民化的制约

国家新型城镇化规划明确提出到2020年要实现1亿农业转移人口在城镇落户，实现户籍城镇化率达到45%左右。但在政策的执行过程中面临着多方面的阻碍因素，特别是户籍制度严重地阻碍着进城务工人员市民化的进程，其

① 《统计局：2015年1%农民工被拖欠工资 人均9788元》，载凤凰网，http://finace.ifeng.com/a/20160428/14352260_0.shtml，2018年4月28日访问。

具体表现在以下几个方面。

（一）户籍制度对进城务工人员就业的制约

进城务工人员的就业被剥离在公平正义的劳动市场外，降低了其社会价值，许多大城市对外来务工人员的职业和从事行业进行了严格的控制，设置了许多准入门槛。现今人们确立社会地位的首要因素是职业地位，通过改变职业地位，使其变得更好来提高社会地位，获取更多社会尊重，但是这对于进城务工人员来说是很困难的。并且进城务工人员群体转换工作频率快、行业就业稳定性差和失业率高等行业问题，不管是频繁主动辞职换工作，还是被动地失业，都使他们在城市的生活处于动荡和不安稳的状态。不仅户籍身份阻碍进城务工人员公平公正就业，而且农村越来越多的剩余劳动力自身群体激烈的竞争，也为社会稳定埋下隐患，这与可持续发展以及构建和谐社会的社会要求都是相悖的。因为就业的劳动力市场分割，所从事行业脏乱差，造成其工作收入也处于较低层次，造成工资差异，社会上还普遍存在对进城务工人员拖欠工资，难以获取劳动报酬的状况。明明是应得的，一分耕耘一分收获，可是在进城务工人员那里就大打折扣，而且低微的收入只能满足日常基本的生活需求，支付必需的生存性开支，很少能够在娱乐服务和自我提升的积累方面花钱，居住的环境也较差，大多数住单位宿舍、简易工棚或者租赁的房屋等地方，哪里有工作就搬到哪里去，缺乏相应的制度保障其各种权益。

（二）户籍制度对进城务工人员社会保障的制约

进城务工人员想要立足城市，缺乏有力的社会保障，就如有关资料中显示在养老、医疗和失业保险等社会保障上受到严重差异对待，在三大保险上受到严重歧视，参保率也是极低的，因此享受的待遇也相差很大，长期生活在城市却享受不到最基本的社会保障，而又与农村脱节，成为实实在在的边缘人，两不靠。而且身居城市，各种成本也是极高的，常常造成捉襟见肘的局面，子女教育费用、日常衣食住行生活费用、医疗卫生费用和高昂的城市房价等，所以很多时候，高昂的市民化成本成为许多进城务工人员不愿意继续居住在城市的原因。城镇户籍居民与进城务工人员群体在工资福利以及社会保障等方面普遍存在较大的差距，形成两极分化的现象。就像有关文献中提到所谓的户籍福利差距，户籍福利带有准公共品性质，赋予了一些竞争性与排他性，只依赖于城市本地户籍身份，并取决于当地的政府的有关户籍控制政策，才得以实现，这对于处于弱势地位的非户籍的进城务工人员来说，要取得城市户籍很难。

（三）户籍制度导致进城务工人员心理失衡

进城务工人员的城市认同感低，市民化意愿逐渐下降。当前我国大部分进城务工人员在城市的适应力都比较差，城市存在生活节奏快，物价偏高，工作压力大的特征。并且社会公共服务保障、工作生活的环境等差距带来的心理落差以及来自户籍身份带来的歧视都会导致进城务工人员群体对城市生活不满意，他们对工作生活的城市不认可，并且归属感较低，不能很好地融入城市生活。随着时间的推移，那些成长的“80后”“90后”成为进城务工人员的主力，即新生代进城务工人员，他们往往拥有一定的学历，对事物都有较为明确的观念，有较强的法律维权基础，但是仍处于社会底层。他们对自由和生活质量都有较强的追求，相比于第一代进城务工人员，他们的生活习惯更接近城市居民，同样的对城市的期望值也更高，也更加迫切地想要融入城市社会。当带着满是希冀奔赴城市打拼时，期望与现实的落差常常让他们在城市工作生活中体验强烈的剥夺感，由于最开始就存在的城乡二元制基础，许多进城务工人员在城市享受教育、医疗卫生和就业等方面的社会保障与城市居民有很大的差别，在为城市发展和经济建设等各方面作出贡献的同时不能享受和城市居民一样的待遇和各种权利，大部分进城务工人员认为自己的家庭经济状况在打工者中处于中下等地位，也有人认为自己的社会地位不高而自尊受到伤害，还有部分害怕受到城市人的歧视，这些都使他们对城市生活的满意度和心理融入度逐渐变低。新生代进城务工人员既融入不了城市又回不了农村重新务农，处于这种两不靠的边缘的现象尤为突出，对工作的城市社会的不满意和对立情绪也更加严重，致使新生代进城务工人员很容易出现失范的行为和过激举动，成为维护社会治安稳定中不可小觑的不稳定因素。进城务工人员市民化的意愿是市民化的前提条件和动机，倘若进城务工人员自己本身成为城市居民的想法不强烈，不会将城市作为最终居住地，而是将到城市打工当作现阶段谋取生活的一种做法，只是干一段时间的问题，那么他们自身就不会很积极努力地去争取机会或者创造机遇成为当地城市居民。进城务工人员市民化本身是一项浩大的工程，需要多方积极努力才得以形成。

（四）户籍制度导致进城务工人员与市民的身份差异

受最初制度设计的影响，社会被人为地分成两个阶层，两阶层中的人拥有了固有社会地位，进城务工人员处于较低的社会阶层。从当前现象分析，因为最初的管理制度设计突出“城乡分治”“重城轻乡”，在社会福利规划上“城乡有别”，目前关于进城务工人员的一些相关政策依然存在诸多缺陷，因为城乡二元结构的分割导致城乡的发展方向出现偏差，产生社会公平问题和利益化阶层固化等现象，影响社会活力。这些制度不仅仅导致社会的不公正，更加地形成了一种不良的社会环境。从“暂住证”到“居住证”的转变是进城务工人员市民化进程中的一大跨越，体现在公共服务上来则是进城务工人员可以部分享有当地居民所拥有的权利。但与本地户口居民的身份差异仍然存在，不同身份标志着不同的社会地位，拥有的社会权利也不同，由农民身份转化而来的进城务工人员在城市中依旧处于较低的社会层次，受歧视也是屡见不鲜的现象。由于各种镶嵌在户籍制度中的社会福利待遇方面的差异，城市居民享受着更高等级的社会福利，拥有更多的权利，享受完善的公共基础设施和交通服务建设，仍然具有很强的优越感，拥有城市身份的居民在对待外来务工人员仍然采取较为排斥的态度。尽管进城务工人员在城市发展和经济建设上扮演的角色日渐重要，大城市居民对外来务工人员的了解也更加深刻，身份差异的固有理念虽然有所削减，但是并未完全消除，只是对部分认同。在公共环境中譬如公交车，大型超市中进城务工人员时常遭受城市居民的歧视和公共场所遇到一些管理工作人员和行政工作人员的歧视，或者来自雇主的歧视。在本身应得到与城镇居民同等社会福利待遇以及正常的社会地位情况下却错位地缺失了这些东西，易导致这一群体被社会边缘化，对社会产生抵触心理，成为不稳定因素，从而对社会发展产生负面影响。种种情况致使进城务工人员与城市居民之间产生了很深的隔阂，随着时间的推移，演变成了进城务工人员与城市社会的对立，形成了不良的社会风气，这严重地阻挠了进城务工人员市民化的进程发展。

第三节　改革户籍制度，推进进城务工人员市民化的路径

一、推进进城务工人员市民化应遵循的原则

为了使进城务工人员市民化得以顺利进行，在进城务工人员市民化过程中应当遵循以下原则。

（一）自愿原则

以人为本是科学发展观的核心，因此进城务工人员市民化必须遵循以人为本的原则，尊重群众的意愿。进城务工人员要不要进城，进哪座城，什么时候

进城，要由他们自己来选择，政府不能采取强制进城的办法，不能把进城务工人员“拉进来”“拽进来”“被落户”，而是要全面客观地分析影响进城务工人员市民化的因素，摸清进城务工人员的落户意愿，建立完善的政策保障体系，让其自觉自愿地进入城市。

（二）市场化原则

在农业转移人口迁徙过程中，经济因素起了决定性作用。农业流动人口的出现在很大程度上是受社会主义市场经济的影响的，因此进城务工人员市民化也要遵循市场化的原则。市场经济的基本逻辑是合意和契约自由，即市场主体根据自身情况自由选择。① 改革开放后，我国农村大量的剩余劳动力流向了改革开放最前沿的地区，即东南沿海省份。而21世纪以来，随着我国户籍改革步伐的推进和中西部经济的快速发展，人口流动趋势发生了很大的变化，东南沿海地区由当年的“民工潮”变成了“民工荒”，在不影响经济收入的前提下，很多进城务工人员选择近距离地流动，而不再跨省或跨区域流动。因此，在制定进城务工人员市民化的政策时，一定要遵循市场规律，考虑到劳动力市场的基本供求现状，进城务工人员流动的特点和现状，合理规划。

（三）政府引导原则

进城务工人员市民化的过程实质是外来流动人口和户籍人口的基本公共服务均等化过程。在这个过程中，政府起着关键性的作用。当前我国多数城市依然实行较严格的户籍管理制度和以及相应的社会福利安排。进城务工人员市民化的重要标志是农业转移人口与户籍人口享受同等的社会福利待遇，也需要政府大量的资金投入，即需要建立完善的进城务工人员市民化成本分担机制，这个成本分担机制考验着政府的执行力和公信力，地方政府应当通过各种方式化解进城务工人员市民化过程中的成本。

二、改革户籍制度，推进进城务工人员市民化的路径

（一）建立覆盖进城务工人员的惠普公共服务制度

第一，实行户籍制度改革，将公共服务与户籍剥离。城市政府要依据自身

---

① 官华平：《长江经济带农业转移人口市民化战略与实施路径选择》，载《湖北社会科学》2015年第12期，第64页。

经济社会发展水平和增扩公共服务的承受能力，以在城镇就业年限、社保缴纳年限和居住年限为基准，制定相应的进城务工人员落户标准，逐步把有稳定工作和收入，并长期举家在城市务工经商的农民及其家人转化为城市市民。第二，对未落户的进城务工人员，全面实施流动人口居住证制度。要以居住证为载体，建立并完善与居住年限等条件相对应的基本公共服务提供机制，逐步向持有居住证的进城务工人员提供与城市市民同等水平的基本公共服务。第三，根据常住人口配置公共服务资源。要将进城务工人员纳入城市的基本公共服务体系，保障进城务工人员平等地享有城市政府所提供的基本公共服务。第四，建立健全进城务工人员社会保障体系。要逐步扩大进城务工人员的社会保障覆盖面，把符合条件的进城务工人员纳入城市低保覆盖范围；在养老保险费用征缴方面，应酌情减免进城务工人员的缴纳额度，所减免的缴纳额度由财政承担。第五，推行保障进城务工人员随迁子女平等接受义务教育的政策。要把进城务工人员随迁子女纳入城镇教育财政保障体系，由政府按照学校实际接收学生数向学校划拨教育经费，不允许以任何形式对在公办学校就读的进城务工人员随迁子女收取赞助费、借读费等额外费用；制定进城务工人员随迁子女异地参加高考的办法，对长期在城镇就读的进城务工人员随迁子女，应允许其就地参加高考。

（二）完善农村土地制度改革

农村土地制度是我国社会经济制度的重要组成部分，与进城务工人员市民化的联系也较为紧密。按照我国土地管理法规定，我国城市土地属于国家，农村土地属于农民集体所有，土地是农民赖以生存的根本。因此，影响进城务工人员市民化的一个重要因素是农村土地所有权因素。国家尝试建立农民退出农村的土地制度改革改革创新，建立和完善农村的土地制度改革及进城务工人员退出农村土地承包的配套政策措施。目前国家正积极在全国范围内对农村土地、宅基地进行清点、确权、登记，准许土地承包权及宅基地在村内外居民及城乡居民间的自由流转交易，引导鼓励土地向规模化集约化经营的方向流转。对农村集体经济进行股份制改造，将村民拥有的股份固化下来，不再随村民及家庭人口的增减而变动，而股份则可自由交易。让农民在城市无法立足时还有条退路，实现面向城市，背靠土地。唯有这样，才能让农民在城市化中走得放心，走得踏实，切实推进进城务工人员市民化的进程。

（三）完善进城务工人员的就业保障制度

要促进进城务工人员在城市大批地就业，为城镇一体化建设形成一个良好的经济后盾，找到一个合适的工作是进城务工人员融入这个城市的首要条件，只有就业先期达到了稳定，进城的农村人才有在城市扎根的经济条件和一定的物质基础。依据目前情况，应该形成政府带头，企业为主力和进城务工人员自身的三方联合形式，共同努力，促成对进城谋生的农民充分有效就业的长效机制，为进城务工人员真正扎根城市形成有力经济保障。增强进城务工人员的就业能力，提升中小城市进城务工人员的就业容量。首先，政府应加大对进城务工人员职业技能培训的资金投入力度，同时应适当减免进城务工人员接受职业技能培训的相关费用，使之能够负担得起接受职业技能培训所需的费用。其次，应敦促企业开展进城务工人员岗位技能培训，足额提取并合理使用进城务工人员教育培训经费，以此形成进城务工人员职业技能培训经费投入的长效机制。再次，优化和调整城镇发展规划，在继续发挥大城市辐射带动作用的同时，让公共资源配置向中小城市及小城镇倾斜，加快发展中小城市，分批次有重点地发展小城镇，推动大中小城市与小城镇的协调发展，为进城务工人员市民化提供均衡的就业支撑。最后，要大力培育和发展以就业为取向的城市产业，以拓展进城务工人员的就业容量，提升城市的就业吸纳能力。

（四）构建覆盖进城务工人员的城镇住房保障体系

第一，须对城市住房制度进行进一步的改革，积极推动覆盖进城务工人员群体的城市保障性住房体系的构建。具体来说，可由政府制定相应政策，使公租房、廉租房的申请不再受户籍的限制，使在城市具有稳定工作的进城务工人员可享有租住公租房、廉租房的福利。第二，鼓励和支持企业在符合规定用途的用地范围内建设进城务工人员公寓及集体宿舍，以改善进城务工人员的居住条件。第三，引导住宅开发商建造面向进城务工人员的低租金住房，向用工单位或进城务工人员个人出租。第四，制定覆盖进城务工人员群体的住房公积金缴存和使用办法，将住房公积金制度的覆盖面扩大至进城务工人员群体。对拥有稳定工作的进城务工人员，规定由其所在单位和个人共同缴纳住房公积金。第五，推进“以土地换住房”“以宅基地换住房”的财产权利置换工程，以此降低进城务工人员进城落户定居的门槛，使进城务工人员在一定程度上承担自身市民化所需的部分成本。

（五）建立合理的进城务工人员市民化成本分担机制

首先，应依据进城务工人员市民化公共成本的分类，确定成本负担主体和支出责任。具体来说，政府需要负担进城务工人员职业技能培训、医疗卫生、义务教育、保障性住房、养老保险以及市政公共设施等方面的进城务工人员市民化的公共成本；企业应为进城务工人员缴纳基本社保费用，并承担进城务工人员职业技能培训的相应成本；进城务工人员个人应积极参加社保、职业技能培训，并按相关规定承担相应的费用。其次，各级城市政府应注重构建进城务工人员市民化公共成本分担的长效机制，从体制层面保障进城务工人员市民化公共成本分担机制的有效运行。再次，中央政府应制定与进城务工人员市民化相配套的财政转移支付制度，切实做到哪个城市吸纳的进城务工人员的数量多，哪个城市就会得到较多的财政转移支付。此外，政府还应通过进一步压缩行政运行成本来增加进城务工人员市民化的财政投入。最后，借助市场力量解决进城务工人员市民化公共成本投入不足的问题。具体说来，就是要制定相应政策，鼓励社会资本进入城市公共基础设施建设领域。

（六）进一步推进进城务工人员的社会融合

在应对新的非本地人口的管理上，政府要进一步推进和引导进城务工人员在城市的社会融合。社区是城市的基础单元，也是完善城市功能和管理效率的重要平台。社区人口管理的目标是以社区人口的利益诉求为出发点，为社区人口服务。社区管理就是社会管理的末端。① 因此，划分区域管理，做到以社区为基础管理单位，可以促进进城务工人员的社会融合以及再社会化②。进城务工人员正是在平日的工作生活中逐渐形成新的社会关系和新的社会网络，譬如有新的工作伙伴、朋友和老板顾客等这种工作网络，形成新街坊邻居的生活网络。最开始的以血缘亲情和出生地为基础的初始社会关系依旧是他们今后生活交往中的重心，从中他们可以得到在城市工作生活中迫切所需的各种金钱物质支持，紧接着，为生活所迫，他们开始由从事农业生产转到城市中的工业生产，生活重心也发生迁移，而在城市新建立的工作生活的基础较为薄弱，这些

① 郭秀云：《制度供给与外来人口权益改进》，法律出版社2012年版，第260~270页。

② 薛洁：《我国农民工市民化进程中存在的问题及对策分析》，载《职业时空》2015年第3期，第78~80页。

工作生活基础也是他们日后发展掌握各路资源的重要手段。所以必须加强有关部门的引导，做到教育宣传尊重并且友好对待进城务工人员。要做到尊重进城务工人员，尊重其在改革开放社会建设过程中作出的牺牲和创造的财富，还要尊重其应有的权益，逐渐消除各种歧视问题，提升进城务工人员的政治地位和提高其对政治的参与度。提升进城务工人员的社会地位，以及向上层社会流动的可能性。最重要的是要改善进城务工人员的生活居住环境，给予其平等化的公共服务。在进城务工人员群居的地方，当地政府应加大资金、物质投入量，努力改善其在城市的居住和子女受教育的条件，注重其在物质生活和人文精神方面的需求。

总之，进城务工人员正走在建设现代化国家新时代的大路上，实现“十有”(进城有工作、上岗有培训、劳动有合同、报酬有保障、参保有办法、子女有教育、住宿有改善、维权有渠道、生活有文化、发展有目标)、走向“五融”(自己融进企业、工作融进企业、子女融入学校、生活融入城市、群体融入社会) 是我们对新时代进城务工人员市民化绘就的美好蓝图。

第五章　城乡户籍一元制与户籍制度改革

第一节　城乡二元户籍制度概述

一、城乡二元户籍制度的内涵

陆益龙在《超越户口——解读中国户籍制度》一书中指出，所谓二元户籍制度，是指“以户口迁移登记和审批制度为核心，以严格区分农业户口居民和非农业户口居民为特征，人为地设置各种高低不同的门槛，进而控制农村居民迁入城镇居住，城乡有别的制度体系。”张谦元、柴晓宇在《城乡二元户籍制度改革研究》中指出，城乡二元户籍制度是指中华人民共和国成立后，在计划经济体制和高度集中的行政管理模式下，为适应人口管理的需要，在我国逐渐形成的以户籍区分与差别为主要标志的一整套系统的制度。它的主要内容包括户口登记，以及对各类户口的迁徙、居住、获取资源和福利的权利的规定等。由此可见，城乡二元户籍制度是指在计划经济体制下通过对农业和非农业户口进行区分，严格户口迁移登记和审批程序而建立起来的城乡有别的制度体系。

二、城乡二元户籍制度的发展历程

（一）城乡二元户籍制度的形成、发展期（1949—1978年）

1. 城乡二元户籍制度的酝酿、形成阶段（1949—1957年）

20世纪上半叶，中国人民饱经战乱，国家亦不存在严格的户籍管理制度，公民可以自由迁徙。1949年9月中国人民政治协商会议通过的《中华人民共和国共同纲领》赋予公民享有居住和迁徙的自由权，这可能是中华人民共和国最早涉及人口管理的法律文件。初期户籍制度的建立，是为了维护新生的共和国政权的稳定，维护社会秩序。

中华人民共和国成立之初，我国的户籍管理制度最先在城市中推行。为了便于对反革命分子或可疑分子进行监视和控制，以“搞好社会治安，保障人民安全，为国家施政管理和建设提供人口资料”，1950 年 8 月，公安部制定了《关于特种人口管理的暂行办法（草案）》，草案提出了当时将重点人口管理工作放在突出的位置上。① 1950 年 11 月第一次全国治安工作会议召开，会议明确指出，户口工作的任务是保证居民居住迁徙之自由，安心从事生产建设。会议要求先在城市开展户口管理工作。

1951 年 7 月，公安部公布实施了《城市户口管理暂行条例》，这是我国第一次制定的全国统一的城市户口管理法规，是中华人民共和国成立以来最早的一部户籍法规。制定这部法规的主要目的是为了维护社会治安，建立城市的公共秩序，恢复城市经济建设。条例第一条申明公民有迁徙自由，政府也没有采取行政命令的方式强行限制人口迁移。该《条例》的实施使全国城市户口管理基本得到了统一，是我国当时户籍管理制度的起点，也是我国城乡分治的人口管理制度的雏形。

中华人民共和国成立后，大量农民因逃荒涌入城市，迁出迁入城市的人相当频繁，城市失业和通货膨胀现象极为严重，当时全国 9 个城市的失业、半失业人数达 166 万，仅上海失业工人就有 15 万左右。1953 年 4 月政务院发出《关于劝阻农民盲目流入城市的指示》，规定未经劳动部门许可或介绍者，不得擅自去农村招收工人。同时，为了准备各级人民代表大会的选举，做好选民登记工作，也为了向政府提供准确的人口数字，1953 年 4 月政务院决定进行第一次全国人口普查，并发布《为准备普选进行全国人口调查登记的指示》和《全国人口调查登记办法》。为了配合人口普查工作，农村也建立了简易的户口登记制度。农村的户口登记由民政部负责，户口统计工作由统计局负责。这表明，当时全国城乡分别实行的是两种目的不尽相同的户籍制度，城市户籍制度偏重于维护社会治安，农村户籍制度的目的主要在于掌握人口数量状况。② 1954 年 12 月，内务部、公安部、国家统计局发出联合通知，进一步要求建立农村户口登记制度，加强人口统计工作，这标志着我国对农村户口的管理和人口统计工作提上了议事日程，也标志着城乡户籍分治的开始。

1955 年 6 月，国务院发出《关于建立经常户口登记制度的指示》，规定全国户口登记由内务部和县级以上人民委员会的民政部门主管。办理户口登记的

① 陆益龙：《户籍制度——控制与社会差别》，商务印书馆 2003 年版，第 114 页。
② 张胜前、郭晓桢：《户政管理教程》，群众出版社 2007 年版，第 25 页。

机关，在城市、集镇是公安派出所，在乡和未设公安派出所的集镇是乡镇人民委员会。该指示明确规定对常住人口进行登记，对人口出生、死亡、迁出、迁入四项变动登记情况随时掌握，对因离婚、分居、失踪、寻回收养、认领等原因引起的户口变动及时进行管理。户口登记的统计时间定为每年一次。建立经常户口登记制度的目的，主要是为了掌握全国人口及变动情况，为国家计划经济的实施提供了可靠的人口数据。这个指示的发出，对健全全国城乡的户口登记制度起了保障作用。

1956 年 2 月，国务院又发出指示，要求把全国户口登记工作及人口资料的统计汇总业务全部交给公安机关。从此，全国城乡的户籍管理工作和组织机构得到了统一。经常性户口登记制度的建立和户籍管理统一移交公安机关，标志着体现现行户籍制度特征的中华人民共和国户籍管理制度已初步形成。

1956 年秋天，由于过激的农业合作化运动与自然灾难结合在一起，使得不少省份粮食大量歉收，农民吃饭成了严重问题，于是，安徽、河南、河北、江苏等省的农民、复员军人和乡、社干部纷纷外流，不少人试图进入城市寻找生存与发展的机会。这使得城市人口处于相对饱和状态，也出现了一些新问题，如住房、交通、教育、就业等矛盾越来越突出，这也是人口城市化过程中必然出现的问题。在这种情况下，1956 年 12 月到 1957 年 12 月之间，国务院与中共中央先后发布了《关于防止农村人口盲目外流的指示》《关于防止农村人口盲目外流的补充指示》《关于防止农村人口盲目外流的通知》《关于制止农村人口盲目外流的指示》。对城市流动无业人员的说服和动员工作，无疑促进了公共秩序的恢复和城市社会问题的缓解，但其成功的背后，也隐藏了一种城乡分治的危险，特别是《关于制止农村人口盲目外流的指示》中明确指出：组建以民政部门牵头，公安、铁道、交通、商业、粮食、监察等部门参加的专门机构，负责制止“盲流”工作。交通部门严格检查，民政部门负责遣返“盲流”，公安机关严格控制城市户口，粮食部门不得向“盲流”供应粮食，用人单位一律不得擅自招用工人和临时工。

总的来看，在这一时期的户籍工作中，政府并不是采取强制的命令来营建公共秩序的，而是采取说服劝阻的方式，尊重行动者自由、自觉和自愿的原则。这些条例、指示也没有明文限制公民的迁徙自由，《城市户口管理暂行条例》第 1 条就申明：“为维护社会治安，保障人民之安全及居住、迁徙自由，特制定本条例。”在社会主义的恢复和改造时期，户口迁移的特点是政府实行“自由迁移”的政策，也是户口迁移最活跃的时期。政府还没有对公民的迁徙自由进行严格的限制，人们仍在较大程度上享有户口变更、迁移、转换的自由。有关统计资料显示：1954—1956年的3年间，全国人口自由迁出、迁入就达7700万，其中1954年为2200万人，1955年为2500万人，1956年为3000万人。① 但从1953年至1957年政府发布的四次劝阻农民盲目流入城市的指示表明：政府开始改变自由迁移政策为控制城市人口规模、限制农民进城的政策。

表5-1　**1949—1957年二元户籍制度的酝酿、形成阶段的主要规定**

年份	法　　规	内　　容
1950	《关于特种人口管理的暂行办法》	特殊人口管理
1951	《城市户口管理暂行条例》	城市常住人口登记管理
1952	《关于就业问题的决定》	克服农村剩余劳动力盲目流入城市
1953	《全国人口调查登记办法》 《关于实行粮食的计划收购和计划供应的命令》《粮食市场管理暂行办法》 《关于劝阻农民盲目流入城市的指示》	常住人口调查和登记 规定粮食收购和计划供应的范围 劝阻农民向城市盲目流动
1954	《关于继续贯彻〈劝止农民盲目流入城市〉的指示》	重申对农民向城市流动的限制
1955	《关于建立经常户口登记制度的指示》 《农村粮食统购统销暂行办法》 《市镇粮食定量供应暂行办法》 《关于城乡划分标准的规定》 《全国人口办法》 《中华人民共和国劳动保险条例》	建立经常性的户口统计制度 粮食订购、定销 粮食供应、粮票和粮油黑心移证管理 划分农业与非农业人口 常住人口调查和登记 城镇职工的劳保待遇
1956	首次全国户口工作会议的三个文件 《关于防止农村人口盲目外流的指示》	确立户口管理的三项任务 加强对农民的思想教育，制止有关部门私自招用农村剩余劳动力
1957	《关于防止农村人口盲目外流补充指示》 《关于防止农民盲目流入城市的通知》 《关于制止农村人口盲目外流的指示》	防止农民流入城市 多管齐下，全面制止“盲流”

同时，从表5-1中可以看到，中央和政务院关于防止农民“盲流”的措施

① 张雷：《当代中国户籍制度改革》，中国人民公安大学出版社2009年版，第20页。

越来越严厉。户籍制度已渐渐趋向以界定和区分家庭和个人身份，对人进行分类控制为目标，并且，户籍制度逐渐与粮油、日用品的供应，劳动就业，福利保障结合在一起，从而派生出确定公民的等级身份，实施劳动就业与福利分配计划、奖励或惩罚各类公民，限制人口流动、控制城市化进程等社会功能，因而，1958 年 1 月《户口登记条例》的颁布是这一趋势发展的必然结果。

2. 城乡二元户籍制度的法制建设阶段（1958—1962 年）

1958 年 1 月 9 日第一届全国人大常委会第 91 次会议通过了《中华人民共和国户口登记条例》（以下简称《条例》），这是二元户籍制度确立的法律标志，也意味着二元户籍制度进入了法制建设阶段。对现行户籍制度产生决定性影响的条款是《条例》的第 10 条第 2 款，即“公民由农村迁往城市，必须持有城市劳动部门的录用证明，学校的录取证明或者城市户口登记机关的准予迁入的证明，向常住地户口登记机关申请办理迁移手续”。这项规定实际改变了乡—城户口迁移和变动的程序，因为与以往的户籍条例、法规相比，它增加了迁入地的限制条件。以前能否迁移，关键看迁出地的“人民委员会”的审批意见，1958 年后，迁移决定权在迁入地的国家企事业机关或户口主管机关。改变户口迁移登记手续，目的在于限制计划内乡—城人口迁移量，使国家资源有计划地配置。

当然，仅仅靠这一条例，并不能真正实现控制人口迁移的政策目标，乡—城人口迁移仍很频繁。1958—1960 年市镇人口仍迅速增加，年平均增长率达到 15.47%，市镇人口增长率为总人口增长率的 19.58 倍；其中 1958 年的乡—城净迁出率为 20.55‰，1960 年为 6.45‰。① 这些数据都说明《条例》颁布的目的没有达到。所以，从 50 年代末至 70 年代末，决策者又陆续制订了与户籍制度相配套的一系列配套政策。1958 年 4 月，公安部根据《户口登记条例》的规定，制定了《关于执行户口登记条例的初步意见》。1958 年 9 月《关于精简和减少城镇人口工作中几个问题的通知》指出“对农村县镇迁往大中城市的，目前要严加控制”。1959 年 1 月，中共中央发出《关于立即停止招收新职工和固定临时工的通知》。1959 年 2 月，中共中央发出《关于制止农村劳动力流动的指示》，要求各企事业单位、机关对已经使用的农民要进行一次清理，对流入城市尚未找到工作的农民尽快遣返原籍。1959 年 3 月，中共中央、国务院联合发出《关于制止农村劳动力盲目外流的紧急通知》，再次重申

① 辜胜阻、朱农：《中国城镇化发展研究》，载《1990 年人口普查数据专题分析论文集》，中国统计出版社 1995 年版，第 538~539 页。

上述政策。

1961年6月，中共中央发出《关于减少城镇人口和压缩城镇粮食销量的九条办法》，采取了精简职工和减少城市人口的重要举措，决定在3年内减少2000万以上城镇人口，1961年内至少减少1000万。中华人民共和国开始了第一次以行政命令支配的反城市运动。① 与此相配套，从1961年下半年起，国家还先后制定了一系列支撑户籍制度的配套措施，主要包括：粮食供给制度、副食品及燃料供给制度、教育制度、就业制度、医疗制度、养老保险制度、劳动保护制度、兵役制度、婚姻生育制度等10项。1961年12月，公安部转发三局《关于当前户口工作情况的报告》，要求对户口工作进行彻底检查整治，健全户口管理机构。同年，公安部在农业户数和人口数这一统计指标外，又添加了“非农业人口户数和人数”。从此，中国有了“农业户口”和“非农业户口”两种户口，“农业人口”和“非农业人口”两种身份。②

1962年4月，公安部发布的《关于处理户口迁移问题的通知》指出，在处理户口迁移问题时，不要把必要的正常转移同压缩人口混同起来，应当本着既要严格控制农村人口迁往城市，又要保障必要的正常迁移的原则，实事求是地进行处理。1962年12月公安部发布的《关于加强户口管理工作的意见》规定，对农村迁往城市的，必须严格控制；城市迁往农村，应一律准予落户，不要控制；城市之间必须的正常迁移，应当准许，但中小城市迁往大城市的，特别是迁往北京、上海、武汉、广州等五大城市的，要适当控制。同时，国家进一步加强对生活必需品和日用商品的控制，严格实行城镇粮食定量供应制和日用商品凭票供应制。粮票和各种票证的发放，皆以正式登记的户口为依据，如果没有城市户口，就无法获取各种生活必需品。城市居民基本生活消费品按户口定量供应政策和城市企事业单位的计划用工政策是户籍制度实现其预期功能的关键性配套政策。

总之，1958年《户口登记条例》的制定，从法律上确立了我国城乡二元户籍制度，并在相当长时间内影响、左右着我国的户籍制度。伴随《户口登记条例》而制定的相配套的政策措施，用行政命令的形式来固化“农业户口”和“非农业户口”两种不同身份的人所享有的待遇，从而形成了农业与非农业两大不对等的户籍壁垒。

---

① 陆益龙：《户籍制度——控制与社会差别》，商务印书馆2003年版，第130页。

② 张谦元、柴晓宇：《城乡二元户籍制度改革研究》，中国社会科学出版社2012年版，第20页。

3. 城乡二元户籍制度的巩固强化阶段（1963—1977 年）

1963 年公安部调整人口统计制度，把是否吃国家计划供应的商品粮作为划分户口性质的标准，并建立了商品粮户口制度，即吃国家供应粮的户称为城镇户口或“非农业户口”，从而形成了一个以《户口登记条例》为主，其他辅助政策相支持的户籍管理制度框架。从此，城乡二元户籍制度进入制度的巩固强化阶段。商品粮户口制度不仅使粮棉油等日常生活消费品供应与户籍性质直接挂钩，连城市就业机会分配、住房分配和社会保障范围等都以户籍性质为依据，拥有商品粮户口演变成城市居民的一项荣誉。并且，国家进一步采取措施严格限制了城乡居民的自由迁移，1964 年 8 月，国务院批准公安部提出的《关于户口迁移政策规定（草案）》，该文件比较集中地体现了处理户口迁移的基本精神，提出两个“严加限制”，即对农村迁往城市、集镇的要严加限制；对从集镇迁往城市的要严加限制。

为了缓解城市人口的压力，自 1962 年起，国家开始采取行政措施，有组织、有计划地动员城镇知识青年“上山下乡”，从此又兴起了中国第二次反城市化运动。“文革”爆发后，上山下乡运动演化为“接受贫下中农再教育”的政治运动，另外还有数百万机关干部和职工下放到农村参加劳动。自 20 世纪 60 年代中期以后，政府动员了近 4000 万知识青年上山下乡。① 离开父母和家乡的知青，被分派到全国各地农村“插队落户”，实际是对户口制度的强制性调整，国家通过这种制度安排暂时减少合法的城镇户口，以减轻城镇资源供给的压力。

1975 年《宪法》历史性地取消了“中华人民共和国居民居住和迁徙的自由”，从而使得此前出台的各项明显违宪的歧视性户籍制度变得合法了，从此我国公民的迁徙自由权失去了宪法保障。

1977 年 11 月国务院批转的公安部《关于处理户口迁移的规定》，不仅提出严格控制市、镇人口增长，而且严格控制农业人口转为非农业人口。该规定指出，处理户口迁移，要根据不同的情况，分别采取严加控制、适当控制、不予控制的原则。从农村迁往市镇（含矿区、林区等），由农业人口转为非农业人口，从其他市迁往京、津、沪的，要严加控制。从镇迁往市，从小市迁往大市，从一般农村迁往市郊、镇郊或国营农场、蔬菜队、经济作物区的，应适当控制。从市镇迁往农村，从市迁往镇，从大市迁往小市的，以及同等市之间、

① 伍晓鹰：《人口城市化：历史、现实与选择》，载《经济研究》1987 年第 11 期，第 27 页。

镇之间、农村之间的迁移，理由正当的，应准予落户。

该规定是第一次正式提出严格控制“农转非”的政策。稍后，公安部又在《关于认真贯彻〈国务院批转“公安部关于处理户口迁移的规定”的通知〉的意见》中，更具体地提出了对从农村迁入市镇和“农转非”的内部控制指标，即每年从农村迁入市镇和“农转非”的人数不得超过现有非农业人口的1.5‰。① 这一《规定》包含了二元户籍制度的主要内容，并在其影响下，20世纪60—70年代中国几乎没有人口流动，因为在城市生活的柴米油盐等日用必需品都是凭户口、凭票证供应，没有户口、票证，就意味着无法在城市立足、生存。

总体来说，从1963年商品粮户口制度的建立到1977年《关于处理户口迁移的规定》的颁布，以及人为地从法律上取消了公民的迁徙自由权，中国的城乡二元户籍制度得到了进一步巩固强化，户籍壁垒日益坚不可摧，全体公民被人为地划分为“农业户口”和“非农业户口”，并且在教育、住房、医疗、保险、养老、就业等社会公共福利方面形成了两大不对等的阵营，影响中国的政治、经济、文化、教育等方面长达半个多世纪。

（二）城乡二元户籍制度的松动、变革期（1978年—至今）

十一届三中全会以后，农村经济体制改革试点的实践取得了一定的成效，对户籍管理工作也开始了一系列尝试性的改革。1980年9月27日，中央印发《关于进一步加强和完善农业生产责任制的几个问题》，允许少数要求从事个体经营的农民，可以在得到许可的情况下，持证外出劳动和经营。1983年的中央1号文件进一步放宽了人口流动的限制。政府对人口流动的认可，对我国自20世纪50年代后期所形成的城乡分割的户籍管理体制产生了强大的冲击，对我国户籍制度的改革产生强大的推动作用。1984年10月，国务院发出《关于农民进入集镇落户问题的通知》，指出凡申请到集镇务工、经商、办服务业的农民和家属，在集镇有固定住所，有经营能力，或在集镇企事业单位长期务工的，公安部门应准予落常住户口，及时办理入户手续，发给《自理口粮户口簿》，统计为非农业人口。这标志着我国户口迁移制度由严格限制开始出现松动，为农民进城开辟了一条新路。按照1991年5月商业部和公安部的有关通知，自理口粮户口人员符合“农转非”政策，并被批准“农转非”的，可以办理市镇粮食供应关系。1984年至1990年，全国共计有500万人口落城镇

① 陆益龙：《户籍制度——控制与社会差别》，商务印书馆2003年版，第144页。

自理口粮户口。①

在人、财、物大流动的社会条件下，公安部于1985年7月发布了《关于城镇暂住人口管理的暂行规定》，标志着我国居民在非户籍地长期居住，即事实上的人口迁移的合法性。1995年6月又发布了《暂住证申领办法》，进一步完善了暂住人口管理制度。

1997年6月，国务院批转公安部提出的《小城镇户籍管理制度改革试点方案》，允许已经在小城镇就业、居住并符合一定条件的农村人口在小城镇办理城镇常住户口，在小城镇落户的人员与当地原有居民在入学、就业、粮油供应、社会保障等方面享有同等待遇。2001年3月，国务院批转了公安部的《关于推进小城镇户籍管理制度改革的意见》，意见明确规定，全国所有的镇和县级市市区，取消“农转非”指标，不再实行计划指标管理。凡在当地有合法固定的住所、稳定的职业或生活来源的外来人口，均可办理城镇户口。从1997年开始试点、2001年在全国全面实施的小城镇户籍管理制度改革，不仅使农民和其他人落户小城镇成为可能，而且也为我国户籍管理制度从二元制走向一元制积累了经验。

1992年8月，公安部发布《关于实行当地有效城镇户口制度的通知》，该意见规定，实行当代有效城镇户口制度的范围是小城镇、经济特区、经济开发区、高新技术开发区；对象是外商亲属、投资办厂人员，被征地的农民；办法是蓝印户口。随后，广州、上海、深圳、武汉、西安等各大城市都开始办理蓝印户口，其目的是在推动商品房的销售，从而拉动地方经济发展。2000年之后，蓝印户口在各地逐步被叫停，渐渐退出历史舞台。如上海在2002年、广州在2004年、深圳在2007年先后取消了蓝印户口。2014年7月，国务院印发的《国务院关于进一步推进户籍制度改革的意见》明确指出取消农业户口与非农业户口性质区分和由此衍生的蓝印户口等户口类型，统一登记为居民户口。这充分体现蓝印户口正式退出了历史的舞台。

2011年2月26日制定、2012年2月23日发布的《国务院办公厅关于积极稳妥推进户籍管理制度改革的通知》（国办发〔2011〕9号），提出了分类明确户口迁移政策，继续探索建立城乡统一的户口登记制度，逐步实行流动人口居住证制度等措施。2014年7月，国务院印发《关于进一步推进户籍制度改革的意见》，取消农业、非农业户口性质和各种户口类别，全面

① 张庆五：《户口迁移与流动人口论丛》，中国人民公安大学出版社1994年版，第153页。

放开建制镇和小城市落户限制，有序放开中等城市落户限制，合理确定大城市落户条件，严格控制特大城市人口规模；建立城乡统一的户口登记制度，建立居住证制度，健全人口信息管理制度。《意见》的出台，标志着进一步推进户籍制度改革开始进入全面实施阶段，并宣告着我国实行了半个多世纪的“农业”和“非农业”二元户籍管理模式将逐渐退出历史舞台。2015 年 2 月，中央审议通过《关于全面深化公安改革若干重大问题的框架意见》及相关改革方案，明确规定取消暂住证制度，全面实施居住证制度，落实无户口人员落户政策，建立户口迁移网上流转核验制度和居民身份证异地受理制度。2015 年 4 月，国务院开展新型城镇化建设部署，我国户籍管理制度进入一个全新的时期。

第二节　城乡二元户籍制度的特点及历史评价

一、城乡二元户籍制度的特点

一般来说，户籍制度的基本职能有两项：一是证明公民身份，以便于公民参与各种社会活动；二是为政府制定国民经济和社会发展规划，配置劳动力资源等行政管理提供人口数据及相关的基础性资料。这种基本功能是任何国家户籍管理都具有的功能。所不同的是我国户籍制度在形成和发展的过程中，由于特定社会历史背景，户籍制度原来应有的功能逐渐被异化，增加了一些特殊的功能。其突出表现为：一是“附属”功能，即附属于户籍制度的门类繁多的社会福利制度，如与户口性质密切相关的粮油供应、商品供给、就业、住房、养老、教育和医疗保险等事项相挂钩；二是限制功能，就是限制人口迁移和流动的功能。

差别待遇是二元户籍制度的根本特点。从 1958 年开始，中国户籍制度严格地将城镇户口与农村户口加以明确区分，户籍身份对个人及社会的流动性起着较大的限制作用。在过去长达 50 多年的时间里，户籍政策构筑了“农业户口”与“非农业户口”在实际利益上的不平等，在“户籍墙”的两边，两种户口成为差别化分配各种利益的最直接标签。除此之外，城乡二元户籍制的特点还表现在以下方面。

（一）二元户籍制度服务的重点对象是城市人口

二元户籍制度的主要任务就是适应国家工业化的进程，实现劳动人口有计划、有秩序的供给。与其维系的城乡分割的二元社会结构相适应，它的功能也具有二元化的特征。一是它具有户口管理制度的一般功能，即人口登记的功能以及社会治安、社会管理的功能，适用于城乡；二是限制农村人口自发地向城市流动。随着社会的演进，它控制城市规模的手段日益得到强化，在大、中、小城市之间呈现逐级向上封闭的运行态势。非农业户口在各项待遇上明显优于农业户口。在1978年前近30年的国家工业化初期阶段，城市人口享受到了从出生到死亡的各种保障制度，这些保障靠国家财政补贴维持。据国家卫健委和国家统计局保守估计，城镇每安排一个人的就业和生活需花费3万至4万元，2亿多人就需要6万多亿元。① 然而，占人口总量的80%却只能提供积累不能分享工业化收益的农民一直与这种制度无缘，土地成为他们唯一的保障。差别户口待遇的辐射力量是惊人的。人们很快发现，其背后逐渐附加了从社会保障到教育、医疗、公共服务等几乎所有公民权益的城乡化差异，城市人口在各项待遇上明显优于农村人口。

（二）二元户籍制度具有封闭性、继承性和等级性

两种户籍之间封闭运行，代代相承是二元户籍制度的明显特征。城镇非农业人口的子女生下来即有"非农业户口"，农村人口的子女只能获得"天生"的"农业户口"，即典型的"龙生龙、凤生凤"的承袭制度。农村人口想改变农业户口身份并取得向城市迁移资格的渠道极为有限，而且转化条件严格，通常只有国家劳动部门统一招工录用、大中专学校入学录取、参军并且被提干、土地征用农转非这些有限的途径。两类户口在一定程度上衍生出具有不同等级的社会身份。1961年后，要成为国营企业工人一般首先要有城市户口。在整个社会，干部、工人、农民之间的阶层分野非常分明。

封闭性、继承性和等级性使不同户籍身份的人们的社会地位也有了分野。城乡之间形成了一种在政治、经济、文化社会基础上的全方位的不平等，由此也衍生了长期二元社会结构下城市市民的"一等公民"与农业人口的"二等公民"社会地位，去掉"农"字标签，获得与城市居民平等的社会身份，成为几代农民百折不挠、掺杂无数辛酸血泪的奋斗或追求目标。

---

① 《中国记事：1958年城乡二元户籍制度的确立》，载新浪网，http：//www.sina.com.cn/c/scl/2009-08-13/165418428964.shtml，2018年9月17日访问。

（三）二元户籍制度与相关制度形成了严格的制度壁垒

户籍制度与统包统配的劳动就业制度、城镇居民生活必需品计划供应制度、城市居民系列福利制度四位一体，高度协同，不仅严格禁止了农村人口自发流入城市，同时也保证了国家经济发展计划对人口流动行为的强有力制约。如果说，二元户籍管理制度是农村人口迁往城镇的第一道闸门，那么，统包统配的城镇就业制度、城镇居民生活必需品计划供应制度和城镇居民系列福利制度则是迁往城镇的第二、第三和第四道闸门。城乡二元户籍制度背后是严密的制度壁垒，这一系列的差别制度在相当长一段时间内影响着中国城市人口和农村人口的政治、经济、社会地位。

（四）政府赋予户籍制度以复杂的管理手段

为了控制城市规模以及满足对工业化所需劳动力的计划供给的需要，政府赋予户籍制度以复杂的管理手段。首先是采用静态管理的模式。重“籍”、重“户”，不注重公民身份的个人化管理，户籍只是政府部门核验身份的证件，缺乏流动性和公示性。其次，公民身份关系不明晰。出生地、居住地、工作地相互重叠，单位集体户口与家庭户口并存，农村户口与非农户口对立，常住人口、暂住人口、流动人口名目繁多，既增加了管理工作的难度，同时也导致社会管理成本的上涨。

二、城乡二元户籍制度的历史评价

对城乡二元户籍制度的历史评价，我们要辩证地分析，既要看到它在社会发展中的进步作用，也要指出其弊端。它是在计划经济体制下形成的，在维护社会治安、国家管理、经济发展等方面作出了贡献，特别是成功地履行了工业化高速优先发展的功能，对加强人口管理、计划经济体制下资源和要素的有计划分配和社会正常秩序的维护都起到了重要的作用。但是它却人为地阻碍了我国城乡居民的自由流动，造成了城乡居民的不平等，使人力资源得不到优化配置，从而阻碍了我国城市化的进程。

（一）城乡二元户籍制度的历史功绩

事实证明，产生于特定历史条件下的二元户籍制度，不但满足了当时社会发展的特殊需要，而且在很大程度上推动了中国经济的迅速恢复，还避免了社会发展过程中的许多负面影响。其历史功绩主要体现在以下几个方面。

1. 推进了我国工业化的进程

中华人民共和国成立初期，国家千疮百孔、百废待兴，国民经济几近瘫痪。为了实现中国式的工业化和城市化目标，国家建立了优先发展重工业战略和为工业化服务的城市化策略，并建立了一整套严格的政治经济制度，如农产品统购统销制度、人民公社制度、城乡有别的户籍管理制度、高度集中的计划经济体制等，这一系列制度的制定是为了保障重工业及工业发展的资本、资源，并降低其成本。由于有了这些政策性制度作保障，中华人民共和国成立头40年，农业为工业化建设提供了近1万亿元的建设资金，占同期国民收入全部累计额的22.4%，平均每年高达250亿元。① 在我国工业化起步阶段，在同期农民的温饱尚未解决的情况下，农业为工业化建设积累的数额之大，持续时间之长，在中外历史上是少见的。由于农业的支援，使我国用了不到30年的时间，就建立了初具规模且较为完备的工业体系，并迅速完成了工业资本的原始积累过程，从而大大推进了我国工业化的进程。②

2. 维护了社会秩序，巩固了新生的共和国政权

中华人民共和国成立初期，户籍管理工作在剿匪、反霸、镇反，防范和打击各种犯罪活动，维护社会秩序，巩固新生的共和国政权等方面发挥了重要的作用。此后，户籍管理工作在户口登记和户口调查的基础上，及时了解和掌握敌社情，预防和打击各种刑事犯罪活动，并通过积极参加社会治安综合治理、教育挽救失足青少年等活动，预防和减少了犯罪，为社会主义经济建设创造了稳定、良好的社会环境。

3. 提供了可靠的人口资料，服务于社会主义现代化建设

人口是国情国力最基本的因素，国家大政方针及各项政策的制定、国民经济和社会发展计划、各项宏观和微观战略决策等都要以人口情况为重要依据。我国人口资料的获取，除了国家定期进行的人口普查外，还要依靠公安机关的日常户籍管理工作来提供。中华人民共和国成立后，伴随着城乡二元户籍制度的产生，与之相适应的户口登记、户口统计、户口调查等业务工作相继开展，为当时的社会、政治、经济建设提供了大量可靠的人口资料，并有力地推动了社会的发展。

---

① 辛逸：《试论人民公社的历史地位》，载《当代中国史研究》2001年第3期，第27~40页。

② 同春芬：《转型时期中国农民的不平等待遇探析》，社会科学出版社2006年版，第202页。

4. 减轻了城市就业压力，避免了“城市病”的发生

二元户籍制度的积极作用，还表现在减轻城市在工业化进程中的就业压力，避免了由于城市规模高速发展所引发的各种“城市病”。如果没有与计划经济相配套的二元户籍制度，城市人口的机械增长就会失控，粮油、副食品、燃料等基本生活必需品就不可能按计划供给，医疗、社会福利、住房赔给等问题就会处于无序的状态。因此，我们应当充分肯定，这种在计划经济体制下逐步形成的、以城乡二元结构为特征的、以维护社会稳定为导向的户籍制度，在当时特殊的历史条件下，在有效控制城市人口，减轻城市就业压力，使城市免受农村人口压力的冲击，有效调配有限的生产资料等公共资源，维护社会稳定等方面都发挥了重要的作用。

随着改革开放的步伐不断加快和计划经济向市场经济的逐步转轨，这种封闭的带有浓厚行政色彩的二元户籍制度的弊端日益凸显，我们有必要对其重新审视和认识。

（二）城乡二元户籍制度的弊端

1. 城乡二元户籍制度扩大和固化了城乡差别

城乡二元户籍制度导致的城乡差别主要体现在城乡建设的差别和城乡收入的差别。首先，在计划经济条件下，国家实行以城市为中心的发展战略，农村长期通过工农业生产“剪刀差”为城市提供廉价的农产品来保障城市工业的发展，导致农村经济发展落后。国家对城市公共服务设施的投入远远大于农村，农村的道路交通、水电气等基础设施非常薄弱，教育、住房保障、医疗卫生等公共资源非常匮乏，导致我国在改革开放前一直处于相对封闭落后的农村与现代文明的城市相对峙的局面。其次是二元户籍制度扩大了城乡收入差别。拥有城镇户口的居民能够享受国家的各种补贴，而农业人口不仅不能享受到各种公共服务，还要缴纳各种农业税费，从而加大了城乡收入差别。改革开放初期，由于农业的快速发展使城乡居民收入差距曾经一度明显缩小，但随着改革重心向城市的转移，城乡居民收入差距重新出现了扩大的趋势。据统计，1978年城镇居民可支配收入为343元，到2006年提高到11759元；1978年农民人均纯收入为134元，到2007年提高到4140元。1978年至2007年间，中国城镇居民人均实际可支配收入增加了7.5倍，农村居民人均纯收入增加了7.3倍。但1990年以来农民收入的增幅明显低于城镇居民，两者之间绝对额的差距逐年扩大。2007年，农村居民人均纯收入实际增长9.5%，为1985年以来增幅最高的一年，而城乡居民收入比扩大到3.33∶1，绝对差距达到9646元，

是改革开放以来差距最大的一年。① 据农业部 2009 年年初提供给全国政协提案委员会的最新材料显示，2008 年延续了这种扩大趋势，城乡居民收入比扩大为 3.36：1，绝对差距首次超过 1 万元。2015 年中国城镇居民人均可支配收入是 15699 元，农村居民人均可支配收入 5554 元，城乡居民收入比为 2.83：1，差距依然过万。改革开放至今，城乡差距不但没有缩小，反而进一步扩大，最关键的原因在于我们还没有形成与市场经济相配套的人口管理制度，户籍制度改革依然不能触及根基，中国的二元户籍制度导致农村和城市、大城市和小城市、特大城市和超大城市之间的居民依然享有不同的权利。

2. 二元户籍制度造成了公民身份的不平等

城乡二元分割的户籍制度人为地划分农业户口和非农业户口，形成层次分明、等级森严的身份制度，使人一出生就打上了不平等的“烙印”，根据出生地将公民区分成两类人，衍生出具有不同等级的社会身份——市民和农民。由于户籍制度诸多的附加功能，不同社会身份的人享有不一样的待遇，这与《宪法》规定的“法律面前人人平等”的精神是相悖的，也违背了社会主义国家所倡导的公平和正义。

中国现行的户籍制度造成了公民在事实上的不平等，在相当长一段时间内中国形成了农业人口与非农业人口两大利益不对等的集团，并构筑了一个不平等的等级社会。在户籍制度背后，附加了许多与之相关联的社会福利和权益，从劳动就业、医疗保险到住房补贴，再到退休养老，甚至在高校招生中也存在着城乡差异等，在户籍管制制度之下，逐步形成了中国特色的以城乡分治的行政建制为基础的、城乡分离的“二元社会”。户籍也因此对中国社会中的每个人产生了特殊意义。户籍管理制度所带来的负面影响是深刻而巨大的，“同工不同酬”“同考不同分”“同命不同价”的现象经常以极其残酷的面孔出现，冲击着人们脆弱的神经。在 20 世纪的后半期，农民的行动以及由此而构成的农村社会关系和结构，都在很大程度上受到城乡户口分割这一事实的制约，如农民的居住、受教育、生产经营活动以及职业的选择等，无不与户口或户籍有着千丝万缕的联系。直至今日，因二元户籍制度所造成的劳动就业、医疗保险、教育、住房等方面的差别虽然在逐渐缩小，但依然或多或少地受到户籍因素的制约。

城乡有别的户籍制度把城乡居民人为地划分为两个身份不同、待遇不同，

---

① 《改革开放 30 年我国农民人均纯收入年均增长 7.1%》，载搜狐网，http：//business.sohu.com/20081006/n259866886.shtml，2018 年 10 月 14 日访问。

在权利、机会、风险方面存在较大差别的社会群体，而且这种身份和地位是不可转换的。在我国，城乡两大群体的关系是不平等的，实质上是一种支配与被支配的关系，农民始终处于被动和被支配的地位。改革开放后，农业实行家庭经营，农业劳动力实现了二次大解放，城市户口管理和劳动就业制度有所松动。1984 年中央 1 号文件明确规定“允许务工经商、办服务业的农民自理口粮到集镇落户”，自此以后，我国的户口从形式上看，由过去的两种演变为三种：非农业户口、农业户口、自理口粮户口。自理口粮户口只是实现了到城市就业的机会，实质上还不是非农业户口，不能享受政府给予非农业户口的各种社会福利和社会保障。在招工招干、住房分配以及子女上学等方面，城乡居民在身份和待遇上的重大差异和不平等性依然严重存在，这种人为地压制社会对城镇人口的供给与需要的户籍制，使进城农民只能在“体制外循环、体制外生存”，不能变成真正的城市人，这在一定程度上也削弱了城镇对农民的吸引力。①

改革开放后，二元户籍制度虽历经调整，但总体上仍然是一种身份制度，一种束缚个人自由的制度。二元户籍制度本身，就是对血统出身的严格划分，不符合现代社会的平等原则，带有明显的封建等级色彩。这种因出生地不同、户口种类不同而使公民受到不同待遇的歧视性政策，有违公民平等待遇原则，从宪法上看，也不符合“中国公民在法律面前人人平等”这一基本的立国宗旨。因为没有身份的平等，就难以甚至不能建构真正和谐的社会秩序，也难以促进社会有实质性的发展。正如没有公平的交换条件，也就没有真正的市场机制的发展，没有身份的平等，公民社会的发展就缺少必要的基础。②

二元户籍制度的主要目的一直是限制农民进入城镇就业，从而牺牲了农民的就业权。首先，城市就业权的制度性垄断是缩小城乡贫富差距的最牢固的障碍。很多城市制定了地方性的保护措施，明确禁止企事业单位聘用外地劳动力，明显体现了对本地城市居民就业权的优先保障；其次，与户籍制度相配套的社会福利保障制度，还将生活物资直接配置给城市居民。1953 年 11 月，政务院发布《关于粮食计划收购和计划供应的命令》以及《粮食市场管理暂行办法》，不仅确保对城市居民供应口粮，而且排除了农村人口在城市获得口粮

① 顾朝林等：《经济全球化与中国城市发展：跨世纪中国城市发展战略研究》，商务印书馆 1996 年版，第 57 页。

② ［法］托克维尔：《论美国的民主》（上卷），董果良译，商务印书馆 1997 年版，第 96 页。

的可能性。1957 年，中共中央和国务院的联合指示更明确禁止对没有城市户口的人员供应粮食；最后，1951 年发布的《劳动保险条例》详细规定了城市国营企业职工所享有的各项劳保待遇。国家机关和事业单位工作人员的劳保待遇以病假、生育、退休和死亡等单项规定予以保障，城市集体企业多参照国营企业办法实行劳保。改革开放后的“菜篮子”工程、住房制度以及工资改革等各种补贴，也使城市居民从国家那里直接获得了大量的非劳动性财富，而所有这些都是农村人口所不可能得到的。

3. 二元户籍制度加大了流动人口的管理难度

十一届三中全会后，我国在农村推行了家庭联产承包责任制，大量的农业人口从土地中解放出来，人财物自由流动，人口流动量急剧增加，由于实行的是城乡有别的二元户籍制度，大量的流动人口长期在外就业、居住而户口仍在原籍，人户分离的现象非常突出，形成并加重了中国户籍管理现有的登记不全、统计失实和流动人口剧增等问题。现行户籍制度已不能对我国的人口流动进行有效管理。流动人口的增加使得人口统计难以掌握真实情况。2000 年进行的第五次人口普查中瞒报、拒报、漏报情况严重，如陕西省应该登记的人口少了 200 万，湖南省则少了近千万。上海“人户分离”人数多达 250 余万，约占户籍总人口的 19%，同时发现重庆市 13 万死亡人口户口未注销。① 中西部地区农村相当一部分人有籍无户，农村“空壳”现象较为突出。流动人口也在很大程度上影响了普查工作的质量、速度和准确性。随着经济社会发展和人们生活水平的提高，一户拥有多套住房，人户分离的现象比较普遍。据国家统计局统计，2015 年我国人户分离的人数达到了 2.94 亿②，这给人口普查的真实性、科学性、有效性都带来不利影响。

造成这种结果的主要原因是中国的户籍管理制度与实际的发展相差太远，我国的流动人口正在高速增长，而实行迁移调控的户籍政策无法将流动人口纳入迁入地的管理范畴。这说明，随着社会经济的变革与发展，越来越多的农村剩余劳动力进城务工经商，从事非农产业，按城市人口和农业人口实行二元户口管理制度，已不能对现有流动人口进行有效管理。这不仅人为

---

① 国家统计局和社会科技统计司：《中国人口统计年鉴（2001）》，中国统计出版社 2001 年版，第 7~12 页。

② 《去年末全国大陆人口 13.74 亿人 人户分离达 2.94 亿人》，载中国经济网，http：//district.ce.cn/newarea/roll/201603/01/t20160301_9187600.shtml，2018 年 10 月 17 日访问。

地制造了公民身份上的天然不公平和用工歧视，也不能真实反映我国人口的地区分布、劳动力的就业构成状况及城市化水平，造成人口信息失真、管理缺位等许多问题。

4. 二元户籍制度不利于劳动力资源的合理流动和优化配置

市场经济要求劳动力应该根据利益最大化原则实现自由流动，以达到生产要素的优化配置。企业能在法律框架内自由用工，劳动者能自主择业，并能自主选择居住地。但现行的城乡隔离的户口迁移制度把人口静态地固定在某一区域，不能实现正常的人口流动，客观上影响了人力资源的优化配置与合理利用，对企业的运行效率造成不良影响，更使劳动者的积极性、主动性受到限制。

这种限制了劳动力资源的合理流动和优化配置的二元户籍制度带来了种种社会问题。一是农民被限制进城就业，因而缺少城乡之间的就业竞争，城市里劳动力成本的上升无法得到遏制。二是进城务工人员受到了歧视。由于没有城市户口，进城务工人员在劳动力市场上处于非常不利地位，在城市里的进城务工人员干的是“脏、苦、差、累”的活，但收入远远低于社会平均工资水平，进城务工人员即使和城里人从事同样的工作，但收入低微，“同工”根本无法“同酬”，并且他们也无法享受到其他方面的待遇。三是在现行户籍制度下，数以千万的进城务工人员进入城市后，无法获得合法的身份，带来了一系列的社会问题，如在劳动力市场上，进城务工人员受到不应有的歧视。由于没有户籍，进城务工人员被视为“盲流”，被城市驱逐；由于没有户籍，进城务工人员享受不到城市居民在医疗、劳保等方面的社会福利和社会保障，等等。由此，他们不得不像候鸟般来往于农村与城市间，造成了“离土不离乡”这一独特的中国现代农业和农村发展模式。①

5. 二元户籍制度严重阻碍了我国的城市化进程

城市化又称都市化、城镇化，是指人类生产和生活方式由乡村型向城市型转化的历史过程。它表现为乡村人口向城市人口的转化以及城市不断发展和完善的过程，即人类进入工业社会后，随着社会经济发展，农业比重逐渐下降，非农产业比重逐渐上升的过程。“城市化进程是一个不以任何人的意志为转移的自然历史过程，它既是工业革命和工业化过程的必然结果，又是工业生产进

① 茶洪旺：《现代农业的发展呼唤加快户籍制度改革》，载《云南民族学院学报》（哲学社会科学版）2002年第1期，第13~15页。

一步发展壮大不可或缺的前提条件。”① 城市化被公认为是衡量一个国家或地区经济发达和文明程度的重要标志，是一个国家现代化水平的重要标准，是人类文明进步的必然结果。城市化水平又叫城市化率，是衡量城市化程度的数量指标，一般用一定地域内城市人口占总人口比例来表示。从国际通行标准来看，一般认为城市化率达到或超过50%，才算得上是一个现代化国家。

我国的城市化起步较晚，而中华人民共和国成立到改革开放以前城市化进程曲折起伏，20世纪80年代，随着改革开放和经济迅速发展，我国的城市化才进入一个健康、持续、快速发展的新时期。但与世界城市化水平相比，目前我国的城市化水平还较低，不仅低于欧美发达国家平均城市化水平，还低于世界平均城市化水平。这种现状与当时推行的城乡分割的二元户籍制度是分不开的。二元户籍制度限制公民的迁徙自由，将人口占绝大多数的农民排除在城市之外，城市只重视人口的控制，不重视城市的发展，不重视城市基础设施的建设，使城市发展步伐缓慢，自我调节功能弱化，这种本末倒置的管理方式严重阻碍并制约了城市化的建设和发展，减缓了城市化的进程。

6. 二元户籍制度不利于社会的和谐稳定

城乡二元户籍制度的确立，造成了城乡居民在子女教育、社会保障、看病就医、就业、交通事故处理和人身损害赔偿等诸多方面的不平等，这严重违背“公民在法律面前一律平等”的宪法精神。这种不平等首先会造成农村人口在心理上的失衡，他们向往城市的生活，渴望融入城市，但进城务工人员进城后因住房、教育等问题只能成为城市的边缘人。同时，由于农民在进入城市后过高的致富期望破灭，对农村社区与城市社区之间所存在的巨大差异不适应，再加上城市社会对其管理上的弱化，使得他们也容易引发一系列的社会问题尤其是犯罪问题。这些问题加剧了社会矛盾，不利于城乡经济的发展，也不利于社会的和谐稳定发展。因此，改革城乡割裂的二元户籍制度，已成为历史发展的必然趋势。

第三节 城乡二元户籍制度改革

随着社会主义市场经济体制的确立和深化政治经济改革步伐的加快，对户籍制度的改革也被提上了日程。在我国人口流动量不断增多和经济全面增长的

① 俞德鹏：《城乡社会：从隔离走向开放——中国户籍制度与户籍法研究》，山东人民出版社2002年版，第270页。

社会背景下，城乡二元户籍制度改革的条件已基本成熟，改革的必要性和可行性日益凸显。

一、城乡二元户籍制度改革的必要性

计划经济体制下建立的二元户籍制度，在城乡之间筑起了一道壁垒森严的“户籍墙”，使城乡长期处于分割状态，造成了城市化进程滞缓和农村的相对落后，这种城乡发展的不一致严重阻碍着中国的经济发展。推倒“户籍墙”，改革城乡二元户籍制度，建立社会主义市场经济，是社会发展的必然要求，也是众望所归。

（一）改革城乡二元户籍制度是市场经济发展完善的内在要求

市场经济要求人力、物力资源能有效、合理地配置，那么，人才的流动是基本要求。市场经济的开放性要求社会的各个领域和就业岗位向每一个劳动者乃至所有社会成员开放，每个社会成员可以自由择业。市场经济的竞争性要求劳动者在平等的条件下，可以与就业单位之间在自愿的基础上双向选择，竞争上岗。任何劳动者都可以参与到任何地区的劳动力市场，劳动力要素市场化，劳动力资源将达到最佳的配置，这种配置模式要求法律保证劳动力的自由流动。改革城乡二元户籍制度是加快人才资源市场化的催化剂，也是社会主义市场经济对户籍管理提出的必然要求。市场经济体制要求在全国范围内形成统一的劳动力市场，按照市场价值规律来调节劳动力资源，如果人为地限制人口的流动，必然与市场规律相违背。通过改革城乡二元户籍制度，使人才资源能有序流动和合理配置，可以为实现人尽其才、人尽其力和安居乐业的终极价值目标创造有利条件。

自 20 世纪 80 年代我国推行改革开放政策后，我国开始由计划经济向市场经济转轨，社会也开始由传统封闭型向开放现代型转变。在社会的快速运行和转型时期，社会关系和结构的协调问题显得格外重要，因为在事物的快速运动中，各个组成部分之间需要相互配合、相互协调，如果某些结构要素或体制发生了变化，而其他要素如果没有改革反而形成系统运行的障碍或阻力，那么，这种不太协调或失调的社会状态会影响整个系统的良性运行和协调发展。因此，适应市场经济的发展，取消城乡二元户籍分割已成必然。

（二）改革城乡二元户籍制度是建设社会主义法治国家的需要

“依法治国，建设社会主义法治国家”是社会主义中国发展的价值目标所在。这一伟大目标的实现，不仅有赖于法律制度的健全和完备以及严格依法办事，而且有赖于公平、正义、秩序、效率等法律价值观念在社会生活中被认同贯彻的程度。同时，党的十六届六中全会把“民主法制的更加完善、依法治国方略的全面落实、人民权益得到尊重保障”作为构建社会主义和谐社会的九大目标任务之首。因此，法制的和谐是社会和谐的制度基础。而户籍制度作为一项法律制度，它在一个国家的法制体系中，最能体现其自由、人权、公平和正义的法治含量，最能体现人们在法律面前是否平等的问题。同时，我国户籍制度的改革又是社会生活中最关键的制度改革，它需要附加在户籍之上的教育、就业、医疗、社会保障、公共财政、计划生育、退伍安置、公务员录用、损害赔偿等一系列制度的和谐配套改革。如果将我国公民人为地划分为市民与农民的两个不对等的利益集团，建设社会主义新农村的目标与和谐社会的理想境界是难以实现的。由此可以预断，深化户籍制度的改革，必然推进城市的劳动就业、公共财政、收入分配、教育卫生、社会保障、司法救济等系列制度的深化改革，必然推动社会主义法制建设。

（三）改革城乡二元户籍制度是中国城市化发展和新农村建设的必然选择

城乡一体化顺应了城乡相互依存、共生共荣的规律。城市化是一个与经济发展特别是工业化相伴随的自然而然的过程，这一过程是在农业发展的基础上形成工业发展，为城市化准备条件，然后城市发展，城市化水平逐步提高。① 当城市化水平超过70%以后，城市人口比重的提高速度开始减缓。这是发达国家城市化发展的经验，但我国城市化在很大程度上受到了各种社会、政治和经济发展等因素的影响，具有明显的政策性、被动性的特征。以湖北省为例，近年来，湖北的工业发展迅速，工业化水平有了显著提高，但是其城市化水平却增长缓慢，户籍人口城镇化率和常住人口城镇化率存在较大差距。2016年年末，湖北省常住人口为5885万人，常住人口城镇化率为58.1%，户籍人口城镇化率为38.9%，相差近20个百分点。② 究其原因，主要是受计划经济体制下城乡二元户籍制度影响，通过行政手段限制农民向城市的流动，人为地阻止了城市化的进程。该省流动人口年均1600余万人，绝大部分流向城市务工、经商，从事服务业，但他们“人在城市中就业和生活，户籍和社会保障却在

① 张谦元、柴晓宇：《城乡二元户籍制度改革研究》，中国社会科学出版社2012年版，第126页。

② 数据来源于湖北省2016年统计年鉴。

农村”，生活面临诸多问题。这种“人户分离”的现象，不仅加大了社会管理的难度，而且使大量进城务工农民在城市中的生活得不到应有的保障，在就业、就学、就医等方面享受不到与城里人同等的待遇。这种长期存在的差别，使一些进城务工农民心理失衡，加剧社会矛盾，影响社会稳定。此外，湖北省农业人口3400余万，农村产业化程度低，农业产出率不高，农民收入普遍偏低，城乡二元的户籍制度将大量农村人口限制在土地上，一定程度上不利于农村发展致富，不利于“三农”问题的解决，阻碍了新农村的建设步伐。

（四）改革城乡二元户籍制度是构建社会主义和谐社会的必然要求

社会和谐是社会主义的本质要求之一。美国著名政治哲学家罗尔斯指出：“正义总是意味着平等。如果我们能够设计出一种正义的程序，那么我们从中所选择的任何原则都是正义的，无论他们是什么。通过程序正义，条件的公平就转变为结果的公平。”① 应该说，和谐社会并不否认差别，但差别的前提应当是机会均等，只有机会均等下的差别才是为各阶层人民所接受的“公平的差别”。由此可见，城乡权利地位有别、二元分治下的户籍管理方式是明显不符合构建和谐社会的要求的。因为，社会主要制度分配的基本权利和义务，决定了由社会合作所产生的利益之划分的方式，而不公平的利益划分方式所造成的社会差别和社会分层结构必然不利于社会稳定。因此，改革和完善现行户籍制度也是构建和谐社会的必然要求。

进入21世纪后，中央提出了建设社会主义和谐社会的奋斗目标，党的十六届三中全会也完整地提出了科学发展观并赋予了时代内涵，明确提出了“坚持以人为本，树立全面、协调、可持续的发展观，促进经济社会和人的全面发展”；强调“按照统筹城乡发展、统筹区域发展、统筹经济社会发展、统筹人与自然和谐发展、统筹国内发展和对外开放的要求推进改革和发展”。科学发展观的提出，是我们党对社会主义市场经济条件下社会发展规律在认识上的重要升华，是我们党执政理念的一次飞跃。坚持以人为本，就要求把解决农民问题作为工作的重中之重。统筹城乡发展，其实质就是要促进城乡二元经济结构的转变。目前，我国农业基础薄弱、农民收入水平低、农村发展滞后问题十分突出，特别是农村教育、卫生、文化等社会事业和基础设施严重落后于城市，城乡贫富悬殊程度更加严重，城乡分治的二元经济结构的矛盾更加突出。

---

① 战简化：《公共管理模式嬗变——基于社会契约论的演化研究》，载道客巴巴网，http：//www.doc88.com/p-5943016127549.html，2018年10月25日访问。

解决农民问题，促进城乡二元经济结构转变的关键，就要首先深化户籍制度的改革。只有深化户籍制度的改革，才能推进城乡教育制度、就业制度、医疗制度、保险制度等制度的一体化发展，才能破解“三农”难题，才能解决长期形成和积累的各种社会矛盾。

（五）改革城乡二元户籍制度是缩小我国城乡差距的有效途径

我国城乡二元户籍制度排除了农民平等地分享工业化城市化成果的权利，抑制了农民收入的增长，扩大了城乡居民收入的差距。这种二元户籍制度严重地制约着人的自由流动，影响着公民在诸如就业、教育、住房、医疗等方面应享有的权利，不能适应经济、和谐社会发展的要求。只有破除二元户籍制度壁垒，逐步消除城乡差别，让农业人口自由流动，最大限度地发挥人的主观能动作用，并使他们能和城市居民享受平等的国民待遇，才能在更大程度上改变我国贫富差距的现状。户籍制度的改革，其最终目的是促进劳动力的自由流动。所以，要在户籍改革的同时，清除所有阻碍劳动力自由流动的歧视性政策法规，制定城乡统一的就业资格准入制度，建立与完善城乡统一的劳动力市场，让农民有机会参与到城镇岗位的竞争之中。然后，就要规范企业的行为，落实《劳动法》及其他法规的相关规定，保证农民的合法权利，杜绝“同工不同酬”现象发生，这样才能推动劳动力就业创新，达到缩小城乡差距的目的。

二、城乡二元户籍制度改革的可行性

自20世纪90年代以来，中央相继出台了一系列方针政策推动社会经济发展，社会经济结构发生了巨大变化，综合国力明显增强，人民素质不断提高，法制体系不断健全，这些都充分显示出，改革城乡二元户籍制度不仅必要，而且具有可行性，主要体现在以下几个方面。

（一）农村改革和社会经济结构的改变，为城乡二元户籍制度改革提供了体制保障

在市场经济条件下，我国城市化进程明显加快，城市的吸纳力、承载力和扩张力加强。我国乡村经济的市场化程度和专业化水平迅速提高，农村社会结构也发生了重大变化。1978年，国家开始在农村推行“包产到户”，改变了中华人民共和国成立初期的土地集中制，将土地经营权从所有权中剥离开来，从此农民开始承包土地、分散经营，并在资源分配中引入市场机制，从而改变了农民依附于集体经济组织的状况。家庭联产承包责任制使中华人民共和国成立

初期的人民公社制得到松动甚至瓦解，农民获得了土地的自主经营权。“八二宪法”明确指出乡镇将在今后取代人民公社成为最基层的行政单位，从而使人民公社制度退出历史的舞台。农村改革后，农业生产潜力摆脱了人民公社制的束缚而得到了充分激发。1985 年年初，中央发文要求各地实行市场收购和合同订购，以代替原来的统购统销制度。农产品统、派、购制度的取消，瓦解了二元社会结构的交换条件，这是在取消人民公社制度后，国家农村改革取得的又一次重要成果。交换条件的瓦解带来了分离条件和稳定条件的变革，进而影响了城乡社会的整体变革。党中央、国务院从 1984 年开始，通过文件形式表示同意将社队企业改为乡镇企业之一模式。随后，各地开始普遍、大力地发展乡镇企业，这也给农村剩余劳动力提供了大量的就业机会，一种符合我国国情的新型农村工业化发展模式开始形成。在城市和农村仍然处于相对封闭的情况下，这种模式让农民离开土地进入工厂务工，但并没有离开农村流入城市。作为经济发展进程中新的强大的经济结构和功能要素，中国农村工业的发展从根本上冲击和改变了中国经济社会的二元结构，并成为城乡、工业和农业之间沟通和融合的桥梁和纽带，为二元户籍制度改革提供了体制保障。

（二）综合配套改革初现成效，为城乡二元户籍制度改革提供了体制保障

2007 年，国家发改委下发了《关于推进综合配套改革试点的指导意见》，利用综合配套改革推进新时期各项改革深入开展。发改委确定以改变政府职能、深化国企改革和农村、社会、财税、金融领域体制改革为重点的五大体制改革，并取得了资源价格改革和投资体制、垄断行业管理体制改革等方面的新突破，这五大重点体制改革初见成效，为二元户籍制度改革奠定了政策基础。

体制改革的五大重点内容包括：第一，行政管理体制改革。建设责任、服务和法治政府是改革的最终目标，因为政府本身作为经济社会管理者的特殊位置及其所拥有的权力，决定了政府在改革和发展中的特殊作用。第二，国企改革和战略性调整。该领域主要是开展国有经营资本预算编制试点。第三，完善“窗体的顶端和底端”。利用宏观调控体系推进财税和金融体制改革，其中的财税体制改革，是以改革预算管理制度为重点，为全面实施增值税转型制订方案和措施，并建立规范的政府非税收入体系；金融方面的重点是推进中国农业银行股份制改革，以及推进多层次资本市场体系建设等。第四，社会领域体制改革。重点在推进有关民生的改革，主要是推进收入分配改革、社会保障体制改革、教文卫体制改革，逐步完善社会管理体制。第五，农村体制改革进一步深化，进一步扩大农村综合改革配套试点范围。

通过综合配套改革，不断创新区域性体制机制，以推动各地各方面改革，进一步优化产业布局，促进城乡协调发展。特别是一些地方政府，结合自身区域经济社会发展特点和现状，率先建成了完善的社会主义市场经济体制，加大了综合性体制创新力度，并加大统一户籍、社保、就业、财税制度等方面的力度，加快了城乡一体化进程。

（三）人口流动的趋于平稳，为城乡二元户籍制度改革提供了心理承受能力的保障

改革开放以来，国家相继出台了一系列的政策和措施，都关乎国计民生。起初，一旦颁布新政，就会造成一些人为的、不必要的动荡，这说明人们没有心理准备，无法正视改革。随着社会发展，人们开始醒悟，理解了改革是历史发展的必然，哪怕影响到了自己，也没必要大惊小怪。城乡二元户籍制度改革关系到每个人的利益，但就目前的现实来看，每个人的心理已经成熟，不会再出现盲目恐慌。并且经过了多年来的人口持续流动，规模积累过亿，落后的城市化与工业化发展程度之间形成的“落差势能”差不多转化成了“动能”，并基本释放完成，流动人口增速放缓，并在2016年首次出现了回落。此外，近年来城市失业人口激增使得能够提供给外来人口就业的机会越来越少，大城市的拉动力和吸引力已经减弱。流动人口之所以流动，是因为能够在其他区域获得收益，同时他们也要作出衡量和比较，如果自身的投入大于所获的效益，那么他们也不会盲目流动。由于流动人口自身条件和能力的差异，并不是所有人都希望流入城市，如果农村有了规模经营，能够给农民带来较丰厚的收入，那么将会有大量人员放弃进入城市的机会，而继续从事农业生产。

（四）渐进式户籍改革的分层进行，为城乡二元户籍制度改革提供了制度保障

党的十一届三中全会以来，随着市场经济体制的逐步建立和不断改革完善，国家开始对长期实行的严格限制农村人口向城市转移的二元户籍制度进行了有步骤、多方位的探索和改革。这种改革总体上是渐进的、分层分步进行的。第一个层面由国家及其主管部门公安部在全国范围内推行的指导性户籍改革措施，主要包括放宽户口迁移政策，宣布户籍与粮食供应关系脱钩，重申户籍功能，摆脱其他行政管理部门将户籍作为附加管理手段。第二个层面是地方政府依据国家政策推出的本地的具体的户籍改革措施，最典型的有2003年郑州户籍新政、2009年上海户籍新政以及重庆户籍制度改革。由于各地经济发展速度、水平不一致，因而改革的步伐也不一致。总体而言，东部沿海省市，开放程度高，发展速度快，对人才的吸纳能力强，户籍改革的内容相对广泛，方式多样，力度也相对大些。而西部内陆省市不具有区位优势，强力度的户籍改革会造成人才的进一步流失，经济延滞发展，户籍改革的力度相对有限，步伐相对缓慢。但无论怎样，这种渐进式改革已经为现行二元户籍制度改革探索了路径，并奠定了一定的社会基础。

（五）居住证制度的全面实施，为城乡二元户籍制度改革的全面推进奠定了基础

2002年起，我国一些沿海发达地区进一步废除了获得城市户口的农转非指标限制，同时取消了农业户口与非农业户口的区别，即实行统一的居民登记制度。国务院2014年发布的《关于进一步推进户籍制度改革的意见》中提出，取消农业户口与非农业户口性质区分和由此衍生的蓝印户口等户口类型，统一登记为居民户口，体现户籍制度的人口登记管理功能，并建立与统一城乡户口登记制度相适应的教育、卫生计生、就业、社保、住房、土地及人口统计制度。这一政策的实施将在很大程度上打破城乡二元户籍的格局。2016年1月《居住证暂行条例》正式颁布并全面实施，从此不再区分城市户籍和农村户籍，在城里居住就是城市居民，在农村居住就是农村居民；农民和市民只有职业的不同，没有身份和权利的不同。通过各种途径不断提高居住证覆盖率，努力实现流动人口居住证制度全覆盖，并逐步扩大为居住证持有人提供公共服务和便利的范围，提高服务标准。流动人口在流入地享受到更多的服务与便利，极大地缓解了二元户籍制度所带来的弊端，为消除城乡福利差别、户籍一元制的全面推行创造了条件。

第四节　改革户籍制度，全面推行城乡户籍一元制

一、改革城乡二元户籍制度的实践探索

（一）中央二元户籍制度改革的实践探索

1958年颁布的《中华人民共和国户口登记条例》明确将公民划分为“农业户口”和“非农业户口”户籍，标志着我国二元户籍制度的形成，随后制定的一系列政策规定“对从农村迁往城市的，必须严格控制；从城市迁往农

村的，应一律准予落户，不要控制”。并从住房、医疗、计生、养老、教育、就业、工伤等方面强化农业户口和非农业户口之间的差别，城乡二元户籍制度的壁垒进一步加强。

20 世纪 80 年代国家明确了重新启动城市化的发展战略，继续从严控制大城市人口规模，但是对于中型城市及小城镇则是适度发展及鼓励扩大的政策，与市场经济相配套的改革逐步进行。随着农村和城市经济体制改革的推行，城乡二元户籍制度开始松动。1984 年 10 月，国务院发布了《关于农民进入集镇落户问题的通知》，允许农民到集镇落户，办理自理口粮户口。

1985 年 7 月，《公安部关于城镇暂住人口管理的暂行规定》发布，准许已办理暂住证、寄住证的外来流动人口在城镇居留，“农转非”内部指标定在每年 2‰。同年 9 月颁布的《中华人民共和国居民身份证条例》使我国以个人为管理统计基础的管理方式逐渐代替以户为管理基础的方式。

20 世纪 90 年代后，随着市场经济逐渐取代计划经济，人作为生产要素中最活跃的因素，其流动性不断加强，到 1992 年全国流动人口已接近 1 亿，对中华人民共和国成立以来的户籍制度产生了很大的冲击，促使户籍制度改革的步伐加快。1992 年 8 月，公安部下发了《关于实行当地有效城镇居民户口制度的通知》，上海及一些改革前沿城市开始出现了“蓝印户口”，对投资移民、技术移民的居住、迁徙，实行宽松、优惠的政策，户口迁徙转向“准入制”。同年，国务院成立了户籍制度改革文件起草小组，并于 1993 年 6 月草拟出户籍制度改革总体方案，提出了包括“取消农业、非农业二元户口性质，统一城乡户口登记制度，实行居住地登记户口原则，以具有合法固定住所、稳定职业或生活来源等主要生活基础为基本落户条件，调整户口迁移政策”的改革目标。

1997 年 6 月，《小城镇户籍管理制度改革试点方案和关于完善农村户籍管理制度的意见》的实施使办企业、投靠亲属、公职就业、特殊人才、购房均可入户城镇户口，小城镇吸纳了不少原本在城市的农村流动人口。

1998 年 7 月，《关于解决当前户口管理工作中几个突出问题的意见》颁布，意见明确了新出生儿女随父可落户，夫妻两地分居的可落户，老人投奔子女的可落户，在城市投资及兴办实业到一定金额的可落户，购买规定面积商品房的可落户，在城市有合法固定的住所、有合法稳定的工作或者生活来源并且已居住达到规定年限不违反当地政府有关规定可落户。意见同时规定将严格控制京沪等（特）大城市的落户。

2000 年，公安部明确规定，对于进入小城镇和县级市的市区的农民，只要有稳定的居住地，有稳定的就业或者收入来源，就可以举家迁入或者个人迁入。由此，全国小城镇户籍管理制度改革试点在各地进行。

2001年5月国务院批转的公安部《关于推进小城镇户籍制度改革的意见》揭开了我国户籍制度改革的序幕，至此小城镇户籍制度改革步入了快车道，紧接着湖南、广东、浙江、河北等省先后出台了地方户籍制度改革的措施。这种小城镇户籍制度的改革将很快波及中等城市、大城市。这次户籍制度改革的重要特点是将传统的二元户籍制逐步靠拢或转变为与市场经济相适应的一元户籍制。2006年10月1日起小城镇户籍制度改革在全国全面实施。《关于推进小城镇户籍管理制度改革的意见》颁布实施，对办理小城镇常住户口不再实行计划指标管理，凡在当地有合法固定的住所、稳定的职业或生活来源的外来人口，均可办理城镇常住户口。同年10月，公安部规定全国小城镇中有固定住所和合法收入的外来人口均可办理小城镇户口。

2003年6月，《中华人民共和国居民身份证法》通过并实施，中国的户籍管理开始向信息化管理、身份证管理迈进。

2008年，党的十七届三中全会就促进我国城乡经济社会一体化发展问题进行了全面的战略部署。全会通过的《中共中央关于推进农村改革发展若干重大问题的决定》指出："我国总体上已经进入以工促农、以城带乡的发展阶段，进入加快改造传统农业、走中国特色农业现代化道路的关键时刻，进入着力破除城乡二元结构、形成城乡一体化新格局的重要时期"，要"尽快在城乡规划、产业布局、基础设施建设、公共服务一体化等方面取得突破，促进公共资源在城乡之间均衡配置、生产要素在城乡之间自由流动，推动城乡经济社会发展融合""到2020年……城乡经济社会发展一体化体制机制基本建立"。毋庸讳言，破除城乡二元体制既是实现城乡经济社会一体化发展的内在要求，又是推进城乡经济社会一体化发展的必要前提。因此，城乡经济社会一体化发展战略的提出，必将加速城乡二元体制的破除进程。

2014年国务院发布《关于进一步推进户籍制度改革的意见》，该意见的发布，标志着我国进一步推进户籍制度改革已进入全面实施阶段，宣布我国实行半个多世纪的"农业"与"非农业"二元户籍管理模式将逐渐退出历史的舞台。2016年9月，我国已有河北、河南、山东、山西、陕西、江西、湖南、湖北、广东、广西、黑龙江、吉林、辽宁、重庆、云南、甘肃、青海、福建、江苏、安徽、贵州、四川、新疆、宁夏、浙江、海南、内蒙古、天津、上海、北京30个省、自治区、直辖市出台了户籍制度改革的具体方案，普遍提出了取消农业户口与非农业户口的性质区分，统一登记为居民户口。

该意见包含三层意思：第一，我国今后只有统一的“居民户口”，而没有“农业户口”与“非农业户口”之别；第二，户籍制度今后主要功能是“人口登记管理”；第三，今后教育、医疗、就业、社保、住房等待遇要统一与居民户口相适应。就这项政策的实施难度来说，前两项容易做到，但第三项全面实施还有一定难度，如在统一城乡医疗保险和养老保险方面各地正在积极推进，而要“建立与统一城乡户口登记制度相适应的教育、卫生计生、就业、社保、住房、土地及人口统计制度”，恐怕还需要相当长的一段时间。

（二）地方针对二元户籍制度的改革

1. 成都

2010 年 11 月 16 日中共成都市委、成都市人民政府正式出台《关于全域成都城乡统一户籍实现居民自由迁徙的意见》（以下简称《意见》），提出到 2012 年成都将实现全域成都城乡统一户籍，彻底破除城乡居民身份差异，建立户籍、居住一元化管理。《意见》提出 12 条具体措施，力求化解城乡权利和福利差异。《意见》的发布拉开了成都 60 年来最大规模的户籍制度改革。此次成都“户籍一元化模式”改革被誉为迄今为止中国“最彻底”的户籍制度改革，受到社会各界的高度关注。成都户籍制度改革主要是着力消除附着在户籍背后的公共服务和社会福利的城乡差异，推进城乡公共资源均衡配置和促进城乡一体化发展。而且，全域成都城乡统一户籍中农民进城不以牺牲承包地、宅基地等财产权为代价，农村居民可以在市域范围内自由迁徙，可以带着产权进城，充分尊重和保护了农民的迁徙权和财产权。但是，成都的户籍制度改革还存在一些不足：一是有些公共服务只是在同一区（市）范围实现城乡统一；二是没有对户籍制度改革的成本支付机制进行深入的论证和设计；三是未回答农民进城后土地是暂时保留还是永久保留等后续问题等。

2. 重庆

2010 年重庆市人民政府发布〔2010〕78 号《重庆市人民政府关于统筹城乡户籍制度改革的意见》，此次改革的总体目标是实现重庆市市域内户籍合理转移，逐步建立城乡人口和资源要素自由流动的制度体系。改革综合考虑了与户籍相关的就业、养老、医疗、住房、教育等方面的福利制度，较为系统、周密地设计了户籍制度改革的政策体系，还创造了由政府、企业和社会三方分担户籍制度改革成本的改革成本支付机制，为解决户籍制度改革的成本分担这一关键问题提供了宝贵的经验。但是，重庆市此次户籍制度改革主要针对的是本市籍进城务工人员，也面临着难以实现更大范围的资源优化配置等问题。在现行土地公共服务供给和财税体制下，如果大范围转入其他省籍的进城务工人员，一方面将增加城市综合承载能力的压力，另一方面也难以实现土地资源优化配置乃至改革成本动态筹措。

3. 上海

2002 年开始，上海市实行人才居住证制度，到 2009 年上海市政府发布《持有〈上海市居住证〉人员申办本市常住户口试行办法》的通知，明确规定了居住证转常住户口的具体路径。虽然“居转常”的准入条件较为苛刻，并且偏好人才，与公众的期望值存在一定差距，但作为人口、资源、环境压力巨大的特大城市，上海能在设置一定门槛的前提下，缓缓打开外来人口入户的大门，这对其他特大城市的户籍制度改革有启迪作用。纵观来看，上海市户籍制度改革的历程是一个逐步地、十分有控制地打开户籍大门的过程，体现出很强的人才优先的选择性特征，我们称之为“上海户籍新政”。上海户籍新政对于人才来说，门槛是越来越低了，但对于劳务者来说，却是门槛越来越高了，所以它并不是城乡一体化方向的户籍制度改革，甚至是背离了户籍制度改革的大方向。进一步推进户籍制度改革的关键在于剥离户口背后的福利和特权，实现资源配置的均等化，更好地保障不同类型、不同层次的外来人口的平等权益。

总之，各地户籍制度改革在城乡二元户籍体制暂时未能动摇的情形下，通过地方试点的形式为解决户籍问题做出了一些有益的探索，一定程度上为解决部分流动人口及其家属享有城市福利提供了一定的途径，对城乡二元户籍制带来了或多或少的冲击。同时，我们也应该看到，各地的户籍制度改革并不完美，有时甚至还存在很多问题。从长期来看，地方的户籍制度改革实践只是全国层面户籍改革的探索实验，具有阶段性和过渡性特点，还有很多需要完善的地方。

二、改革户籍制度，全面推行城乡户籍一元制

所谓一元户籍制，是指取消农业户口和非农业户口两种户口类型，实行全国城乡统一的中华人民共和国居民户口，切断社会待遇与户籍之间的联系，恢复户籍的本来面目。

（一）改革城乡二元户籍制，推行一元户籍制的原则

1. 从上到下、统一部署

改革开放特别是 21 世纪以来，我国对二元户籍制度的改革取得了显著的成效。但从目前来看，还存在改革不统一、不系统的问题，主要表现在以下几

个方面：第一，实行改革的部门之间步伐不统一，如当前各地公安机关均实行了户口登记一元化制度，但其他各部门在进行福利分配时仍然以农业户口与非农业户口为标准；第二，户籍制度改革的措施比较多，但制度比较少，而且政出多门、相互推诿，容易引发新的社会矛盾。因此，改革二元户籍制度改革就要发挥中央统一协调、自上而下的原则，由中央出台系统的改革方案。户籍改革强调的是全国范围内的自由迁徙及国民待遇，地方政府自然无力统筹，只能是由国家层次机构来统一进行，而且各地方先后放开城市户籍也容易出现“洼地效应”，导致各地四面八方人员的涌入，因此全国性自由迁徙的户籍改革只适宜定时间全国同步进行。

2. 公平优先，兼顾效率

资源共享、机会均等是基本公共服务均等化的核心内容，但这并不意味着全国人民都享有整齐划一的基本公共服务，而是在地区、城乡、人群存在合理差别的客观基础上，不分等级、层次，确保全国人民都合法享有一个最低标准之上的基本公共服务。具体表现在：享受基本公共服务的机会均等，待遇公平，具备可以自由选择的权利；政府通过立法向公众提供基本公共服务，并制定最低标准，确保个人利益；在政策允许的范围内，适当向弱势群体的基本保障倾斜；综合运用多种手段，使公众享有的基本公共服务差距可调可控。因此，基本公共服务均等化并不是基本公共服务平均化，在实现公平的前提下，也要兼顾效率，以实现平等与发展的和谐统一。

3. 服务为主，兼顾管理

民主社会的发展决定了政府的主要功能是服务，过分注重管理、官本位的思想就只能牺牲公民迁徙的自由程度，导致户籍改革的不彻底。建设服务型的管理队伍就要从转变观念着手，兼顾管理和服务。只有真正地转变和更新理念，更加深层次地变更制度，才能切实推进基本公共服务均等化。

4. 一步到位、配套改革

若只在户籍名称上统称“居民户口”而没有相关配套基本公共服务均等化的改革，基本没有实质性的意义，倒不如不改。因此，各公安机关要在党委政府的领导下，积极推进城乡户口登记一元化、居住证制度的实施，继续加强与发展改革、财政、教育、人力资源社会保障等部门的整体联动，统筹推进各方面的配套改革，重大政策相互协商、重大问题合力攻坚。

（二）改革户籍制度，全面推行城乡户籍一元制的具体举措

1. 人口信息登记管理制度的前置工作

一是废止当前的户籍法，宪法上恢复人口自由迁徙权利的条例，并由国务院牵头推出《人口信息登记法》，从法律上保障公民全国自由迁徙的权利。

二是有必要充分广泛征询各界意见并在实施前通过各种媒体发动大讨论，原因在于相关政策法规关乎每个人的切身利益，而且我国地大人多，各方利益诉求不一样，广泛征询意见有利于形成更合理的方案；同时在广泛征询意见及大讨论中有利于加深各方对“公平”以及“国民待遇”的理解，也有利于让公民充分认识到何谓合理有序的迁徙，一定程度上遏制人口盲流。

三是加强信息公开，为更好地避免一窝蜂的不理性的人员流动，信息公开是最有效的方法。人不是傻子，该待在老家还是出外，该留在 A 城还是 B 城，在信息及时而充分的前提下，相信各人有足够的能力作出正确的判断。每个人技能种类不同，熟练程度不同，学习能力接收能力不同，价值观不同，在相同的外部条件下，作出的抉择也很可能不同。但唯有接受信息及时充分，知道各地的失业率，哪里缺什么工种，是什么报酬，当地的生活水平，物价水平如何，公民才能正确作出抉择。

人口信息登记制度的具体做法是恢复我国人口的自由迁徙，以人口信息登记制度代替当前的户籍管理制度，把户口登记的条件简化到只需提供稳定合法居住地证明，户随人走；建立一套全国联网的通用的基于身份证或社保卡的人口信息登记系统，公民须在迁入后规定时间内到流入地报到登记。在自愿的前提下根据各地就业状况及产业政策适当引导人口的流动，引导和推动人口向城市、向发达地区、向适宜居住适宜发展的地方迁移，进一步使人口适度集中，实现区域间基本公共服务水平差距缩小。

2. 一元户籍下的基本公共服务均等化的配套改革

（1）教育的均等化。在财政经费保障上，逐年加大教育绝对数投入，加大教育投入在财政支出的比例；制定标准，以转移支付的方式对标准以下地区的教育事业进行支持。改善农村中小学教学条件和生活设施，继续巩固普及九年义务教育的成果。

在师资上，一方面建立保障中小学教师工资福利待遇的长效机制，缩小教师与公务员平均工资水平的距离以及农村教师与城镇教师平均工资水平的差距，加快高素质师资队伍建设，保障教师工资福利待遇，多渠道扩充教师队伍。另一方面大力推进师资的均衡配置，健全城乡教师队伍交流机制，鼓励高校毕业生到农村和山区学校就业。

在助学政策上，建立健全教育资助政策体系。对贫困家庭子女接受义务教育给予生活上的补助，对家境贫寒的在校学生采取“奖、助、补、减”等手段，以支持其完成学业。

在体制上坚持创新，义务教育坚持以公办学校为主，以流入地区政府管理为主，社会力量办学为辅；非义务教育的办学体制力求不拘一格，形式多样。对于“高考移民”问题，可采取取消地区指标配额制，按考生比例平等分配招生名额，又或是采取全国统一命题统一录取标准，择优录取的政策。

（2）公共卫生服务的均等化。完善公共卫生投入保障机制。缩小城乡之间、地区之间基本公共卫生服务的差距。提高政府卫生支出比重，加强县级医院的龙头作用，从政策层面到具体实施的环节大力支持基层医疗机构的发展，确保对欠发达地区公共卫生事业的专项资金到位。

重点扶持经济落后地区的社区医院和县级医疗卫生机构建设，加强对基础设施薄弱的乡镇卫生医疗机构的改造，保证每个村都有卫生站，努力提高医疗服务水平。进一步深化公立医疗机构管理和运行机制改革，吸引高、精、尖技术人才，对一般诊疗病人做合理分流。

（3）公共交通的均等化。加大财政对基层农村道路建设的补助，大力推进完善农村客运网络建设，争取在条件较好的行政村实现公路路面硬底化，力求形成相对完整的城乡一体化交通网络；加大农村客运站场的建设力度，以政府购买交通的形式为辅助，逐步实现城镇和农村之间以公共交通的形式串联起来，基本实现镇级有公交车站、村里有公交候车亭，缩短城乡之间的距离，方便人们出行，也拉近城镇居民和农民的心理距离。同时，必须确保城市公共交通优先发展，确保公共交通工具优先使用道路，公共交通设施建设优先审批，全面提高公共交通的覆盖率。

（4）就业服务均等化 。统一城乡在劳动力资源、就业状况等方面的调查统计指标体系，在农村推行就业援助制度，设立专门的机构，提供就业和创业信息。

构建农村劳动力技能培训普惠制度，强化农村劳动力非农职业技能培训，促进农村剩余劳动力向第二、第三产业转移。推进全民技能提升和储备计划，实施技工教育倍增计划；注重开发适应农村劳动力、高技能人才培养和技工教育的远程培训课件。提高政府购买公共就业服务的比例，将更多服务交由市场主体完成。

大多数要求“本地”户籍的原因是由于服务性行业需要精通本地方言的交流，而并非真的是受制于户籍，因此应规范公开招聘广告用语，明令禁止以户籍地或出生地为标准录用人的地域歧视提法及做法。

（5）住房保障均等化。设定人均住房建筑面积的最低标准，对于符合标准的城镇低收入住房困难人群的住房问题，应制定统一标准，以廉租房为主，租赁补贴为辅的方式解决。加大对农村特困户（含五保户、低保户）危房改造的投入，妥善安置整个家庭均丧失劳动能力、无能力改造自住危房的老、孤、寡、残人群，使农村居民的居住条件得到明显改善。

当前的经济适用房“只售不租”，售后政府即失去产权，也就失去了处置权，买主购入经济适用房后即便经济水平已脱离了贫困线，政府也无权收回住房产权。而且经济适用房对于贫困家庭来说价格不菲，导致最需要经济适用房的人还是无法得到经济适用房，这就与保障房建设的宗旨相左了。有产权的房子很明显不具备公共产品的特性，应交由市场来建设解决。经济适用房的建设占用了财政大量的资金，因此应尽早止步，集中有限力量投入廉租房的建设上。

（6）养老及医保的均等化。提高统筹级别到中央级，社保基金统一由人社部统筹管理，医保基金统一由卫生部统筹管理，根据人员的流转，由流入地政府对流入人员的管理费用进行征收及发放，中央则对当地财政以转移支付的方式清算。

取消新型农村合作医疗制度及城乡居民基本医疗保险制度，将新型农村社会养老保险按一定比例及视同缴费年限并入当前的城镇居民基本养老保险体系，建立对全体国民开放参保的不分工种不分区域只分缴费比率的城乡统筹的医疗保险及养老保险系统，当然保障的水平与费率成正比例。

（7）完善社会救助体系。健全以扶老、助残、救孤、济困、赈灾为重点，最低生活保障为核心的救助体系。在全国范围内确立统一的基本生活保障标准，并根据各地的价格指数稍作调整，为未达到该标准的各类人群提供补助，并切实保障优抚对象生活不低于当地平均生活水平。

在经费来源方面，大力发展慈善事业和福利彩票事业，与财政投入两条腿跑步。在投入形式上，鼓励社会力量共同参与到社会福利事业当中，积极推行政府购买服务。

（8）完善基本公共服务均等化的财政保障体系。根据国家财力状况，按照实现基本公共服务总体适度均衡的要求，基本公共服务支出保障总投入逐年加大，一是保证基本公共服务支出增长应适当高于一般预算收入的增长，在财政支出总体结构调整上支持基本公共服务水平的整体提高；二是增加中央财政对欠发达地区的转移支付资金，酌情考虑使落后地区基本公共服务支出的增长幅度略高于发达地区，不断缩小区域间基本公共服务差距，实现区域间基本公共服务支出水平的进一步均衡；三是引导人口合理有序向基本公共服务水平较高的地区迁移等措施实现区域人均基本公共服务支出均等的目标；四是进一步推进省级及以下地方财政体制在转移支付上的改革，尤其是财政系统信息化的完善，以财政保障信息系统的无缝对接来保障居民跨区域自由迁徙中社保账户利益的零损失。

提高统筹层次，完善专项转移支付制度。解决进城务工人员问题不因在不同区域的流动导致当事人正当利益的损失，譬如原购买社保的损失。社保流转的存款额度（积数）不过是数字问题，在全国联网普及的情况下，数据的传递轻而易举，因此坦白地说，这是外来务工人员流入地大于流出地的政府为了逃避责任以及攫取外来非户籍人口红利找的不负责任且并不高明的借口，到了享受社保待遇时，钱款的清算也可以很简单地通过政府转移支付轻易地得到解决，正如现在的人民银行替各大跨行或异地结算一样。

（9）对基本公共服务均等化实行绩效考核。对公共部门提供基本公共服务的效率和水平进行绩效考核，制定公共服务均等化的考核程序和以群众满意为导向的考核标准，强化约束引导，引入社会中介机构和普通群众作为第三方参与公共服务均等化的绩效评价工作，以公正公开为原则，督促各部门把公共服务均等化落到实处。

（10）土地承包权及宅基地的自由流转。在全国范围内对农村土地、宅基地进行清点、确权、登记，准许土地承包权及宅基地在村内外居民及城乡居民间的自由流转交易，引导鼓励土地向规模化集约化经营的方向流转。对农村集体经济进行股份制改造，将村民拥有的股份固化下来，不再随村民及家庭人口的增减而变动，而股份则可自由交易。让农民在城市无法立足时还有条退路，实现面向城市，背靠土地。唯有这样，才能让农民在城市化中走得放心，走得踏实。

第六章　新型城镇化与户籍制度改革

推进新型城镇化，对我国经济社会发展具有重要意义，是树立和落实科学发展观、构建社会主义和谐社会、全面实现小康目标、建立社会主义强国的必然要求。按照科学发展观五个统筹的要求，在进入工业化中期阶段的基础上继续积极推进工业化进程，消除城乡二元结构带来的社会矛盾，实现以城带乡、以工促农，关键在于大力推进城镇化进程；要加快城镇化进程，让更多的农民实现身份、职业和观念的全新转换，能够缩小社会成员在财富分配、发展机会、社会基本公共服务等方面的差距，增强社会认同感，促进社会和谐；加快城镇化建设，把大量农村剩余劳动力转变为城市市民，既可以转变陈旧的生产生活方式，提高收入水平，扩大现代城市文明的惠及面，也可以使留在农村的人口提高资源占有水平，实现规模化和集约化经营，提高劳动生产率，改善生活质量、逐步实现共同富裕。而要加快城镇化进程，一个重要的方面就是要积极推进户籍制度改革，即新型城镇化的关键在于深化户籍制度改革。

第一节　新型城镇化概述

一、城镇化与新型城镇化概述

（一）城镇化的概念

1. 城镇化的概念

关于城市化和城镇化，中国城市与区域规划学界和地理学界于 1982 年在南京召开的“中国城镇化道路问题学术讨论会”上，明确指出，城市化与城镇化为同义语。在我国，镇和市都属于都市型居民点，特别是我国实行改革开放政策后，随着城市化发展和户籍制度改革，出现了越来越多的“城中村”，城中村的农村户口的居民就地转化为城市居民，推进了我国的城镇化建设。而在英文中，Urbanization 一词翻译为“城市化；城镇化”，即国外的城市化等同于城镇化。因此，我们这里所论述的城市化亦即城镇化。

城镇化是指农村人口转化为城镇人口的一个过程，是由农业人口占很大比重的传统农业社会向非农业人口占多数的现代文明社会转变的历史过程，是衡量现代化进程的重要标志。随着一个国家或地区社会生产力的发展、科学技术的进步以及产业结构的调整，农村人口不断向城镇转移，城镇第二、第三产业不断聚集并蓬勃发展，从而使城镇数量增加，城镇规模不断扩大。城镇化的过程也是各个国家在实现工业化、现代化过程中所经历社会变迁的一种反映。当前，世界城镇化水平已超过50%，有一半以上的人口居住在城市。

2. 城镇化的特点

城镇化的特点主要表现为：农村人口向城市迁移，农业人口转化为非农业人口，农村生活方式转变为城市生活方式；由于产业结构调整和技术的进步，农业经济向非农业解决转移并产生空间集聚；城市规模不断增大，城市范围向外围扩展；区域内城市数量不断增多，形成城市体系。

（二）新型城镇化的概念

1. 新型城镇化的概念

所谓新型城镇化，是指坚持以人为本，以新型工业化为动力，以统筹兼顾为原则，推动城市现代化、城市集群化、城市生态化、农村城镇化，全面提升城镇化质量和水平，走科学发展、集约高效、功能完善、环境友好、社会和谐、个性鲜明、城乡一体、大中小城市和小城镇协调发展的城镇化建设路子。

新型城镇化的“新”就是要由过去片面注重追求城市规模扩大、空间扩张，改变为以提升城市的文化、公共服务等内涵为中心，真正使我们的城镇成为具有较高品质的适宜人居之所。城镇化的核心是农村人口转移到城镇，而不是建高楼、建广场。农村人口转移不出来，不仅农业的规模效益出不来，扩大内需也无法实现。

2. 新型城镇化的特点

一是大中城市和小城镇协调发展。大中城市成为中国吸纳农村人口的主要载体，在城镇布局中，合理布局城市群和中小城镇，形成既能适应全球化挑战，又能服务农村、农业、农民的城镇化体系网络。超大城市和特大城市是中国参与经济全球化的主要区域，是提高中国世界产业分工体系中地位的承载体；大中城市是中国吸纳农村人口的主要载体，绝大多数分布在交通干线上，基础设施相对比较完善，产业基础比较雄厚，服务业发展有很大的潜力。随着产业链的延伸和产业配套能力的提高，大中城市对劳动力的需求不断扩大。小城镇是城乡经济发展与交流的桥梁和纽带，随着大中城市产业结构的升级和调整，小城镇应加快劳动密集型加工业和服务业的发展，从而发挥其在大量吸纳农村富余劳动力等方面的重要作用。

二是利用土地等资源，走集约型城镇化道路。宜居土地有限、水资源短缺是中国的基本国情，而中国的城镇化规模将是人类历史上空前的，如果按照传统的城镇化发展速度，中国的城镇化发展将对资源环境形成较大的压力。在未来中国城镇化发展过程中必须坚持人口、资源、环境相协调的原则，集约利用土地、水等资源，切实保护好生态环境和历史文化环境，走可持续发展、集约型城镇化道路，以尽可能低的物质成本消耗和其他自然资源的高效利用，实现城镇化进程中人与自然的和谐。

三是以城乡统筹为主线，推动城乡共同繁荣。城镇化过程中的城乡统筹即是建立城乡经济良性循环，城镇特别是中小城市和小城镇要加快劳动密集型加工工业和服务业的发展，促进其对农村劳动力的吸纳能力。通过城镇农产品加工企业向农村地区的延伸，加快农业产业化步伐，提高农业生产率，促进农民增收。以新农村建设和国家乡村振兴战略为依托，改善农村地区生产和生活环境。充分发挥市场机制的基础配置作用和体制创新，完善城乡之间劳动力、土地等生产要素的合理流动。

四是因地制宜，探索适应不同区域特点的城镇化发展模式。从我国各地区发展条件和发展水平差异较大的基本国情出发，根据各地经济发展水平、区位特点、资源禀赋和环境基础，实施有区别的城镇化战略及相关政策措施，因地制宜地确定不同的城镇化模式和城镇发展空间形态，确定各地城镇化发展的目标，以此实现对国土空间的高效利用，把城镇化过程与重塑全国经济空间格局的过程有机结合起来。

二、新型城镇化的提出背景及现实意义

（一）新型城镇化的提出背景

中华人民共和国成立后，新生的人民政权热情高涨地推进工业化，从而催生了中华人民共和国城镇化的萌芽。然而，以计划经济体制为基础，城乡户籍制度也在此期间形成，作为城镇化前提的人的自由迁徙受限。中华人民共和国成立之初的前十年，国家积极推动城市化，1959 年后随着大跃进的失败，国家开始转向抑制城市化，甚至出现城市化的倒退。“文革”期间随着知识青年上山下乡运动的推进，又出现了“反城镇化”的倾向。

改革开放以后，随着经济体制改革的推进，城镇化迎来了全新的发展时期。1980 年 10 月，国家建设委员会在北京召开全国城市规划工作会议时，就提出了“控制大城市规模，合理发展中等城市，积极发展小城市”的城市发展方针。1984 年 1 月，国务院发布《城市规划条例》，这是中华人民共和国成立以来国家城市规划、建设和管理方面的第一部法规。1989 年 12 月，七届全国人大第十一次会议通过《中华人民共和国城市规划法》，标志着我国城镇化发展进入了法制化轨道。同时，20 世纪 80 年代中国社会学家费孝通教授提出的“小城镇、大战略”的思想成为改革开放初期农村城镇化的主流思想之一。1991 年，辜胜阻在《非农化与城镇化研究》中使用并拓展了“城镇化”的概念，在后来的研究中，他力推中国的城镇化概念，并获得一批颇有见解、影响较广的研究成果。

20 世纪 80 年代，小城镇的蓬勃发展是我国城镇化的一大亮点。1984 年，国务院先后放宽农民进镇落户限制和建制镇设置标准，为小城镇的发展创造了宽松的政策环境。在商品经济发展和乡镇企业异军突起的推动下，传统的小城镇逐步得到恢复，许多新兴小城市和集镇也在商品集散地的基础上发展起来。与此同时，城市经济政策的调整和经济体制改革的展开，特别是对外开放步伐的不断扩大，也极大地带动了我国大中城市特别是沿海地区城市的发展，城市化水平不断提高。

20 世纪 90 年代后期，小城镇建设从一般的工作任务上升到整个经济社会发展战略的高度。同时，1997 年爆发的亚洲金融危机也使我国经济发展面临严峻的外部形势。在此背景下，党中央适时作出扩大内需的战略决策，同时决定实施小城镇战略、西部大开发战略和“走出去”战略，以拓展我国经济的发展空间。

2000 年 6 月 13 日，中共中央、国务院印发了《关于促进小城镇健康发展的若干意见》。2000 年 10 月，党的十五届五中全会通过的“十五”计划建议提出：“我国推进城镇化条件已渐成熟，要不失时机地实施城镇化战略”“积极稳妥地推进城镇化。”《“十五”计划建议》还提出了推进城镇化的方向：“要从各地的实际情况出发推进城镇化，逐步形成合理的城镇体系。注意发展城市间的经济联系，发挥中小城市对小城镇发展的带动作用。”“走出一条符合我国国情、大中小城市和小城镇协调发展的城镇化道路。”2002 年，党的十六大进一步明确了我国推进城镇化的根本方向，即坚持大中小城市和小城镇协调发展，走中国特色的城镇化道路。

党的十六大后，城镇化在统筹城乡、区域协调发展中加快深入推进。党中央明确指出：稳妥推进城镇化和扎实推进社会主义新农村建设，是统筹城乡发展的两个“重要方面”。党的十七大第一次将“形成辐射作用大的城市群”写进党代会报告，明确作出“走中国特色城镇化道路”的新概括，在十六大的基础上进一步丰富了走中国特色城镇化道路的内涵，也进一步明确和开拓了推进城镇化的新思路。

2008 年国际金融经济危机爆发以来，我国经济进入深刻变革调整阶段，特别是 2011 年城镇化率历史性地突破 50%后，我国城镇化建设站在一个新的起点上，如何在城镇化率不断提高的同时更加重视城镇化的质量和水平，成为一个紧迫课题。在多年探索的基础上，适应发展的需要，2012 年党的十八大提出了“新型城镇化”的理念和要求，即要“坚持以人为本，全面提升城镇化质量和水平，走科学发展、集约高效、大中小城市和小城镇协调发展的城镇化建设路子”。

2014 年国务院发布《国家新型城镇化规划（2014—2020）》，指出我国城镇化已进入深入发展的关键时期，积极稳妥扎实有序推进城镇化，对全面建成小康社会、加快社会主义现代化建设进程、实现中华民族伟大复兴的中国梦，具有重大现实意义和深远历史意义；2016 年国务院发布《国务院关于深入推进新型城镇化建设的若干意见》，从积极推进农业转移人口市民化、全面提升城市功能、加快培育中小城市和特色小城镇、辐射带动新农村建设、健全新型城镇化工作推进机制等十个方面提出了要求；2016 年 2 月，习近平总书记对深入推进新型城镇化建设作出重要指示：新型城镇化建设一定要站在新起点、取得新进展。要坚持以创新、协调、绿色、开放、共享的发展理念为引领，以人的城镇化为核心，更加注重提高户籍人口城镇化率。2017 年各地、各部门贯彻落实国务院批复同意的《加快推进新型城镇化建设行动方案》，新型城镇化建设向纵深推进、综合政策效应加快显现。

2018 年党的十九大报告中指出，“以城市群为主体构建大中小城市和小城镇协调发展的城镇格局”，这为新时代我国推进新型城镇化指明了方向和路径。城市群是指以一个或多个超大、特大城市为核心，依托现代交通运输网、信息网，在一定区域范围内形成的能够发挥复合中心功能的城市集合体。发展城市群是优化城市功能和布局的重要途径。它能够促进资源要素顺畅流动、高效利用，实现城市合理分工、联动发展，有效解决区域内城市发展不平衡不充分问题，带动整个区域集约高效发展。因此，城市群日益成为新型城镇化的主体形态和现代化建设的重要载体。

（二）新型城镇化的现实意义

城镇化是人类文明进步和经济社会发展的大趋势，是落后的农业国向现代化工业国转变的必由之路，是国家现代化的重要标志。按照建设中国特色社会主义五位一体总体布局，顺应发展规律，因势利导，趋利避害，积极稳妥扎实有序推进城镇化，对全面建成小康社会、建设社会主义现代化强国、实现中华民族伟大复兴的中国梦具有重大现实意义和深远历史意义。

1. 城镇化是现代化的必由之路

工业革命以来的经济社会发展史表明，国家要成功实现现代化，在工业化发展的同时，必须注重城镇化发展。当今中国，城镇化与工业化、信息化和农业现代化同步发展，是现代化建设的核心内容，彼此相辅相成。工业化处于主导地位，是发展的动力；农业现代化是重要基础，是发展的根基；信息化具有后发优势，为发展注入新的活力；城镇化是载体和平台，承载工业化和信息化发展空间，在带动农业现代化加快发展方面发挥着不可替代的作用。

2. 城镇化是解决“三农”问题的重要途径

我国农村人口过多、农业水土资源紧缺，在城乡二元体制下，土地规模经营难以推行，传统生产方式难以改变，这是“三农”问题的根源。我国人均耕地面积较少，远远达不到农业规模化经营的门槛。城镇化总体上有利于集约节约利用土地，为发展现代化农业腾出宝贵空间。随着农村人口逐步向城镇转移，农民人均资源占有量相应增加，可以促进农业生产规模化和机械化，提高农业现代化水平。城镇经济实力提升，会进一步增强以工带农 、以城促乡的能力。

3. 城镇化有助于提升政府的治理能力

当农民离开农村聚集在城市之后，会从多方面影响政府治理。城镇化使政府与民众的距离空前地拉近了，政府及其官员的一举一动变得更容易被观察和监督。人口的集聚推动了社会生活中的组织化和分工，民意表达变得更加专业化和专职化，公众意见的传播成本大大降低，更易于采取集体行动。在发展中国家，虽然农村人口众多，但是由于人口聚集程度低、居住分散，采取集体行动的交易成本比较高。因此，在争取政策影响力的过程中，农民这个数量更大的群体反而缺乏与城市居民对等的影响力。

4. 城镇化是促进社会全面进步的必然要求

城镇化作为人类文明进步的产物，既能提高生产活动效率，又能富裕农民、造福人民，全面提升生活质量。随着城镇经济的繁荣，城镇功能的完善，公共服务水平和生态环境质量的提升，人们的物质生活会更加殷实充裕，精神生活会更加丰富多彩；随着城乡二元体制逐步破除，城市内部二元结构矛盾逐步化解，全体人民将共享改革成果。这既有利于维护社会公平正义、消除社会风险隐患，也有利于促进人的全面发展和社会和谐进步。

5. 城镇化是推动区域协调发展的有力支撑

随着西部大开发和中部崛起战略的深入推进，东部沿海地区产业转移加快，城市群发展格局初步形成。按照《国家新型城镇化规划（2014—2020年）》和《全国主体功能区规划》，结合实施“一带一路”建设、京津冀协同发展、长江经济带建设等战略，传统的省域经济和行政区经济逐步向城市群经济过渡，城市的集聚效应日益凸显。2015年，京津冀、长江三角洲、珠江三角洲三大城市群，以5.2%的国土面积集聚了23.0%的人口，创造了39.4%的国内生产总值①，成为带动我国经济快速增长和参与国际经济合作与竞争的主要平台。东部地区的山东半岛城市群、海峡西岸城市群，中部地区的中原城市群、长江中游城市群，西部地区的成渝城市群、关中城市群、北部湾城市群，东北地区的哈长城市群、辽中南城市群等都保持较快发展，对我国新型城镇化进程起到巨大的推动作用。

三、新型城镇化与户籍制度改革的关系

新型城镇化的重要体现就是要提高城市人口比重，消除不利于城镇化发展的体制和障碍，因而户籍制度在很大程度上影响着新型城镇化的发展，正确认识新型城镇化与户籍制度之间的关系是当前的一个重大问题。

（一）新型城镇化的关键在于户籍制度改革

以人为核心的新型城镇化是人类社会发展的客观规律，是实现现代化的必由之路。在新型城镇化的过程中，首要的任务就是推进农业转移人口的市民化，也就是逐步实现以进城务工人员和随迁子女、随迁家庭为主体的农业转移人口，逐步实现在城镇里稳定就业、稳定居住，并且平等地享有市民的权利。因此，国家制定了《国家新型城镇化规划》（2014—2020年），并提出了“十

① 参见《国家新型城镇化规划（2014—2020年）》，人民出版社2014年版，第5~7页。

三五”末1亿农业转移人口落户城镇的目标。实现这个目标的关键在于推进户籍制度改革。

新型城镇化的主要指标体系有城镇化水平、基本公共服务、基础设施和资源环境四个方面，而其中两项都与户籍制度有关。我国目前的城镇化水平还较低，根据统计，2017年年末，我国常住人口城镇化率为58.5%，户籍人口城镇化率为42.4%①，这离国家确定的2020年常住人口城镇化率达60%、户籍人口城镇化率达45%的目标还有一定距离，更是与发达国家的人口城镇化率80%的平均水平相差甚远；而以住房、子女教育、医疗、就业、养老保障为主体的基本公共服务体系更是与户籍制度有着千丝万缕的联系，尽管国家在户籍制度改革过程中一直致力于剥离户籍制度与基本公共服务保障相挂钩的问题，但农业转移人口与城市居民在这些福利待遇方面仍然存在差别，并严重制约了新型城镇化的进程。因此，为了实现中国特色的新型城镇化的目标，关键在于户籍制度改革。

（二）户籍制度改革为新型城镇化铺路

户籍制度改革是全面深化改革任务中一项最基础的改革，是协调推进“四个全面”战略布局的重要环节。通过调整户口迁移政策，积极促进有能力在城镇稳定就业和生活的常住人口有序实现市民化，同时全面落实居住证制度，推动基本公共服务均等化，为户籍制度改革创造良好环境。通过户籍制度改革，不断缩小城市外来人口与户籍人口的社会待遇与福利差别，逐步增强其对城市的认同感。新型城镇化的健康发展离不开户籍制度改革。特别是为了实现2020年1亿非户籍农业人口落户城镇的目标，各地实行了更加宽松的落户政策，中小城市更是推行了“零门槛”的落户政策，其目的就是要把具备落户条件的农业人口转化为城镇人口，而不是单纯追求城市规模的扩大和设施的建设，是要真正把农民变成市民，实现“以人为核心”的城镇化，从而为新型城镇化铺就一条健康之路。

如果在城镇化的过程中，农民的利益得不到应有的保障，享受不到应有的服务，会加剧社会的矛盾和不公平，就谈不上城镇化对国家现代化的贡献，因此，只有推进户籍制度改革，才能提高户籍人口城镇化率，顺利推进新型城镇化建设，为我国全面建成小康社会扫清制度障碍。

---

① 数据来源于国家统计局2017年度统计数据。

第二节　我国新型城镇化进程中的户籍制度改革现状

进入 21 世纪以来，随着农业劳动生产率的显著提高和城市创造就业能力的不断增强，城镇化步伐进一步加快。特别是近 10 年来，城镇化率平均每年以 1.35 个百分点的速度快速提高，城市规模不断扩大，出现了以北京、上海、广州和深圳为代表的超大城市。尽管如此，与发达国家以及处于同等发展水平的国家相比，中国的城市化率无论从数量还是质量都与其存在很大的差距。目前，我国的城镇化还面临着很多难题。

一、我国新型城镇化的现状

（一）大量农业转移人口难以融入城市，“半城镇化”现象严重

新城镇人口主要包括“村改居”的本地农民和外来迁入的进城务工人员，这些人虽然在统计上被计入城镇人口，但是被排除在城镇公共服务体系之外，难以分享现代城镇文明成果，并没有实现真正意义上的城镇化，处于“半城镇化”状态。例如，2017 年年末，我国常住人口城镇化率为 58.5%，但户籍城镇化率仅为 42.4%，两者相差 16.1%，其中主要构成为 2.45 亿进城务工人员。① 这说明有相当多的进城务工人员没有在城市安家落户，而是处于“半市民化”状态。

（二）土地城镇化快于人口城镇化

在中国城镇化进程中，很多地方政府都把城镇化等同于城市建设，过度重视城市建成区面积的扩大，而忽视了对城镇人口的集聚和集聚后社会保障的落实，进而出现了土地的城镇化快于人的城镇化的情况。如 1980 年我国城市建成区的总规模大约为 5000 平方千米，到 2015 年城市建成区的总规模已扩大到 5.2 万平方千米，城市建成区总规模扩大了 10 倍多；而按照现有的统计口径，1980 年城镇人口是 1.9 亿多，2015 年中国城镇人口为 7.7 亿多，城市人口仅增加了 4 倍左右，土地的城镇化明显快于人口的城镇化。②

① 数据来源于国家统计局 2017 年度统计数据。

② 严思齐、吴群：《土地城镇化与人口城镇化的非协调性和互动关系》，载《中国人口资源与环境》2016 年第 11 期，第 28~36 页。

（三）进城务工人员群体在农村和城镇的“双重占地”加剧土地资源紧张

当前，我国城镇人均建设用地面积不到农村人均居民点用地的50%，这意味着当农村人口进入城镇后，如果能够把农村人口原有的居民点用地部分地复垦为耕地，城镇化反而会节约耕地资源。但是，由于户籍制度及土地制度等制约，规模庞大的进城务工人员及其家属子女在市民化过程中，既占用了城市建设用地指标，同时又不愿意放弃农村建设用地，还保留甚至扩大了宅基地等农村居民点用地。若现允许农业转移人口保留三权进城落户，则相当于将城乡双重占地合法化。① 其结果是，在我国城镇化进程中，在农村常住人口减少的同时，农村居民点用地不减反增。这加剧了我国土地资源的紧张，特别是耕地资源的紧张，对耕地保护和土地集约利用带来新的压力，不能满足新型城镇化的发展要求。

（四）农村“空心村”和土地撂荒问题严重

随着城镇化进程加速，大量的农村劳动力进城务工，他们长期在城里居住，越来越不适应农村的居住和生活。目前中国有2.5亿以上的农业人口流出村庄，很多村庄尤其是中西部地区的村庄变成了空心村，昔日炊烟袅袅、畜禽成群、鸡鸣狗吠的村庄已不复存在，越来越多的村庄呈现出土地荒芜、杂草丛生的萧条破败现象。部分村庄只有一些老人、妇女和小孩留守，农地耕种减少，甚至造成土地大量闲置。而随着老人的离世，村庄只能自然消亡，土地被逐渐撂荒。

二、我国新型城镇化进程中的户籍制度改革现状

（一）城镇化地区差异明显，各地户籍开放程度不一

我国城镇化地区差异明显是我国城镇化的一个显著特点，区域间城镇化水平较为不平衡，由东部向西部递减。2014年《国务院关于进一步推进户籍制度改革的意见》确立了“全面放开建制镇和小城市落户限制，有序放开中等城市落户限制，合理确定大城市落户条件，严格控制特大城市规模”的户口迁移方针，各地户口迁移政策进一步完善，普遍降低了农业转移人口

① 岳晓琴、艾勇军：《现行户籍制度改革的误区与新型城镇化的有效途径》，载《现代城市研究》2015年第12期，第39页。

和其他常住人口在城镇的落户门槛，超大城市、特大城市积极建立完善的积分落户制度。但总体来说，各地迁移落户条件有别，户籍开放程度不一，中小城市及小城镇落户全面放开，落户门槛几乎为零；各省省会城市和直辖市的落户还要受到一定的限制，特别是北上广深等超大城市的落户还相对艰难。

（二）中小城市户口含金量低，农民拒绝放弃原有的农村户口

经济发达的大城市的户籍因有较好的公共服务和社会福利而受热，而中小城市、城镇的户口却遇冷，造成这种现象的主要原因是中小城市、城镇户口的含金量不高，与农村户口的差别不大，中小型城市、城镇缺乏有效的产业支撑和难以满足农民对优质公共服务需求，因此，入籍受冷。相反，农村户籍含金量逐渐升高，农民能够获得国家的粮食补贴和土地流转租金；农民可以在宅基地上建立自家住房；城郊居民也可以通过征地变身为“百万富豪”。现今很多农村居民依靠当地的生产基地逐渐富裕起来并购买了县城和集镇的房屋，但仍保留了原有的农业户口，拒绝申请城镇户口。

（三）户籍制度的附加利益在短期内难以剥离

城乡统一的户口登记制度全面建立后，各地取消了农业户口与非农业户口性质区分，“城里人”和“乡下人”户口身份之别不复存在，但我国依然按户籍性质来划分人们在就业、教育、医疗、住房等方面的福利待遇，户籍称呼统一但户籍的隐性功能依然存在，特别是城市户口背后挂钩的利益诸多，例如北京、上海等城市的户口含金量依然很高，拥有了北京、上海的户口，就拥有了北京、上海户口的公共服务和基础设施，教育、社保、医疗、购房等问题就可以解决。近些年，城市户口迁移的政策都有所松动，城市户籍人口在逐步增加，这使得城市原有有限的教育、就业等资源更趋紧张。因此，短期内还难以剥离户籍制度背后的附加利益。

三、户籍制度对新型城镇化的制约

（一）城乡二元户籍制度遗留的影响在短期内难以消除

2014 年的《国务院关于进一步推进户籍制度改革的意见》虽然确立了我国的一元户籍制，但并没有真正消除城乡居民的福利待遇和社会保障方面的差别，城乡二元户籍制度的影响在一定时期内仍将存在。经过多年的户籍制度改

革，农民进城人员经商的行政性限制已经基本消除，却仍然不能享受到市民待遇，他们虽然实现了职业的非农化，却没有实现身份的市民化。进城务工人员依然无法在就业、社会保障、子女教育、社会福利、政治权利等方面和城市居民享受到同等待遇，再加上城市高昂的房价和消费开支使他们对城市失去了信心。在这些因素的影响下，大多数进城农民都无法定居城市，而现今的土地政策使他们更不愿放弃土地变为市民。因此，二元户籍制度遗留的影响仍然是我国城镇化的主要障碍，只要城乡二元户籍制度的影响不消除，大量剩余劳动力就难以彻底转向城镇，中国的城镇化任务就举步维艰。

（二）人口城镇化的成本分担机制不够健全

改革开放以来，我国已经转移了 2 亿多农村剩余劳动力，但要完成新型城镇化的目标：2020 年中国城镇化率达到 60%，城镇总人口预测将达到 8.7 亿，则还有数以亿计的剩余劳动力需要转移，到时城镇人口将增加 2.7 亿。根据中国科学院可持续发展战略研究组的测算，每一个进城务工人员市民化的社会成本约为 8 万元，新增 2.7 亿城镇人口需要支出社会总成本 20 多万亿元，这是一个高昂的成本，完全靠政府投资不现实，完全靠社会融资也不可行，需要建立一个多元的成本分担机制。

然而，目前我国的成本分担机制并不合理，没有形成政府、社会、企业等共同参与的多元化成本分担机制，在国家层面依然没有建立城乡统筹和社会保障体系的普惠制度，也没有建立促进跨区域的土地流转和财政补贴机制；同时没有合理确定中央与地方、政府与企业以及企业之间的分担比例和方式，没有明确在户籍制度改革上中央、省、市、县乡的成本支出责任。此外，各级政府在推进新型城镇化中缺乏对中小型城市和小城镇的财政投入，对小城镇的财政补贴力度远远落后于大城市，例如对于上海、北京这些一线城市，政府在户籍制度改革上的投入远远大于二三线城市和小城镇，导致小城镇和二三线城市在相关的基础设施上无法吸引更多的农民，例如通信、电网、燃气、住房、金融等，从而阻碍了新型城镇化的总体发展。

（三）第三产业的发展潜力有待发掘

发达国家城市化的经验表明，第三产业的发展与城市化进程具有高度的关联性。从目前的产业结构、产值、就业等方面看，发达国家第三产业的比率大多在 70%以上，而且城市化率也在 70%以上，很多国家已进入第三产业主导城市化阶段，一些主要城市已从工业生产中心转为第三产业中心，实现了城市功能的第三产业化，即服务化。这说明，第三产业的发展对城市化水平的制约作用不断增强，城市化越来越依靠第三产业的支撑。

反观中国，城镇化到目前为止，仍然主要依赖工业化带动。中国与发达国家和一般发展中国家不同，第三产业的发展长期缓慢、落后。城镇化滞后是第三产业发展不足的重要原因，而第三产业发展落后又严重制约着城镇化的推进，第三产业与城镇化呈现出一种低水平的制约关系。特别是 20 世纪五六十年代，由于实行重工业优先发展战略，资金和资源主要用于确保工业优先发展，重生产而轻生活，极大地影响了中国城镇化的发展。

第三节　改革户籍制度，推进新型城镇化发展的路径

一、推进新型城镇化应遵循的原则

（一）坚持因地制宜

促进城镇化健康发展，就要坚持因地制宜的方针，合理确定发展目标。我国区域差异大，不同地区城镇化条件、发展水平和发展阶段不同。要根据各地经济社会发展水平、区位特点、资源禀赋和环境基础，合理确定各地城镇化发展的目标，因地制宜地制定城镇化战略及相关政策措施，促进城镇化与区域的经济发展水平相适应，与区域的人口资源环境条件相协调。东部地区要重点提升中心城市服务功能，促进产业结构升级，加快生态环保工程建设，着重提高城镇化质量；中部地区要完善中心城市功能，提高综合承载能力，大力提高县城、中心城镇的综合服务水平，促进人口有序转移和聚集，重点建设粮食、能源新型材料、装备制造业基地和综合交通枢纽；西部地区要围绕大中城市，进一步增强人口聚集能力，扶持为旅游、内陆边贸服务的特色小城镇发展，加大对边远山区、革命老区和生态环境脆弱地区城镇发展的扶持力度；东北地区要加强区域性交通设施、能源电力、节水节能工程建设，加快城市基础设施更新改造，注重资源枯竭型城市、老工业基地城市、森林工业城市和国有农场地区城镇的建设，促进城镇发展转型。

（二）坚持城乡统筹

促进城镇化健康发展，就要坚持城乡统筹，使城镇化和新农村建设协调发展。我国长期以来形成的城乡二元管理的体制和机制已不适应城镇化快速发展的要求。这就需要我们从全面建设小康社会全局的高度，统筹城镇化发展和新

农村建设，进一步完善城镇功能，提高城镇综合承载能力。引导农民向中心村集中，加强对闲置的乡村建设用地的整理，促进城乡建设用地总体集约节约。结合“村村通”工程的实施，加强乡村公路、通信等基础设施和文化设施建设，推进基础设施和公共服务向农村地区延伸。改善农村居住和生活条件，使广大乡村居民共享改革开放的成果。

（三）坚持可持续发展

促进城镇化健康发展，就要坚持可持续发展，加强对城乡空间的规划管理。要把资源节约和环境保护放在城镇化发展的重要战略地位，突出节地、节能、节水、节材。将基本农田、重要自然人文资源和生态保护区、环境脆弱区作为禁止和限制开发的地区，严格控制这些地区的建设活动。同时，还要划定城镇增长边界，提高城镇建设用地使用效率，促进城镇紧凑布局，集约发展。要通过建设紧凑型城镇来提高人口的居住密度和经济集聚度，实现城镇质量的提升以及人口、经济、自然的协调发展；要考虑经济利益，更要考虑社会、环境和资源利益；要满足当代人的需求，更要考虑子孙后代的利益。

（四）坚持以人为本

新型城镇化的核心是实现人的城镇化，这就要求在实现土地城镇化的同时，保障城市流入人口均等地享有教育、医疗、社会保障以及就业等公共服务。促进城镇化健康发展，就要坚持以人为本，提高城镇人居环境建设水平。新型城镇化就是要树立以人为本的基本理念，回归城镇化的本质内涵，明确人是城镇化的主体，人的全面发展和幸福是城镇化的终极目标。在整个城镇化过程中，规划因人而设计，交通因人而建设，环境因人而美化，资源因人而优化，人在城镇中可以找到归宿感。总之，一切都从人的需求、人的尺度、人的视觉出发，一切为了人的全面发展。亚里士多德曾说过：“人们来到城市是为了生活；人们居住在城市是为了生活得更好。”

二、改革户籍制度，推进新型城镇化发展的路径

（一）全面落实户口一元化改革

传统的二元户籍制度将公民分为农业人口与非农业人口，带有明显的歧视色彩，将人口分为两个不对等的利益集团，户口一元化是实现进城务工人员在

城市平等待遇的最有效的途径。目前公安部门实行了户口一元化登记，但其他社会管理部门在进行社会管理过程中依然按照农业人口与非农业人口在进行管理，还存在社会福利和待遇的差别，因此要推进新型城镇化必须全面落实户口一元化改革。首先，直接统一户口，推进城乡一体化。截至2016年9月，全国包括北京在内的30个省份实行了户籍制度改革，普遍取消了农业与非农业户口的性质区别，统一登记为居民户口，实现了公民的身份平等；逐步推进户口一元化的落地生根。仅仅户籍走向一元化还不足以消除农民进城和加速城镇化的体制障碍。① 户口一元化不仅仅是公安机关登记的一元化，还包括一元登记后的居民社会待遇和保障的一元化。在统一户籍的基础上，要统一城乡“农业”与“非农业”之间的各种标准、制度，这就要求教育、民政、发改委、人力资源和社会保障、卫健委等部门要积极配合，逐渐消除各自管辖范围的城乡居民不对等的利益差别，实现城乡教育、医疗、社保、就业、基本公共服务一体化的协调发展。

（二）逐渐剥离依附于户籍的各种福利

中华人民共和国成立初期，由于我国特殊的社会背景，为适应当时经济发展状况，制定了二元化户籍管理制度。然而近些年随着社会主义市场经济的建立与完善，户籍制度改革的呼声日益高涨，诸多弊端逐渐显露出来，主要是因为我国传统的户籍制度对户籍种类的划分，导致了城市户口、农村户口两个不对等的利益集团。所以，新型城镇化进程中的户籍改革应当逐渐剥离户籍制度所附加的各项利益，实现城乡居民平等，恢复户籍制度原本的收集公民信息、协助国家治理的基本职能。

目前，我国大多数社会服务和保障依靠户籍制度这一强大的基础，社会服务和保障与户籍牢牢地联系在一起，正是由于这个原因农民无法真正融合进入城市，因而很难拥有诸如医疗、住房、就业、养老等城镇优厚的社会福利。由此可见，户籍制度同城乡之间有差别的社会福利和公共服务紧紧相依的事实成为阻碍户籍制度完善的一大难题。围绕以上问题，推进新型城镇化的建设，户籍制度的改革急需改革各项相关的配套制度，建立城乡无差别的、一致的社会保障制度，逐渐消除户籍制度背后附加的各项社会福利和公共服务，实现城乡

---

① 岳晓琴、艾勇军：《现行户籍制度改革的误区与新型城镇化的有效途径》，载《现代城市研究》2015年第12期，第37页。

人人利益平等，户籍改革必定会得到更高水平的发展。

（三）切实推进户籍立法工作的进程

法律是制度的保障，要全面推进户籍制度改革，必须要有健全的法律作保障。我国当前户籍管理的法律主要是《中华人民共和国户口登记条例》，它是20世纪50年代制定的，在计划经济时代对维护社会秩序、促进经济建设等方面发挥了一定的作用。但我国改革开放后，特别是进入21世纪以来，我国社会各领域发生了翻天覆地的变化，人们对平等自由的渴望更为强烈，对改革以《中华人民共和国户口登记条例》为依据而形成的城乡二元户籍制度的呼声更为高昂。特别是党的十九大提出当前我国已进入中国特色社会主义新时代，社会主要矛盾已经从“人民日益增长的物质文化需要同落后的社会生产之间的矛盾”转化为“人民日益增长的美好生活需要和不平衡不充分的发展之间的矛盾”。这种不平衡表现之一就是城乡发展的不平衡，导致发展不平衡的重要因素是我国长期的二元经济结构和城乡二元户籍制度。因此，修订《户口登记条例》是时代发展的需要，是推进新型城镇化建设、促进当前经济和社会发展的需要。

近期，国务院已组织公安部等部门以及相关专家、学者开展户籍立法的调研工作，充分征求地方各部门对户籍立法的意见和建议，为户籍法的正式出台作好准备。笔者认为新时代的户籍法必须要遵循保护公民权利和公平公正原则，以保障公民进行自由迁徙活动和公民权利平等为主要目标，还应具体规定公民必须履行的义务和统一规范管理行为及统一标准，从而保障公民身份、地位平等不受差别对待，应是一部符合时代发展和社会需求的户籍管理新法规。

（四）以不同程度的放开落户限制措施来解决不同规模的城市落户难的问题

户籍制度改革是推进新型城镇化的重要契机。当前我国不管是特大城市还是中小城市、小城镇都存在落户难的问题，特大城市各项丰富的资源对外来人员产生巨大的吸引力，造成大量外来人口涌入特大城市，给特大城市的交通、就业、教育等方面带来巨大的压力。有研究显示，我国城市（特别是一二线城市）户籍制度改革的受益人是那些受到过良好教育、有较高的专业技能并且社会经济地位较高的人群，大多数的乡城流动人口无法在较高等级城市落户。[①] 针对这种现状，特大城市不得不提高入户门槛，从而造成外来人口落户难的问题；中小城市因其教育、医疗、社保、就业、公共服务及公共配套设施都不及大城市，也就不具有落户的吸引力；小城镇则更不在外来人口的考虑范围之内。因此，当前我国居民的落户现状是在特大城市居民不能落户、在中小城市及小城镇不愿落户，这种现状严重地阻碍着我国新型城镇化的发展进程。

在新型城镇化进程中，不同程度的开放落户限制尤为重要，大城市急需在较高的入户限制的基础上逐渐试点降低户籍限制；同时全方位放宽中小城市和建制镇的落户限制，政府需要大力投入建制镇的建设和中小城市的发展，完全放开外来人员的落户限制，全覆盖各项社会福利和公共服务，增强建制镇和中小城市对外来人员的吸引力，从而吸引更多的外来人员入户，只有这样不同程度地放开落户限制，才能缓解外来人员给大城市带来的压力，才能促进中小城市和建制镇的发展，才能解决外来人员落户难题，从而从根本上促进户籍制度的改革，推动新型城镇化的发展。

① 王春光：《农村流动人口的“半城市化”问题研究》，载《社会学研究》2006年第5期，第107~122页。

第七章　恢复公民迁徙自由权与户籍制度改革

众所周知，迁徙自由是现代文明社会的一项基本人权，是公民应当享有的一项基本的公民权利。这一权利不仅为世界各国宪法所确认，也为《世界人权宣言》《公民权利与政治权利公约》和《欧洲人权公约》等一系列国际或区域性公约所确认。在我国，迁徙自由也曾被写入《中华人民共和国共同纲领》和“五四宪法”，但此后的几部宪法包括2018年审议通过的《宪法修正案（五）》都没有规定公民的迁徙自由权。公民的迁徙自由无法得到宪法的确认和保障，这明显是与我国“尊重和保障人权”，建设社会主义法治国家的目标相悖。有人认为，以前受主、客观条件的制约，我国还不具备确认公民迁徙自由的现实性。那么，在当代中国，到底是否应该确认公民的迁徙自由，我国是否已经具备了确认公民迁徙自由的现实可行性，以及将通过何种方式确认公民的迁徙自由，都需要从理论和现实的角度进行深入的研究。本章即从迁徙自由权的性质、法律地位、历史演变过程等方面进行全面分析，指出了我国恢复公民迁徙自由权的必要性与可行性。从而呼吁在适宜的时机通过宪法修正案的方式恢复公民迁徙自由权。迁徙自由权入宪，是通过法律的方式保障公民合法权益，也是对新时期户籍制度改革的积极响应。

第一节　迁徙自由权概述

一、迁徙自由权概述

（一）迁徙自由权的概念

关于迁徙自由权，可以从不同的角度来理解：从地域范围上来看，迁徙自由权可以分为国内迁徙自由权和国际迁徙自由权。国内迁徙自由权是指在法律规定的合理限制下，自由地在一国境内旅行、居留或定居的权利；国际迁徙自由权是指暂时或永久离开现所在国或返回原所在国的权利。从迁徙的过程看，可分为迁出自由权和迁回自由权。迁出自由是指从现居地迁往外地；迁回自由是指从现居地迁返原居地。从迁徙的目的看，有的是因择居、择业、受教育、旅行等而迁徙；有的可能是为摆脱宗教束缚或政治迫害而迁徙；从迁徙的主体看，可分为个人迁徙自由和集体迁徙自由、公民迁徙自由和居民（合法地处于一国境内的人）迁徙自由。此外，免受被驱逐出境或被引渡到国外也是迁徙自由权的重要内容。①

在英语当中，迁徙自由有不同的表达方式，它可以从不同的角度解释迁徙自由权所包含的内容。如 Right to Emigration and Immigration 是指移民出国或回国的权利；Right to Travel 侧重指人自由旅行，不受非法限制的权利；Freedom of Movement 是指人自由移动的人身自由权利；Right to Mobility 则是一个总括性的词，它包括了前面所有内容。②。这说明了“迁徙自由权”的内容十分丰富，本书主要从户籍制度改革的角度出发，讨论国内迁徙自由权的有关问题。

迁徙自由，特指人口的自由迁徙。人口迁徙的本质特征是人的空间位置发生了改变，是人的活动跨越了一定的距离和界线。但单从空间因素来下定义，这一内涵太广泛，研究无法继续，必须给以时间因素的限制。究竟以多长时间为好呢？我国《民法通则》第 15 条规定：“公民以他的户籍所在地的居住地为住所，经常居住地与住所不一致的，经常居住地视为住所。”这里所指的“经常居住地”按司法解释应当理解为连续居住一年以上的居住地，并有长期居住的目的。住所是公民生活和进行民事活动的主要场所，选定一个生活和活动的主要地点作为住所，便可将公民的法律生活统一集中于该处，明确法律关系。

在实践上，我国原来只以户籍地的变化作为标准，这是有中国特色的做法。从国际比较来看，国外人口迁徙的概念不包括户籍所在地这一问题。以户籍所在地为主要因素的迁徙，从地域因素来说，涵盖了行政区域和社区范围的变动。只要改变了户籍登记地，不管是否居住以及居住时间的长短，都算是人

① 罗厚如：《迁徙自由的比较研究》，载《河北法学》1994 年第 5 期，第 5~10 页。

② Goodwin-Gill, Guys, *International Law and the Movement of Persons Between States*, Oxford: Clarendon Press, 1978, p. 78.

口发生了迁徙。现实生活中大量存在的“人户分离现象”，从法律上来说，就是户籍地和经常居住地不一致，即便当事人想在经常居住地登记户口，但因户籍登记制度的限制而不能实现，只能维持事实上的迁徙，法律上的静止状态。我国自1987年对74个镇的人口进行抽样调查以后，对于迁徙人口的定义扩大为包括在迁入地居住一定时间以上的人口。1990年第四次人口普查时用了一年的数据，而1987年的抽样调查和1995年的1%抽样调查则用了半年的口径，而2000年第五次人口普查和2010年第六次人口普查都是以居住地与户口登记地所在的乡镇街道不一致且离开户口登记地半年以上的人口为迁移人口。国际上通常以持续一年以上的时间作为迁徙活动的标志。

结合我国《民法通则》中关于住所的解释、国际上的惯例及我国近年来人口普查的实践，本书以一年为迁徙的时间界线。根据我国法律，公民在国内旅行，如探亲、访友、旅游等是不受限制的。据此，笔者认为对迁徙自由权的理解必须把握三个方面。

首先，迁徙自由是一种主观意志的自由。它是指人能自由移动，不受非法限制的人身自由权利，即对应英语中的Freedom of Movement。在英美法的两部重要的法律辞典中，《牛津法律大辞典》（*The Oxford Companion to Law*）将自由解释为：“不受约束，控制或限制”“国家或团体应当把每一个理智健全的人当作自由人，让其按照自由的利益进行思维和行动，按自由的方式发展自身的能力，行使和享受作为这种发展之条件的其他各项权利。”《布莱克法律辞典》（*Black's Law Dictionary*）则释为：“免于外来的控制，免于所有除由法律正当施加以外的约束”“是免于任意专断的约束，而非对由团体共同利益施加的合理规章和禁令的免除。”自由的本义是不受限制、不受约束。迁徙自由是迁徙者主动的、自发的迁徙，而不是被动的、强制性的迁徙，是符合迁徙者的意愿、迁徙者希望发生的迁徙。是否迁徙、往何处迁徙是迁徙者不受外界强迫而自主决定的，是迁徙者的一种自由。

其次，迁徙作为一种人的行为，其本身并非目的，而是实现某种目的的手段。作为实现目的的手段，迁徙只是一种形式意义上的活动。但实际上，迁徙自由的内涵是非常丰富的。只要是通过迁徙能够进行的行为应该都能作为迁徙的必然含义而并入迁徙自由的内容。

第三，迁徙自由的本质要求是权利，迁徙者能得到与迁入地居民同等的权利，包括政治、经济、文化、社会诸方面的权利。如在美国著名的夏皮罗诉汤普森一案①中，联邦最高法院在判例中承认美国公民有移居任何一州并享受移居州公民同等待遇的权利。若不能得到与迁入地居民之同等待遇，在迁入地是二等公民，遭遇歧视，或以资金、技术等为条件换取平等待遇，这是给予特定人的有条件的迁徙，而不是真正的迁徙自由。②

综上所述，作为法律概念，迁徙自由权是指在法律允许的范围内，公民依法享有其人身和行动完全由自己支配而不受非法干预或者限制的权利，以及在能享有与迁入地居民同等权利保障的前提下，公民所享有的选择、变更居住地的权利。

特别需要强调的是，迁徙自由权应当包括迁徙自由和居住自由两项权利，国际人权宪章和公约都有所确认。《世界人权宣言》第 13 条第 1 款规定，人人在各国境内有权自由迁徙和居住；《公民权利和政治权利国际公约》第 12 条第 1 款规定，合法居住在一国领土内的每一个人在该领土内有权享有迁徙自由和选择居住的自由。可见，两个国际公约把迁徙自由和居住自由提到了同一高度。迁徙自由是居住自由的前提条件，居住自由是迁徙自由的目的。如果只提迁徙自由，而迁徙之后不能自由居住，无异于隔靴搔痒；没有居住自由，迁徙自由也就失了保障。实际上，我国每年已经存在大量流动人口，实现了劳动力的自由流动和劳动力的市场化，从这个意义上讲，公民已享有迁徙自由权。但现在的问题是迁徙人口没有居住自由权，即落户权。我国现行的户籍管理制度严格控制迁徙人口落户。因此，只有将公民的迁徙自由和居住自由落到实处，迁徙自由权才有实质意义。

（二）迁徙自由权的性质

迁徙自由就其性质来说较为复杂，从国内外宪法学者的观点来看，一般有

① Shapiro V Thompson（1969），本案源于哥伦比亚特区、康涅狄格州和宾夕法尼亚州州法的规定，即凡州民必须住满一年以上，才可领取政府发放的抚恤金。州政府的目的在于避免过多的财政支出。联邦最高法院在判决中承认人民在美国任何地区有“旅行”及“定居”的权利。该法院认为，这些法律的动机虽在于维持本州的财政，但实际上关闭了短期州际旅行者获取“生活必需品”的渠道，因而拒绝采纳那种认为这种居住期限规定是同可许可的预算目标和行政管理目标相关联的，因而这一观点是合理的。该法院认为，这些法律具有“惩罚”（Penalty）的效果，基于“平等权”要求，是违宪的。这一案件不但首次以平等权来捍卫人民的国内自由旅行权，而且首次在否决某一州法的合宪性的基础上进而提出联邦政府亦不得限制人民的国内旅行权。

② Norman Vierira, *Constitutional Civil Rights*, Beijing: Legal Publishing House, 1999, p. 92.

四种代表性的观点。

一种把它视为人身自由的基本内容，国内宪法学界一般持此种观点，如宪法学家何华辉教授在其著作《比较宪法学》一书中即是在“人身自由”这一条目中分析“迁徙自由”的。李步云教授在其主编的《宪法比较研究》一书中也持此种观点。① 谢鹏程博士也认为迁徙自由是公民人身自由的一个方面。②

另一种把它视为经济自由的一部分，如日本宪法学家东京大学教授芦部信喜根据日本宪法将居住、迁徙与职业自由均放在第22条的规定，把迁徙自由视为一种经济自由权，他说“选择职业自由、居住迁徙自由与财产权，总称为经济自由权”③，另一位日本宪法学家杉原泰雄在分析近代立宪主义市民宪法的人权保障特色时指出：“经济自由权一般包括财产权、劳动自由、契约自由、营业自由以及居住迁徙自由等。”④

第三种观点认为是政治权利，刘武俊认为“迁徙自由是公民应享有的一项基本的公民权利和政治权利”⑤。谢鹏程在《公民的基本权利》中认为“迁徙自由具有一定的政治权利的性质，是保障公民摆脱一定的政治压迫，谋求适应自己发展的社会政治环境的基本权利”⑥。

第四种观点综合说将迁徙自由视为人身自由权的范围，同时也有其他权利。岳智明认为它是“属于人身自由的范畴，是人的行动举止自由的重要内容，又具有社会经济权利的性质，与人的社会经济活动密切相关”⑦。

对事物性质的认识必须从事物多方面的属性中抓住与实践密切相关的内在属性。迁徙自由内容丰富，具有包容性，其性质必然是综合性的而非单一的。

第一，迁徙自由属于广义的人身自由范畴。所谓人身自由，即公民依法享有的人身和行为完全由自己支配而不受非法干预或限制的权利。包括在法律范围内享有人身自主权、行动自由权、保护自己的身体不受侵犯或人身自由受限制的合法程序保障的权利。无论从逻辑上还是学理上，迁徙自由所具有的人身

① 李步云：《宪法比较研究》，法律出版社1998年版，第478页。

② 谢鹏程：《公民的基本权利》，中国社会科学出版社1999年版，第184页。

③ [日] 庐部信喜：《宪法》，台北月旦出版社1995年版，第199页。

④ [日] 杉原泰雄：《宪法的历史》，中国社会科学院出版社2000年版，第26页。

⑤ 刘武俊：《迁徙是用脚投票》，载《粤海风》1999年第9期，第32页。

⑥ 谢鹏程：《公民的基本权利》，中国社会科学出版社1999年版，第30页。

⑦ 岳智明：《我国宪法应恢复迁徙自由》，载《河南社会科学》1999年第4期，第28页。

自由的性质都是不证自明的。狭义的人身自由是指身体自由。广义的人身自由除身体自由外，还包括人格尊严不受侵犯、住宅不受侵犯，迁徙自由、通信自由和通信秘密受法律保护。迁徙自由属广义的人身自由范畴，是公民在国家和社会独立完整的主体地位的法律表现，是公民享有其他人身自由的保障，没有迁徙自由就不能构成完整的真实的人身自由权。许多国家的宪法也明确把迁徙自由放在人身自由部分加以规定。

第二，迁徙自由属人身自由范畴，但与人的社会经济活动密切相关，具有经济权利的性质。从迁徙自由的起源来看，它是资本主义商品经济的必然产物，是资产阶级为实现自由雇佣劳动力提出来的，与择业自主权为基本内容的工作自由有密切联系，是两者的前提。事实上，早在19世纪早期，各国宪法的规定和宪法学理论一般把迁徙自由视为经济自由，从19世纪中叶后，迁徙自由就被看作一项个人自由了。在20世纪中叶后经济自由重新受到强调，从经济自由的角度观察迁徙自由就具有一定的现实意义了。近代宪法将其纳入经济自由之类有其合理性。但迁徙自由是公民个人支配自己行动的自由，虽然涉及经济利益方面，与社会经济活动联系密切，只是经济活动的基础而非迁徙自由的全部，不能因其涉及经济方面的利益而否定其人身自由的性质。当今社会，人们通过迁徙来实现自己的价值，满足人的需要，扩展个人的生活领域，影响其人格之自由发展，已成为实践人性尊严与人格尊严不可缺少的要素。

因此，迁徙自由从本源上讲属于人身自由的范畴，是人的行动自由的重要内容，但它同时又是某些社会经济权利如择业、工作自由的前提，说明迁徙自由的确是一项重要的、不可忽视的基本权利，我国宪法应恢复它的地位。

迁徙自由作为基本权利，防御的对象首先是有时能对它形成“合法威胁”的国家权力，明确的权利对权力具有制约性，对于国家来说，一旦认定某些权利是人的基本权利，法的修改和废除一般不再对基本权利产生影响。一国政权的更替，政府的变易，国家制度的改革，政策方针的调整，作为宪法明示的基本权利不随之取消。因此，将迁徙自由写入宪法，有利于权利的保障和实现。

（三）迁徙自由权的法律地位

1. 基本权利和宪法之间的逻辑关系

在给公民基本权利下定义时，许多法学词典及学者的解释是：公民的基本权利，就是宪法中规定的公民权利。① 这就产生一种假象，似乎基本权利直接渊源于实在的宪法规范本身，没有宪法的规定，就没有基本权利。传统的法律实证主义即持有这种观点。

另有一种观点则认为：人的权利或基本权利是上帝或某种造物主赋予人的权利，或是一种人基于其为人所具有的、与生俱来的权利。这就是通常所说的“天赋人权”的观点或自然法思想。爱德华·S. 科尔文指出：“由成文宪法所赋予的信任实际上并不存在，宪法中对个人权利的罗列并不给予其任何权威，而是一种保障。换句话说，并不是因为宪法提到了这些权利它们才是基本的，相反，它们是基本权利，所以才写在宪法中。”②

对于人权问题，马克思曾经指出，人权不是天赋的，而是在历史中形成的。③ 然而，这并不意味着自然法思想的合理内核与马克思主义立场上的宪法学理论之间存在根本的冲突。马克思主义法学的观点是：人的基本权利是人作为构成社会整体的自律的个人，为确保其自身的生存和发展，维护其作为人的尊严而享有的并在人类社会历史过程中不断形成和发展的权利；从终极的意义上说，这种权利既不是造物主或君主赋予的，也不是国家或宪法赋予的，而是人本身所固有的，同时又多为宪法所认可和保障。

由此可见，基本权利与宪法之间的逻辑关系应该是：基本权利是人作为一个人本身所固有的，宪法之所以对这些权利作出确认，其终极的价值目标就是为实现这些权利，而不是因为宪法上写了这些权利，这些权利才具有基本权利的特征。

2. 迁徙自由具有基本权利的基本特征

迁徙自由常被称为迁徙自由权或迁徙权。在西方法律思想史上，许多大思想家坚持用自由来解说权利，斯宾诺沙，霍布斯，洛克到康德，黑格尔等人皆属此例。这种解说认为权利使享有者具有意志的自由以及这一自由的外在表现——行为自由。主体在根据权利做或不做一定行为时，不受法律强迫，不受国家强迫，亦不受他人强迫。受这些思想影响，近代宪法率先所确认的宪法权利，在当时多被称之为自由。如人身的自由，精神的自由和经济的自由，即近

① 魏定仁主编：《宪法学》，北京大学出版社 1994 年版，第 164 页。“公民的基本权利，是指宪法所规定的公民享有和履行的最主要的权利和义务。”蒋碧昆主编：《宪法学》，中国政法大学出版社 1994 年版，第 203 页。“作为国家根本大法的宪法只能把公民基本权利和义务中最基本，最重要的那部分作出原则规定，故称为公民的基本权利和义务。”

② 李步云：《宪法比较研究》，法律出版社 1998 年版，第 129 页。

③ 《马克思恩格斯选集》（第 3 卷），人民出版社 1972 年版，第 147 页。

代宪法所确立的三大权利，概称为三大自由权，包括我国现行的宪法在内迄今为止世界各国的宪法对这些权利的表述，一般仍然沿用“自由”这一称呼。如我国现行宪法中即规定有“言论、出版、集合、结社、游行、示威的自由”（第35条），“人身自由”（第37条），“通信自由”（第40条）。“五四宪法”中规定有“居住和迁徙的自由”（第90条）。在此意义上使用的自由，就是法律直接以自由指称的那些权利，因此迁徙自由就是迁徙权。

基本权利是人们在国家政治生活、经济生活、文化生活和社会生活中的根本权利，是源于社会关系的本质，与主体的生存、发展、地位直接相关，人生而应当有之的，不可剥夺转让、规避且为社会公认，因而也可说是“不证自明的权利和义务”。① 它们是人们在基本政治关系、经济关系、文化关系和社会关系中所处地位的法律表现。具体而言，基本权利至少含有六个方面意义：其一，基本权利具有不可或缺性，基本权利中缺少任何一项，人在法律上就难称为人；其二，基本权利具有不可转让性；其三，基本权利具有不可替代性；其四，基本权利具有稳固性；其五，基本权利具有母体性，其他权利是以基本权利为根据派生出来的，是基本权利的衍生物；其六，基本权利具有某种世界范围内的共似性，即其在各国有着共同的普遍的最低标准。

迁徙自由对于作为市场经济条件下具有独立人格的市场主体来说是不可缺少的，没有迁徙自由，人只能是被束缚的不完全的人或计划经济的工具，迁徙自由作为一种人身自由权利，无法转让。自从1975年《宪法》取消迁徙自由以来，历史已证明，其他权利无法替代它，世界多数国家的宪法和国际公约均确认迁徙自由。因此迁徙自由具有基本权利的基本特征。

二、我国公民迁徙自由权的历史回顾

中国封建社会虽无明文确认迁徙自由，但在明清之前，“人民的移徙，倘在国境以内”“俱不在法律或习惯禁止之列”。② 自1912年《中华民国临时约法》首次规定“人民有居住迁徙之自由”后，在《天坛宪法草案》《中华民国约法》《中华民国宪法》《中华民国训政时期约法》等民国时期的宪法性文件中均有对迁徙自由予以确定和保障的明文规定。人民革命根据地时期，1941年《陕甘宁边区施政纲领》第6条规定，“保证一切抗日人民的人权、政权、财权及言论、出版、集会、结社、信仰、居住、迁徙之自由权”，也对迁徙自

① 张文显：《法理学》，北京大学出版社、高等教育出版社1999年版，第90页。

② 王世杰、钱端升：《比较宪法》，中国政法大学出版社1997年版，第77页。

由作了相关的规定。

中华人民共和国成立以后，1949 年《共同纲领》中明确规定，中华人民共和国人民有居住、迁徙的自由权。1954 年《宪法》中也写入“中华人民共和国公民有居住和迁徙的自由”的内容。在很长一段时间内法律上也是承认迁徙自由权的。迁徙自由在我国经历了一个由肯定到否定再到肯定以及积极推进的曲折历程。确切地讲，可分为四个历史阶段：1958 年以前的自由迁徙期、1958—1978 年的严格控制期、1978—1998 年的半开放期以及 1998 年以来的积极推进时期。

（一）1958 年以前的自由迁徙期

中华人民共和国成立初期，起临时宪法作用的《中华人民共和国共同纲领》中就明确规定中国公民有迁徙自由。1954 年《宪法》第 90 条规定中华人民共和国公民有居住和迁徙的自由。由于 20 世纪 50 年代我国经济、文化发展相当落后，城乡差距过大，尤其是开始实行计划经济，实行迁徙自由的社会经济条件都不具备，经济建设需要人民作出一定的牺牲。为了保障工业化进程的成功推进，政府以户籍限定的办法，严格限制农民在城乡之间的自由流动，以保障土地粮食的产量实现增长。受此历史因素的影响，从此以后，国家控制农村迁往城市、中小城市迁往大城市的人口数量的措施逐步变得更为严格。随着经济的增长，这一日渐僵化的户籍制度便从国家制度层面促成了城乡二元结构的形成。

（二）1958—1978 年的严格控制期

以 1958 年全国人大常委会第九十一次会议通过的《中华人民共和国户口登记条例》为标志，我国政府开始对人口流动实行严格控制。这部沿用至今的户籍管理法规将城乡居民明确地划分为“农业户口”和“非农业户口”两种不同户籍，确立了以常住人口为主，严格控制人口流动的基本原则，规定“公民由农村迁往城市，必须持有城市劳动部门的录用证明、学校的录取证明，或者城市户口登记机关的准予迁入证明，向常住地户口登记机关申请办理迁出手续”。自此，严格的户口迁移审批制度和凭证落户制度正式确立。1975 年 1 月，第四届全国人大一次会议通过的宪法历史性地将“中华人民共和国公民享有居住和迁移的自由”的条文删除，我国公民自由迁徙和居住的权利自此失去了宪法保障，此后就一直没有被恢复。

一项制度的存废，是特定社会现实的要求和反映，而不是立法者的随心所欲。我国在1958年以后对迁徙自由的严格限制，是有其深刻的社会政治、经济背景的。中华人民共和国成立初期，我国是个一穷二白且又深处国际反华势力包围之中的农业国，为尽快提高国防能力，政府选择了向重工业倾斜的发展战略，由于重工业是资本密集型产业，在工业化过程中对劳动力的吸纳能力有限，因而无法使农村剩余劳动力实现产业转移；另一方面，在没有外来资本的情况下，政府只能在压低农产品价格的基础上提高工业品的价格，通过工农业产品之间的"剪刀差"获取建设重工业所需的资金。据权威部门的调查统计，国家通过这种"剪刀差"积累的资金达6000亿元人民币——相当于改革初期除去土地资源后的全部国有资产总值。① 为维持低工资的制度，政府又向城市居民提供大量的住房、医疗、粮食、教育等补贴。由于财力有限，只有限制农村人口进城以控制城市人口数量，从而减轻城市就业及基本生活资料供应、住房、交通、公用事业、社会治安等多方面的压力。② 因此，以限制城乡间自由迁徙为目标的传统户籍管理制度是我国在计划经济体制下为实现工业化并与粮食、就业、住房、教育等制度相协调的一项制度安排。它以法律的手段将农民固定在农村从事农业生产，在城市化程度不高、就业部门吸收就业人员有限的情况下，这一措施对于保护城市文明、优先发展工业经济、维护社会稳定具有重要意义。当然，广大农民也因此付出了牺牲迁徙自由的代价。

（三）1978—1998年的半开放期

十一届三中全会启动了经济体制改革，加速了中国的人口流动。在农村，人民公社的解散，家庭联产承包责任制的推行，将长期被束缚在土地上的农民解放出来，形成了几乎可无限供给的农村剩余劳动力迁徙资源。（据专家们统计，在中国4. 2亿农村劳动力中，至少有1. 6亿剩余劳动力。③）有限的土地资源造成的生活压力推动着农民离开土地，寻找新的工作机会，一部分已经富裕起来的农民更有投资城镇的愿望；在城市，劳动就业制度的改革逐步形成了劳动力市场，经济发展创造了就业机会，城市建设也拓展了空间容量，这一切使劳动力及各类人才的大量流动成为一股不可阻挡的潮流。再用传统的户籍管

---

① 上海市流动人口管理研究中心：《流动人口管理参阅资料》，2001年第1期，第9页。

② 劲茂盛、祝成生：《户籍改革的研究状况及实际进展》，载《人口与经济》2000年第1期，第47页。

③ 上海市流动人口管理研究中心：《流动人口管理参阅资料》，1999年第3期，第14页。

理政策钳制日趋活跃的人口迁徙已经难以奏效。为应对这种局面，有关部门对户籍制度作了必要的调整和改革，现实中人口自由流动在一定程度上得到了政府的默认和保护。1984 年 10 月，为解决那些长期在集镇务工、经商、有固定职业和住所的农民的迁城的问题，国务院发出《关于农民进入集镇落户问题的通知》，允许他们在自理口粮的情况下迁入集镇落户。1985 年 7 月，公安部出台《关于城镇暂住人口管理暂行规定》确认了中国公民在非户籍地长期居住的合法性；从 1993 年 1 月 1 日起，在全国范围内终止粮票的流通，全面放开粮油市场价格，这使流动人口通过市场获取生活资料成为可能。

为顺应广大农民的利益要求，1997 年 7 月，国务院批转下发公安部《小城镇户籍管理改革试点方案》，决定在试点城镇，实行以公民住房、职业和生活来源为落户条件的迁移制度，规定了在小城镇的机关、团体、企事业单位聘用的管理人员、专业技术人员，在小城镇购买了商品房或有合法自建房的居民，及其共同居住的直系亲属，而且在有合法固定住所居住已满两年的，可以办理城镇居民户口。而与此同时，以北京、天津、上海等特大城市为代表实行严格的迁移落户政策，形成了小城镇户籍制度改革先行的局面。

（四）1998 年以来，迁徙自由权的积极推进阶段

迫于解决户口迁移中的突出矛盾，1998 年 7 月国务院批转公安部《关于解决当前户口管理工作中几个突出问题的意见》，就解决婴儿、两地分居夫妻、退休老人等户口迁移问题，提出新的政策。这是对公民迁徙权的积极推进，体现了尊重人性、尊重人情、尊重人权的进步意义。意味着 40 年来铁板一块的户籍政策开始有了实质性松动。之后的 1999 年 9 月，为解决特殊人群（有突出贡献者和业务骨干的配偶）的户口迁移，国家人事部和公安部联合发文，明确规定这类迁移不受年龄、分居时间、指标等各方面的限制，凡符合条件的人群可以迁往任何一级城市，因而这是又一次认识上的突破。

2001 年 3 月 30 日，国务院批转了公安部《关于推进小城镇户籍管理制度改革的意见》，明确规定，全国所有的镇和县级市市区，取消“农转非”指标，不再实行计划指标管理。凡在当地有合法固定的住所、稳定的职业或生活来源的外来人口，均可办理城镇常住户口。这标志着我国户籍管理制度改革迈出了实质性的一步。

当前，全国建立城乡统一的户口登记制度的工作正在积极稳步地进行，改革城乡分割体制方面已有重大进展。小城镇户籍制度改革已经全面推开，基本到位。大中城市的户籍制度改革也相继采取了大的动作，有了一些实质

性的突破，并由此推动了城市就业、就学、劳动力与社会保障等诸多方面的改革。这对于解决“三农”问题，全面推进小康社会建设具有积极的制度创新的效益。

2003年，公安部针对公安工作中存在的问题，提出了30条便民利民措施，涉及户籍管理的有7项：（1）到西部地区工作的应届大学毕业生，可以根据本人意愿，将户口迁到工作地区，也可以迁回原籍。（2）到西部地区投资、兴办实业的人员以及西部开发建设所需要的各类人才，可以不迁户口，户口迁入西部地区的，如果今后返回原迁出地工作、生活，也可以将户口迁回原迁出地。（3）在大、中城市落户的高中级专门人才到小城镇或者农村工作的，可以不迁户口。（4）考取普通高等学校、普通中等专业学校的学生，入学时可以自愿选择是否办理户口迁移手续。（5）新出生婴儿的常住户口登记，随父随母自愿选择。（6）取消出国、出境1年以上的人员注销户口的规定（在国外，境外定居的除外）。（7）取消被判处徒刑、被决定劳动教养的人员注销户口的规定。①

2003年6月28日，《中华人民共和国居民身份证法》正式通过并实施，新法在条例的基础上作了很大的变动，如不满16岁可申领身份证、退休老军人有了身份证、身份证不能随意查验、办证日期缩短为60天，等等，为保障公民合法权益、打击违法犯罪、公民的自由迁徙等方面提供了法律保障。

2004年“尊重和保障人权”被写入宪法，这是我国人权事业的一大进步，迁徙自由权作为人权的内容之一开始受到关注。

2013年两会，温家宝在《政府工作报告》中表示，“加快推进户籍制度、社会管理体制和相关制度改革，有序推进农业转移人口市民化，逐步实现城镇基本公共服务覆盖常住人口，为人们自由迁徙、安居乐业创造公平的制度环境”。这是《政府工作报告》首次提到“自由迁徙”，传递出党和国家真正落实和保障公民迁徙自由权的决心。

2014年7月国务院发布的《关于进一步推进户籍改革的意见》中提出我们要创新人口管理的模式，进一步调整户口的迁移政策，全面实行居住证制度。2016年1月《居住证暂行条例》正式颁布实施，流动人口在流入地的教育、就业、社会保障等合法权益得到相对保障。

总之，我国公民的迁徙自由权经历了一个从肯定到否定再到一定程度默认的曲折历程。虽然在相关政策及相关法律中没有迁徙自由权的相关规定，但它

① 参见公安部2003年8月7日发布的《公安部三十条便民利民措施》。

应该是法治国家提高治理水平和实现治理现代化应当追求的目标。

三、恢复公民迁徙自由权对我国社会发展的重要意义

恢复公民迁徙自由权对我国社会发展的重要意义主要表现在以下几个方面。

（一）社会主义市场经济的发展要求迁徙自由

迁徙自由是社会主义市场经济的内在要求，市场经济体制要求有全国统一的生产要素市场，通过市场优化配置生产要素，实现劳动力与生产资料的最佳结合，提高经济效益。市场经济是通过市场配置资源的一种经济运行模式，它使各种生产要素通过市场供求关系的变动和利润趋向进行自由流动，以达到经济资源的优化配置和经济效益的最大增长。在社会主义市场经济现实条件下，人的自由主体的地位应当受到宪法在内的法律的尊重与保障。① 劳动力作为一种重要的经济资源也会随着地区间、行业间的差异以及市场供求关系等因素的变动而合理流动，这正是市场经济的基本规律，违背了这一规律，市场经济就不能正常发育。因此，劳动力的自由流动是市场经济的内在要求。而迁徙自由通过人力资源的有序流动和合理配置，实现人尽其才、人尽其能、安居乐业的终极价值。可见，人力资源的市场配置模式必然要求法律保障公民的迁徙自由。虽然我国宪法没有规定迁徙自由，但是随着社会主义市场经济的发展和经济生活的日益活跃，公民在全国范围内的自由择居以及自由选择职业成为客观事实。同时，由于商品经济的发展，商品和劳务市场的逐步规范化，使人们不仅在国内各地自由选择工作和生活地点成为必然，而且出入国境从事各种经济工作和学术活动也日益增多，然而在各地区之间自由选择居住地和出入国境受到各种地方性法规和地方政府规章的限制也自然增多，迫切需要从宪法的高度来重新确立迁徙自由，以解决实际生活中存在的问题。

（二）建设社会主义政治文明离不开迁徙自由

实现真正的民主政治的发展，必须形成一个市民社会，市民社会是民主政

---

① 周鑫：《论迁徙自由权入宪与户籍制度改革》，载《学理论》2015 年第 2 期，第 77~79 页。

治发展的基础和动力。而“现代市民社会的发育既需要人身财产等在内的自由条件，同时也依赖于迁徙自由和结社自由这类外在的自由条件”①。而且，“每个人可以在他认为最好的地方工作和生活，这属于一个开放社会的根本品质”。② 因此，没有迁徙自由的推动，政治文明很难有效建立起来。政治文明的首要标志是公权力的合法性和正当性，任何国家机关和其他公权力主体的权力必须为人民所合法授予。③ 然而，由于迁徙自由的缺失，众多长期为当地财税作出贡献的外来务工人员不能选举自己的代表，外来务工人员的意见不可能进入当地政府的公共决策领域，当地政府对本地人口和外地人口区别对待，忽视乃至侵犯外来务工人员合法权益，这样的公权力的合法性、正当性是值得怀疑的。而且，外来务工人员在户籍所在地的选举权也变得有名无实，其民主管理、民主监督的权利也随之消失，因此这种限制甚至剥夺了外来务工人员的政治权利，没有众多外来务工人员参与的制度明显违反人民主权原则。只有确立迁徙自由制度，纳税人的纳税义务与民主选举、民主监督和公平、平等地接受政府服务才能统一起来，政府的征税权利与民主决策，为纳税人服务的义务才能一致，最终推动社会主义政治文明的发展。与居民生活相关的迁徙自由权，是现代文明国家理应为公民提供的“社会福利”。

（三）人的自由全面发展需要迁徙自由

江泽民同志在纪念中国共产党成立 80 周年大会上的讲话中指出，我们在建设社会主义的实践中，既要着眼于人民现有物质文化生活需要，同时又要着眼于促进人民素质的提高，也就是要努力促进人的全面发展，这是马克思主义关于建设社会主义新社会的本质要求。党的十六大报告又专门论述了人的全面发展问题。这无疑是对社会主义认识的又一次升华，为我们重新开启了认识社会主义的正确道路。党的十九大报告再次强调“促进人的全面发展的重要途径，是民族振兴、社会进步的重要基石，是对中华民族伟大复兴具有决定性意义的事业”。人的自由全面发展是马克思理论的重要组成部分，是构建社会主义和谐社会不可缺少的理论之一。促进人的自由全面发展，就是要充分发挥人

---

① 蒋兆康：《迁徙自由——它的意义、历史的一种以〈国际人权法案〉为蓝本的比较研究》，载《宪法比较研究文集》，中国民主出版社 1993 年版，第 351 页。

② 张永和：《权利的由来——人类迁徙自由的研究报告》，中国检察出版社 2001 年版，第 94 页。

③ 倪业群，陈祖权：《迁徙自由在建设法治国家中的价值及其实现》，载《广西师范大学学报》2004 年第 3 期，第 27 页。

民群众的主观能动性和伟大创造精神，激发人民群众的社会主义积极性，保证人民群众的民主权利，确保全体人民在社会生活中切实当家作主，依法管理好自己的事情，实现自己的愿望和利益。迁徙自由对于个人来说，既能实现人尽其才、地尽其利，又有助于培养敢于负责、敢冒风险的进取精神。迁徙自由是公民的一项基本权利，是人实现自由择居，自由工作的重要保证，只有实现公民的迁徙自由，才能促进人的自由的全面发展。

（四）构建社会主义“和谐社会”呼唤迁徙自由

“构建社会主义和谐社会”的执政理念是在党的十六届四中全会上被首次提出来的。后来，胡锦涛总书记又对社会主义和谐社会的基本特征作了进一步阐述，指出我们所要建设的社会主义和谐社会，应该是民主法治、公平正义、诚信友爱、充满活力、安定有序、人与自然和谐相处的社会。这是我们党的新一代领导集体对社会主义和谐社会理论思考的新突破。

构建和谐社会，需要在很多方面坚持不懈地努力。其中，坚持并实现公平与正义，是构建和谐社会的重要保证之一，同时也是和谐社会的重要特征。另外，构建社会主义和谐社会还要求健全社会组织机制，完善社会管理体制，优化社会秩序，使人民群众安居乐业和社会安定团结，从而为全面建设小康社会提供一个安定有序的社会环境。和谐社会必定是安定有序的社会。社会安定就是社会平安、稳定，包括人与人之间、社会群体与社会群体之间、社会阶层与社会阶层之间、人与社会之间关系的和谐，做到人人平等、和而不同、互惠互利。社会安定呼唤迁徙自由，只有迁徙自由成为公民的基本权利，才能使他们的迁徙行为得到规范，违法的行为才会得到纠正，合法的权利才会得到保障，才能维护社会的安定。迁徙自由的实现也有利于维护社会的公平和正义，目前我国社会中存在的许多问题都与迁徙自由有关，比如传统户籍制度造成的城乡二元分立，进城务工人员问题等，这些都涉及社会的公平和正义。只有解决了这些问题，才能维护社会公平和正义，才能实现构建社会主义和谐社会的最终目标。

第二节　恢复公民迁徙自由权的必要性和现实困境

一、恢复公民迁徙自由权的必要性分析

迁徙自由作为现代公民的一项基本权利，应得到宪法及法律的保障，并能

够由公民自由行使。在我国，由于历史的、经济的、社会的一系列原因，导致户籍管理制度过于僵化，公民的迁徙自由受到一定限制。人员无法实现完全自由地流动，不利于我国经济社会的长远发展。而将公民“失去已久”的迁徙自由权入宪，予以最高法律的特殊性保护，便是对现行户籍制度改革最大同时也是最好的法律层面的必要支持与帮助。这是现代国家制度和社会经济发展的必然要求，也是打破城乡二元结构、推动城乡一体化进程、解决农村流动人口市民化待遇的关键，更是推动中国特色社会主义新时期全面科学发展、最终实现“中国梦”的内在要求。

（一）恢复迁徙自由权有利于合理地配置人力资源，提高国民素质

现今我国实行的市场经济体制，要求各种生产要素都自由地流通、合理地配置，以达到经济资源的优化配置和经济效益的最大增长。其中，人力资源是首要的生产力，是最重要的经济资源。如果没有迁徙自由，就没有人员的自由流动，也就没有了劳动力市场，也就没有了完善的社会主义市场经济体系。人口的流动、自由迁徙，是以个人的就业和发展作为第一原动力。个人按照自己的能力和需要选择最适合自己生存的环境，只有保障人口的自由流动，才能实现社会资源重组、合理配置，才会促进个人和社会的高效与平衡发展。虽然我国现行宪法没有规定迁徙自由，但是由于市场经济的内在要求，人们不仅在国内各地自由选择工作和生活地点成为必然，而且出入国境从事各种经济工作和学术活动也日益增多，而在各地区之间自由选择居住地和出入国境受到法律保护的要求亦越发强烈，这迫切需要从宪法高度来重新确立迁徙自由，以适应市场经济的发展要求。

在公民享有自由迁徙权的情况下，不但会实现劳动力资源的合理配置，还可以提高整个国民的素质。事实表明，善于迁徙的民族，都是充满活力的民族。发达国家的人口年迁移率一般均在10%以上，美国更高达25%左右。美国成年人有约24%的人在过去五年中曾在全美范围内迁移，其迁移比率大大高于欧洲国家。①

人口的自由迁徙有利于文化交流和传播，也有利于人口素质的提高。人口素质包括人口的身体素质和文化素质。从身体素质看，人口自由迁徙加速了人

① 亚当·钱德勒：《〈大西洋月刊〉：美国人口迁移为何如此频繁》，熊一舟编译，载《社会科学报》2016年11月3日，第007版。

类基因的交流，为异地居民之间的通婚创造了条件，有利于减少近亲、同族间的通婚。人口的自由迁徙过程也是一个优胜劣汰的过程，能够在激烈的竞争中生存下去的人往往都是体力和智力上的优胜者。因此，每次大的人口流动，人口的素质就会得到一定程度的提高。迁入人口为了生存必须保持和发挥原住地文化的优势，同时还要吸收迁入地文化中的精华。因此，迁入的人口与原居住地人口相比较更容易接受新思想、新观念和新技术，具有开拓精神和冒险意识。历史上许多新作物、新工具和新方法的应用都是在人口迁徙的过程中得以创造传播和推广的。

迁徙自由的理念是现代宪政文化的要素之一。凡是由移民组成的社会，往往又洋溢着强烈的进取精神和生生不息的活力。远到美国的生产和发展，近到我国深圳特区的兴起和繁荣，都说明了这一点。迁徙自由有利于培养公民的独立和自治意识，有助于塑造具有独立人格和个人理念的自由公民形象，对于提高一个民族的整体素质和建构人格独立的公民社会具有深远的现实意义。迁徙自由也是广大公民抵制强权和专横的别具一格的民意表达方式，形象地讲，亦即用“脚’投票。① 在现代文明社会中，基于完全自愿和理性选择的自由迁徙行为，往往可以发展成为民意表达的有效方式，通过间接地对政府当局施加无形的压力，有助于形成尊重人权、尊重民意、尊重人才的良性局面。

首先，迁徙自由有利于克服乡土观念给人带来的负面影响，使公民在人口流动的互动过程中，理解外面的世界，吸纳异地的先进经验，有助于培养眼界开阔、解放思想、善于创新的公民。同时，移民社会特有的人与人之间的平等观念，对公民民主理念的形成意义尤其重大。而在“生于斯，长于斯，老于斯”的环境和氛围中，人的观念、活力和创新精神都会随着这种近乎凝固的乡土观念而窒息。

其次，在人口的自由流动过程中每个人都会理智地选择自己生存和发展的最佳环境，而这种人才流动又为人才的自由竞争创造了良好的条件。因此，迁徙自由使公民在享有这种重要权力的同时，也经受了竞争的洗礼，对培养公民的人格和自治精神大有裨益。

再次，伴随着迁徙自由而来的各种文化的交流、互补与融合，为公民的发展提供了更加丰富的精神食粮和健全人格必备的免疫因子，促进了人的全面发展和文化的融合。

① 刘武俊：《迁徙是用脚投票》，载《粤海风》1999 年第 9 期，第 32 页。

（二）恢复迁徙自由权有利于加速我国的城市化进程

城市是一种高级的社会组织形式。① 加速城市化可以带来大量的积聚效应，即各行各业通过空间上的相对集中，得以共享包括交通、通信、教育、科研、医疗、法治和市政服务等物质性的和制度性的城市基础设施，以及共享人力资本市场和资本市场，使各行各业的生产成本普遍而显著地降低，并促使服务业的迅速发展，使就业问题大大缓和。同时城市专业人才的大量集中，也使新技术、新发明加速涌现和采用，知识和信息在人口中加速传播。所以，加速城市化的进程，成为了世界各国走向富强的必由之路。

人口的城市化是农业社会向工业社会过渡的一般规律，没有人口生产的工业化、商品化、社会化、现代化，也就谈不上社会主义经济的大发展。我国现有农业人口近 6 亿，占人口总数的 44%，人均耕地面积仅约 0.10 公顷，远低于世界平均水平，导致农村约有一半劳动力无事可做，只得进城谋求生产出路。② 从放开迁徙自由入手，允许农民进城，按照适者生存，优胜劣汰的客观规律，通过自然淘汰使部分农民变为市民，逐步改变农业人口与非农业人口之间的比例，以推进我国的城市化进程，实现“在本世纪中叶建成富强民主文明和谐美丽的社会主义现代化强国”的梦想。

（三）恢复迁徙自由权有利于保障人权，履行我国的国际义务

张恒山先生认为，“人权得以确立的根本依据是‘不得损害他人’这一基本道德规范”。人的一切利益和自由只要具备“无害性”，并且是“社会公认的”。那么人们的要求、行为就具有正当性和不可侵犯性③，就可称之为人权。迁徙自由权利与财产权、平等权、经济自由权、发展权、隐私权一样都是公民的基本人权之一。第二次世界大战以后，迁徙自由不仅成为国内法所普遍确认和保障的基本权利，而且成为国际人权宪章和公约所确认的国际人权之一。1948 年的《世界人权宣言》和 1966 年的《公民权利与政治权利国际公约》都规定了公民的迁徙自由权利。《世界人权宣言》第 13 条规定，（1）人人在各

---

① 蔡昉：《中国流动人口问题》，河南人民出版社 2000 年版，第 89 页。

② 数据来源于 2017 年 2 月 28 日中华人民共和国国家统计局发布的《中华人民共和国 2016 年国民经济和社会发展统计公报》：“2016 年年末全国大陆总人口 138271 万人，其中城镇常住人口 79298 万人，农村户籍人口 58973 万人。”

③ 张恒山：《人权的道德基础》，载《法学研究》1997 年第 6 期，第 48 页。

国境内有权自由迁徙和居住。（2）人人有权离开任何国家。包括其本国在内，并有权返回其所属的国家。而且该宣言在第 30 条规定，本宣言的任何条文，不得解释为默许任何国家、集团或个人有权进行任何旨在破坏本宣言所在的任何权利和自由的活动和行为。① 迁徙自由作为一项不可剥夺的人权已经获得国际社会的广泛认同。许多国家的宪法都将迁徙自由作为公民的一项重要权力确定下来。据荷兰的马尔塞文等人 1978 年的统计，142 个国家的宪法中有 81 部宪法规定了迁徙自由。② 我国由于历史的和现实的原因，至今没有将迁徙自由权写入宪法。但是，迁徙自由权入宪是民主政治文明发展的必然趋势。在我国逐步与世界政治、经济接轨的今天，在国际大思潮的影响下，迁徙自由权作为一项公民的基本权利入宪，已刻不容缓。中国作为国际大家庭的重要成员，理应通过法律的手段将迁徙自由确认为公民的基本权利，只有这样，我们才能更好地将国际法转化为国内法，这不仅仅是完善我国人权保障体系的需要，同时，也是保证人权公约在我国得以实施的重要措施。

《公民权利与政治权利国际公约》第 2 条规定，本盟约缔约国承允尊重并确保所有境内受其管辖之人，无分种族、肤色、性别、语言、宗教、政见或其他主张、民族本源或社会阶级、财产、出生或其他身份，等等，一律享受本盟约所确认之权利。本盟约缔约国承允遇现行立法或其他措施尚无规定时，各依本国宪法程序，并遵照本盟约规定，采取必要步骤，制定必要之立法或其他措施，以实现本盟约所确认之权利。③ 第 12 条规定，一，居住在一国领土内的每个人在该领土内有权享受迁徙自由和选择住所自由；二，人人有自由离开任何国家，包括其本国在内。由此可见，公民的自由迁徙权是世界任何国家任何公民的人身权利的重要组成部分，与人类个体的生存权紧密相关。一个民主的法治社会，应当是一个保障人的自由而全面发展的社会。

（四）恢复迁徙自由权有利于完善我国的人口管理制度

就我国现行人口管理制度而言，其主要的法律依据是 1958 年颁布的《户口登记条例》。其中所确立的户籍管理制度在实践中的一个基本特点就是户口的不可迁移性，它把人口固定于某一地区，事实上形成了人口对所在地区，单

---

① ［瑞典］格得门德尔、阿尔佛累德松等：《世界人权宣言：努力实现的共同标准》，四川人民出版社 2000 年版，第 821 页。

② 谢朋程：《公民的基本权利》，中国社会科学出版社 1999 年版，第 186 页。

③ 王铁崖、田如萱：《国际法材料选编》，法律出版社 1982 年版，167 页。

位的人身依附关系，限制了人口的自由流动。而且，目前实行的“两边登记”式的户籍管理方式，即在流出地登记常住户口、在流入地办理居住证，实际上使户籍管理的工作量成倍增加，管理的实际效用却未必增加。市场经济注重效率，即用最小的成本获得最大的效益。而现行的户籍管理成本高、效益差，不能适应市场经济和社会发展的内在要求。另外，越来越多的农村剩余劳动力进城务工经商，从事非农业生产活动，流动人口的信息化管理工作还有待提高。2000 年进行的第五次人口普查中瞒报、拒报、漏报现象严重，如陕西省应该登记的人数少了 200 万，湖南省则少了近千万。同时发现重庆市 13 万死亡人口未注销。中西部地区农村相当一部分人有籍无户，农村“空壳”现象较为突出。① 而管得太死的户籍制度是以不变应万变，这自然会引起管理与普查工作的混乱。我国的流动人口正以高速率增长，特别是 2016 年《居住证暂行条例》的正式实施，意味户籍制度对公民自由流动的约束性逐渐减弱，为公民实现迁徙自由提供了前提。

因此，实现迁徙自由，改革我国的人口管理制度，可以降低户籍管理的成本，提高效率，进而完善我国的人口管理制度，使人口管理制度如实地反映现阶段我国公民居住的现实状况，以更好引导公民的合理流动，实现与世界的人口管理制度相衔接。

当今全世界只有中国、朝鲜、贝宁三个国家实行了最严格的户籍控制，其他所有国家的人口都普遍可以自由迁徙。欧盟在国与国之间几乎实现了人口自由迁徙。我国 1954 年《宪法》就规定了公民的迁徙自由权。公民的迁徙自由权是在计划经济体制下取消的。实行市场经济后，在宪法中恢复公民的迁徙自由权，彻底废除城乡二元户籍制度，建立保障公民居住和迁徙自由的户口登记制度，是经济持续发展和社会文明进步的必然要求。只要对户籍制度有所研究并具有世界眼光和文明常识的人来说，都会明白户籍制度改革的最终目标就是实现公民的居住和迁徙自由。

（五）恢复迁徙自由权有利于维护社会稳定

广大的农村剩余劳动力能否通过自由流动转移到非农业产业，能否尽快富起来，不仅关系到中国经济的持续发展，更关系到中国社会的稳定。根据《农村绿皮书：中国农村经济形势分析与预测（2016—2017）》的预测，2017 年中国城乡居民人均可支配收入比率维持在 2.72 左右，城乡收入差距持续变

① 蔡昉：《中国流动人口问题》，河南人民出版 2000 年版，第 96 页。

大。而从经济学中体现收入分配状态的基尼系数看，我国的基尼系数已超过警戒线 0.4，近几年长期在 0.45—0.5 高位徘徊。如果贫富两极分化越来越严重就会导致社会动荡，不利于社会的健康和谐发展。正如经济学家盛洪所说，中国现在的两极分化是市场不发达造成的，是因为很多人被剥夺了市场权利。长期的实践证明，城乡人口流动可以控制城乡工资水平的较快增长，拉动落后地区的社会经济发展，推动农村家庭收入的较快上升，有利于加速缩小城乡差别，防止两极分化，因此确认迁徙自由，彻底改革户籍制度，又是稳定整个社会的需要。

长期以来，迁徙自由未能在我国宪法中予以确认，主要原因是担心人口的大量流动会导致人口管理失控，社会治安状况恶化，影响社会稳定。现行户籍制度对人口迁移的严格限制就是基于这样一种思路。笔者认为，确认并保障迁徙自由，不但不会影响社会稳定，而且从长远观点来看，还有利于社会的长期稳定。

首先，人口的迁移流动受各种主客观条件的限制，一是市场上劳动力供求关系的限制，二是住房等生活条件的限制，三是自身能力和素质的限制，等等。所以，在正常情况下，人们会在主观愿望与客观现实之间进行权衡之后，作出理智的选择。如果流动的结果有利于收入的增加和生活状况的改善，人们才会选择迁移的行为，否则，绝大多数人是不会盲目行动的。因而那种认为一旦允许迁徙自由就一定出现人口大规模流动的担心完全是多余的。

其次，地区间及部门间的差异是导致人口流动的主要原因，只要差异存在，流动就不可避免，因此，一定规模的人口迁移流动是一种正常的社会现象，也是维持社会系统良性运行所必不可少的。允许自由迁移和流动有助于缩小差异，缓解社会矛盾，从而也有利于维护社会稳定，反之，则会导致差异扩大，矛盾激化，从而不利于社会稳定。

再次，人口流动带来的对社会稳定的负面影响完全可以通过法律的完善和管理的加强来预防和消除。人口流动迁移有利也有弊，而且其利显然大于弊。宪法和法律在确认和保障迁徙自由的同时，也必然要规范和引导迁徙行为，限制不合理的迁徙流动，兴其利而除其弊。我们绝不应为防止人口流动对社会稳定的负面影响而严格限制甚至禁止人口流动。改革开放以来出现的“民工潮”，因其符合市场规律和客观需要，并未给社会治安和稳定带来多大的危害，其积极意义和正面影响远远大于负面影响。当然这也是有关部门尽力疏导和管理的结果。

以上表明，因担心社会稳定问题而限制甚至取消迁徙自由的理由是不能成立的，而允许迁徙自由则对个人的发展和社会的稳定都有利，只要对人口的迁移流动加强疏导和管理，其负面影响是可以防止的。因此，宪法中恢复迁徙自由，从长远来看，只会有利于社会的稳定与发展，而不会出现管理失控秩序混乱的状况。

二、恢复公民迁徙自由权的现实困境

恢复公民迁徙自由权对于维护公民合法权益、促进社会经济发展、维护国家稳定有着至关重要的作用。改革开放 41 年来，随着我国市场经济的不断发展和世界政治经济文化的不断融合，人们对自身权利的要求日益迫切，在我国恢复迁徙自由权已成必然，但在现实生活中还面临着诸多难题。

（一）迁徙自由权仍然得不到宪法的承认与保护

对比世界各国关于迁徙自由权的宪法规定，中国的迁徙自由权显然存在着缺少法律保护的空白。中华人民共和国成立之前，民国时期的几部宪法都对迁徙自由权作出了规定。比如 1912 年的《中华民国临时约法》、1936 年《中国宪法草案》和 1946 年的《中华民国宪法》中都有关于迁徙自由权规定的条文。中华人民共和国成立初期，《宪法》中也没有缺少关于迁徙自由权的规定。中华人民共和国第一部具有宪法性质的《政治协商会议共同纲领》对迁徙自由权以及其他基本权利作出规定，当时是把这些基本权利放在一起规定的。1954 年《宪法》则是把迁徙自由权和居住权放在一块规定的。后来由于中国特殊的国情，1975 年《宪法》和 1978 年《宪法》取消了包括迁徙自由权在内的大部分的公民的基本权利的条款。虽然后来的 1982 年《宪法》修改时将被取消的公民的基本权利重新载入宪法，但并没有恢复关于迁徙自由权的规定。当时的立法不列入此条款的重要原因便是自由迁徙的实现在城乡二元划分的格局下不可想象。假若轻易在宪法中列入此条，宪法权威的独一无二性恐不能保障。2004 年的宪法修正案及 2018 年的最新宪法修正案都没有关于迁徙自由权的规定。

当现行户籍制度改革大刀阔斧地深入社会结构核心之时，势必会触碰到固化的社会阶层以及既得利益矛盾体。如果宪法规范不作出适应新时期新形势的必要变化，那么现行的户籍制度改革将面临缺乏最高法律支持的不利状况。而将公民“失去已久”的迁徙自由权入宪，予以最高法律的特殊性保护，便是对现行户籍制度改革最大同时也是最好的法律层面的必要支持与帮助。

（二）农民的迁徙自由权得不到保障的制度障碍

改革开放以来，我国社会经济发展水平不断提高。大量的农村劳动力离开家乡，进入各类大中小城市，参与当地城市的建设与发展。他们中的大多数人，都为了中国城市的繁荣与发展贡献了毕生的智慧与心血。但是，与城市户籍居民一同辛苦劳作的他们，却享受不到极度渴求的同时也本该享有的城市户籍身份与城市户籍居民同等的居住权。由此，公民的自由迁徙权问题日益凸显。外来务工者们无不迫切希望解除现有户籍制度的束缚，在新的地方获得居住权，以便更好地参与城市的发展与建设，更好地融入城市生活中来。

1. 进城务工人员的迁徙自由权保护面临诸多制度障碍

21 世纪以来，我国各地开始深化户籍制度改革，一些中小城市及小城镇实行相对开放的落户政策，特大及超大以上城市依然实行严格的户籍迁移制度。比如，北京、深圳、广州、上海等地实行积分落户制，积分制指标包括连续居住年限、年龄、教育背景、专业技术、缴纳社保年限等，只有达到一定分数，才能取得这些城市的户口。这些条件对于进城务工农民来说，不是那么容易就能达到的。实质上我国的“二元制”的户籍制度依然存在。

我国的社会保障制制度、教育制度、就业制度等都是建立在“二元制”的户籍制度基础之上。虽然我国的《劳动法》《就业促进法》《社会保险法》以及其他相关法律对进城务工人员的平等就业以及平等享受社会保险的权利作出了一些规定，但是在实践中，进城务工人员并没有享受到与拥有城市户口的居民同等的权利。比如在社会保障方面，同城市居民的社会参保率相比，农民的参保率低，并且加上进城务工人员在城市的身份和地位没有得到明确，因此，城镇职工的社会保障覆盖面并没有惠及进城务工人员，依然将他们排除在保障体系外。当前只有县、市级才有面向进城务工人员的社会保障制度，进城务工人员的社会保障制度呈现一个覆盖面小、社会统筹层次低的现象。由于进城务工人员有着很强的流动性，工作职位和工作地点并不是很统一和固定，他们在一个城市参加了社会保险之后，又流动到另一城市工作，然而社会保障在不同城市之间的转移手续复杂，因此造成了企业和进城务工人员参保意愿不强。

因此，由于户籍制度、社会保障制度、就业服务等制度的阻碍，进城务工人员在城市享受不到平等的待遇，迁徙自由权没有得到全面的保障。

2. 存在农民被迫迁徙的情形

新型城镇化过程中，必不可少地要逐步扩大城镇的空间范围，由于城市土地资源的紧张，这样就不可避免地要对农村土地进行征用或者征收，来满足城镇化的需求。但在这一过程中，容易出现农民被迫迁徙，被迫城镇化的问题。一个重要原因就是土地的城镇化过程太快，并且缺少相关的法律法规规定，这使得农民的土地在被征收或者征用之后，就会处于进退两难的困地。一方面自己的合法权益得不到保障，在农村失去了立足之地；另一方面进入城市之后又不能享有同拥有城市户口的居民同等的权利。

首先，由于土地上有着很大的升值空间，隐藏着巨大的利益，一些地区为了追逐这些利益，就不断地发展房地产市场，无序地盲目地向外扩张，大量地占用农村的耕地资源，造成了耕地资源的浪费。其次，一些城市盲目地扩大城市规模，开始大量地进行城市建设，不断地占用城市郊区的农业用地。农民土地被征收，合法权益又得不到有效的保障，并且还会被迫进行迁徙。因此，农民在被迫城镇化，被迫迁徙是农民迁徙自由权保护面临的又一困境。

从上述论述可以看出，迁徙自由权是公民的基本权利，理应得到法律的保护，而我国农民的迁徙自由权保护却面临尴尬境地。一方面，我国的相关法律和制度改革推动了农民迁徙自由权的保护；但是另一方面，我国农民却面临着在城市沦为“二等公民”，一旦耕地被征收之后又不得不面临迁徙的困境。

第三节 推进户籍制度改革，恢复公民迁徙自由权立法构想

一、现行户籍制度对公民迁徙自由权的影响

影响一个国家或地区人口自由迁徙的因素很多，有经济因素和社会因素，其中户籍管理制度是重要的社会因素之一，它与迁徙自由密切相关。

（一）现行户籍制度与宪法所规定的平等权相抵触

《宪法》第33条规定：“中华人民共和国公民在法律面前一律平等。任何公民享有宪法和法律规定的权利，同时必须履行宪法和法律规定的义务。”这表明公民在同等条件下具有获得同等权利的资格，在社会上处于同等的地位，在政治、经济、文化等各方面享有同等的权利，机会均等，任何公民不可以只享受权利却不承担义务，也不能只履行义务而不享有权利。这是社会主义法治的一项主要原则，也是我国公民的一项基本权利。现行户籍

制度规定，居民统一登记为居民户口，不再有城乡户口之别。但这只是形式上的统一，城乡居民在住房、医疗、养老、就业等方面依然存在不对等的待遇。当前大量农村富余劳动力流入城市，长期生活于城市，从事建筑、环卫、饮食、家政服务等领域的工作，为城市的发展作出了一定贡献。农村流动人口进入城市，初衷仍然多是挣钱。但随着对城市环境的适应，相当多的人不再习惯于农村生活，期望长期居留在城市。但他们因农村户口不能享受市民的待遇，并受到城市市民的歧视与排挤，难以融入城市的生活中去，这显然是不公平的。如果中华人民共和国成立初期实行这一制度是国情所致，那么在国家经济尤其是工业经济有了巨大发展的市场经济条件下仍然存在因户籍制度而导致的城乡差别现象，至少说明户籍制度滞后于社会经济的发展，应当进行以平等、公平为原则的户籍制度改革。

（二）现行户籍制度影响公民劳动权、就业权的平等实现

公民有劳动的权利，劳动权是我国宪法规定的公民的基本经济权利。从经济发展角度来看，迁徙自由入宪是发展市场经济的客观需求。根据有关学者关于"劳动力作为最重要的经济资源，当然也会随着地区及行业间利益的差异和供求关系的变动进行流动，而且是差异越大流动越大，这正是市场经济的基本规律，违背了这一规律，市场经济就不能正常发育"的观点，恢复迁徙自由权，有利于劳动力资源的正常流动，实现劳动力资源优化配置。法律作为上层建筑，理应是客观经济的反映，顺应经济发展形势。当前中国是世界上流动人口最多的国家，其中大部分是进城务工人员，他们的就业环境较差，多是从事劳动强度大、工作时间长、社会风险高、获取报酬低的工种，这是一种城乡不对等的就业制度。

宪法规定，对就业前的公民进行必要的劳动就业训练，即岗前培训是劳动部门、用工单位的义务。在具体管理中，流动人员除了缴纳管理费，大部分人并未得到必要的就业培训。拥有城市户口的下岗、待业者，就业前均由劳动人事部门组织就业培训。这种以户口为界限的操作不但造成就业条件不公平，而且易使外来人员在苦、脏、累、险工种的劳动中造成工伤事故。由于各种原因，流动人员因工伤亡后很难得到公正的处理结果，极大地损害了其合法权利。城市职工达到法定年龄就可以退休，享受退休金保障，农民从事任何职业均无退休这一说，仍在继续劳动、履行着纳税义务；城市职工因工伤亡，享有法定的待遇，农村劳动者的工伤保险制度有待进一步健全。

(三) 现行户籍制度影响公民受教育权利的平等实现

无论城乡居民，依宪法的规定都有受教育的权利。在竞争激烈的现代社会，公民要拥有较好的生活环境、较高的收入，必须具备现代社会生活所要求的劳动知识、经验和基本技能，接受国民教育是获得这些素质的最基本途径，所以子女接受教育问题备受各阶层的关注。近些年我国流动人口的子女教育问题备受关注，流动人口子女受教育的机会、家庭教育与社会教育分类、教育条件差等问题突出，这在一定程度上与流动人口子女的随迁政策相关联。当前我国的教育财政机制并没有保障流动人口子女的教育经费，尽管很多城市的教育主管部门制定了外来务工人员随迁子女可在流入地入学和参加中高考的政策，但都有一定的限定条件，设置了一定的门槛，并不是所有的流动人口子女都能满足这些条件。因此，这在很大程度上阻碍了人口的迁移，这种迁徙自由权的缺失使得流动人口子女不能平等地享受教育权。如果流动人口子女的受教育问题不能解决，损害的不仅仅是其公平受教育的权利，而且会给社会造就新一代的文盲，影响国民素质的整体提高，致使国家数十年来消灭文盲的工作目标无法实现。流动人员子女的教育问题一直是人们关注的重点，这个问题也是阻碍人口自由迁徙的一个关键因素。

(四) 现行户籍制度影响公民选举和被选举权的正常行使

选举权与被选举权是公民享有选举和被选举为国家机关公职人员的权利。《宪法》第 34 条规定："中华人民共和国年满十八周岁的公民，不分民族、种族、性别、职业、家庭出身、宗教信仰、教育程度、财产状况、居住期限，都有选举权和被选举权；但是依照法律被剥夺政治权利的人除外。"这表明选举权是一项平等权，它不应因公民的流动迁徙而受到影响。按照选举法，我国选民在户口所在地实行"一次登记，长期有效"的原则，公民的选举权和被选举权只能在户籍所在地行使，与现行户籍制度一致。这样，宪法规定的不受职业限制的选举权在户籍所在地才是可能的，离开户籍所在地行使选举权就成了一句空话。目前，城市中的大量流动人口由于不拥有城镇户口，不能在居住的城市行使选举权利，其中许多人长期居留城市，户籍所在地的选举活动尽管对其有一定影响，但事实上已不那么直接和紧密，返回原籍参加选举需要耗费时间和金钱，甚至可能因此而失去原从事的职业，因此很难促使他们积极参与选举活动；长期居留的城市的政治活动结果对他们有直接影响，但因没有户口而失去了发言权。需要关注的区域没有权利参与，有权利参与的户口所在地对他们没有太大的吸引力。市场经济需要的是自由劳动力，因而无法将公民圈定在某一固定的区域。户籍制度不改革，公民就不能实现平等参与政治的权利，导致一部分公民游离于政治活动之外，民主政治的基础难以扩大，势必影响以村民自治为主的基层民主与法治的建设。

（五）以户籍制度为分水岭，农村、城镇户口获得物质帮助的权利不平等

《宪法》规定，公民在年老、疾病或丧失劳动能力的情况下，有从国家和社会获得物质帮助的权利。无论是城或乡公民，只要存在法定的情形，都平等地享有获得物质帮助的权利，户籍类别不是获得这种帮助的条件。城市是社会政治、经济、文化、交通、信息的中心，也是国家最发达的区域。各级财政每年都要为城市建设投入大量资金，城市基础设施含有每一位纳税人的钱。农村相对于城市，地广人稀，政治、经济地位没有城市那样重要，国家对农村的投入少于城市，居民获得物质帮助的力度在城乡存在较大的差别。农村居民的养老保险、医疗保险、最低生活保障都比城镇居民低。农村自然灾害多，一遇洪涝旱火，许多家庭便陷入赤贫。农村人口在城市一时找不到工作或工作不稳定，生活水平实际也在最低生活保障线下，但他们因农村户口却得不到社会应有的保障。即便具有城市户口，当进入另一城市人户不一致时，其境况与农村人进入城市一样。

户籍制度对流动人口尤其是农村流动人口权利的影响远不止以上所列举的内容。但是这些权利是构成迁徙自由权不可缺少的重要内容，侵犯了以上权利就是侵犯了公民的迁徙自由权。而随着经济的发展和城市化进程的加快，会有更多的农村人口进入城市，融入城市人群。因此建立公正、合宪的户籍制度不仅是社会发展的需要，而且是户籍管理的当务之急。

二、加快户籍制度改革，为迁徙自由权入宪创造条件

我国现行户籍制度虽然存在一些弊端，但经过几十年的改革，它已为我国公民迁徙自由权的实现创造了有利条件。

（一）附着于城市户口的特权正渐渐消失

随着改革的深入，作为特权凭证的城市户口的“含金量”已是越来越小。粮油价格的全面放开，依附于城市户口所享有的粮油补助已经取消，城市户口作为取得平价农产品供应凭证的功能已经消失。而住房、医疗、保险、劳动就业、教育制度的改革，进一步淡化了城市人口在上述诸方面的优越性及优越

感。在市场机制作用下，任何人都可以凭借价值规律和竞争优势，取得所想获得的一切。就业竞争化、办学社会化、住房商品化为外来人口提供了就业、就学、解决住所的可能。按照人口迁移“推—拉”理论，人口迁出地的各种制约性因素形成的推力及迁入地的各种吸引性因素形成的拉力共同作用，才导致人口的迁徙。现在城市人口的特权利益正在消失，作为一个理性经济人，必会认真审视各方面的利弊得失。如认为自己不适合于城市生活，必不会盲目迁入城市，倘认为城市适合自己的生存发展而迁入，市场机制也为其提供了解决衣、食、住、行之可能。

（二）居民身份证为人口的信息化管理奠定了基础

居民身份证制度的实施，削弱了户口证明公民身份的功能。它以防伪性强、全国统一、便于携带、附有照片等优势，迅速取代了工作证、介绍信、户口簿等而成为公民参加社会活动的“通行证”。1985 年开始实行居民身份证制度，至今已有 30 多年。具有中国特色的以身份证为基础的户口证件管理制度初步形成，计算机管理人口基本信息正在普及，为规范公民迁徙自由行为，实现人口管理现代化、科学化奠定了基础。2003 年《中华人民共和国居民身份证》的颁布实施，为证明公民身份，公民外出活动，提供了更加有利的条件。2018 年微信电子身份证的面世给公民的出行提供了更便捷的证件方式，实现了凭手机刷脸就可以走天下的模式。

（三）户籍制度改革取得初步成效

21 世纪以来，我国户籍制度改革积极推进。2012 年国务院发布了《关于积极稳妥推进户籍管理制度改革的通知》，在该项通知中提出我们要逐渐放开小城镇的落户限制，推进农村人口在城镇落户，实现农村人口的市民化，这标志着我国户籍管理制度有了明显的松动。新型城镇化战略的提出主要是为了推进城镇经济的发展，而城镇的发展又离不开大量的劳动力资源，这就要求人口的自由流动。因此保障和实现公民的迁徙自由权是新型城镇化战略的必然要求，也是社会主义市场经济发展的需要。为了促进我国经济的发展和新型城镇化建设，2014 年国务院在户籍制度改革的意见中指出我们应逐步改革户籍制度，建立城乡一体化的户籍管理模式，并要不断地调整户口迁移政策，引导人们合理有序地迁徙。2016 年公安部召开电视会议，提出在户籍制度的改革中，首先应解放人民的思想，加深人们对城乡户籍一体化的了解，制定详细、规范的户口迁移政策。建立城乡统一的户口登记制度，改革户籍制度中存在的问题，使农村人口与城市人口之间权利平等实现。虽然统一的户口登记制度体现了公民身份的平等，但是并没有规定人们可以迁移的权利，因此必须深入推进户籍制度的改革。

三、恢复公民迁徙自由权应遵循的原则

在迁徙自由的指导思想下，我国的迁徙自由立法应顺次遵循以下基本原则。

（一）自由的价值原则

这是我国迁徙自由立法应遵循的首要价值原则。自由是人类最基本的天然需要之一，个人自由是个人不可侵犯的道德权利，是使人能像“人”一样生活所不可缺少的资格和条件。在马克思主义经典作家那里，自由也被视为理想社会的标志，“代替那存在着阶级和阶级对立的资产阶级旧社会的，将是这样一个联合体，在那里，每个人的自由发展是一切人的自由发展的条件”①。一个正义的社会必须是人们能在其中享有充分自由的社会，一种被称为良好的法律必然包含着对个人自由的促进和追求。迁徙自由作为一种人身自由，是人们劳动就业、从事一切社会活动的基本条件，也是现代社会人们谋求自由发展、追求幸福生活、实现生命价值的现实要求。因而迁徙自由权成为国际社会公认的一项基本人权，对迁徙自由的法律确认，包含着对个人自由的尊重和保护，体现了法对自由价值理念的追求。在这样一种价值原则之下，应进一步扩大我国宪法对公民基本权利的保障范围，确认公民享有迁徙自由，最大限度地保护公民个人的迁徙自由。

（二）平等的价值原则

“人生而自由，但却无往不在枷锁中。”② 法律所确认的个人自由不是受约束，为所欲为的自由。否则，一旦进入社会生活实践，每个人的这种自由就不可避免地会同其他人的这种自由相冲突、相碰撞，导致相互损害，以致在实践上表现为自由的灭失，也即不自由。因而法律不能简单地宣布个人享有自由，还要提供为保证每个人的自由与他人自由和谐共存的约束条件。

为保证个人的迁徙自由，首先必须按平等的价值原则予以限制，即由法律

---

① 《马克思恩格斯选集》（第1卷），人民出版社1995年版，第294页。

② ［美］卢梭：《社会契约论》，商务印书馆1980年版，第8页。

规定每个人的迁徙自由权与其他人的迁徙自由权平等，不得将一般的迁徙自由权授予一部分人而不授予另一部分人，以保证全体社会成员普遍享有迁徙自由，这样，迁徙自由就具备了初步的正当性。由于社会资源的有限，在以平等约束个人的迁徙自由时，要遵循机会均等原则，摒弃过去的歧视和差别对待，也就是使每个人都有同等的迁徙的机会。至于能否真正实现迁徙自由，将取决于个人是否具备相应的能力。从这个意义上讲，结果意义上的平等是不可能的。

（三）社会功利原则

仅仅以平等对自由予以限制还不能避免在社会实践中，个人自由可能与国家安全、社会利益发生的冲突。确认迁徙自由，还要考虑到可能引发的一系列社会问题。比如在社会成员平等享有迁徙自由的前提下，西部欠发达地区人才的大量流失，将使东西部差距进一步加大，最终影响到国家的整体发展。因而从保障社会稳定及经济的良性发展的全局出发，必须在确认个人自由的同时为其设定必要的社会义务，即个人迁徙自由的行使应以不损害国家安全及社会利益为前提。出于社会功利的考量，户籍制度改革和迁徙自由实现应是一个循序渐进的过程，而“循序渐进”就意味着由不平等到最终平等的过程。从这一意义上来讲，不平等的过程是难以超越的，必然在一定时期、一定程度上存在着。当然这种由社会功利原则附加的社会义务所造成的不平等应是适度的。

上述原则中，自由、平等是迁徙立法的伦理原则，而社会功利则体现了立法中的功利主义。客观地讲，我国现有的迁徙立法较多地强调了社会功利主义，而忽视了自由、平等的价值取向，在立法实践上表现为牺牲个人、保全国家，牺牲自由平等、保障社会秩序的倾向。笔者认为，迁徙立法的关键是要从理论上解决个人自由与国家、社会利益之间矛盾的平衡问题。在解决这对矛盾的过程中，自由和平等应始终是第一位列的，而社会功利则是最后位列的。只有遵循这样一种顺序，才能防范社会功利主义对个人自由的任意限制，才符合现代法治国家的基本理念：个人自由是国家存在的前提，也是国家存在的目的。

四、推进户籍制度改革，恢复公民迁徙自由权的立法构想

法律应当把应有的、现实的利益要求提升为法定的权利，使之成为法定的普遍的权利。尤其是对于那些现代文明社会发展所必不可少的权利，应当在法

律中加以规定，使之从而能够得到国家强制力的保护。迁徙自由就是这样一种应有的、现实的权利，具有相当的合理性，应当通过法律的规定而使其具有合法性的特征。

（一）在宪法中确认迁徙自由

宪法不同于普通法律，作为其他法律的母法，宪法规定着有关国家权力和公民权利的根本规则。“一部宪法所宣告的或应当宣告的规则并不是为了正消逝的片刻，而是为了不断延展的未来。”① 宪法规范的特点在于高度的纲领性和概括性，代表的是民主政治的趋势。迁徙自由是公民不可剥夺的宪法权利，是现代社会公民追求幸福生活，实现人生价值的确认与保障。笔者认为当务之急就是以修正案的方式确认迁徙自由为我国公民的一项基本权利。即使我国目前实现这种自由的能力和水平都不太高，因为宪法的权利不仅具有现实的一面，更有价值性的一面，即是为了呈现宪法意义上的理想追求和理念状态。在宪法上明确承认公民有迁徙自由，是市场经济的需要，是现代民主政治的要求。迁徙自由作为基本权利的事实是任何一个现代国家、政府和任何一部现代宪法都无法否认的事实，对社会主义宪法更应当如此。但与此同时，必须清楚认识到在宪法上承认迁徙自由与完全实现自由迁徙，是有区别的。前者是对公民基本权利的认可，而后者则是社会经济发展到一定阶段的产物，不能因为一时还不能完全实现自由迁徙，就从宪法上否认了迁徙自由。有些学者认为目前不具备入宪的条件，而应从改革具体法律开始。② 笔者认为虽然我国目前条件不太充分，但必须首先在宪法上明确公民有迁徙自由，只有这样，才能使相应的改革具有宪法和法律上的依据。

当现行户籍制度改革大刀阔斧地深入社会结构核心之时，势必会触碰到固化的社会阶层以及既得利益矛盾体。如果宪法规范不作出适应新时期新形势的必要变化，那么现行的户籍制度改革将面临缺乏最高法律支持的不利状况。因此应尽快在宪法中增加公民迁徙自由、居住自由的条款，规定中华人民共和国公民无论户口、出身、出生地、居住地如何，基本的社会福利保障、社会地位、同等条件下的就业机会一律平等，任何机关都不得以任何借口在户籍上附加社会评价。消除人与人之间，城市居民与农村居民之间的隔离和歧视，实现

① ［美］本杰明·卡多佐：《司法过程的性质》，苏力译，商务印书馆1998年版，第240页。

② 刘武俊：《户籍制度改革不宜缓行》，载《理论导刊》，2001年第6期，第23页。

任何人在市场经济运作面前一律平等，实现人力资源在市场规律的指导下自由流动、合理配置。

（二）要以保护公民的迁徙自由为原则，促进户籍立法及户籍改革

迁徙立法是涉及公民基本权利的重要立法，公民的迁徙自由既应有宪法保障，又应有具体的法律保障。在我国一直缺少有关迁徙的正式立法，近年来，各界建议尽快进行户籍立法的呼声越来越高，尽快制定一部户籍法，既是迁徙自由立法的重要步骤，也是人口管理法律建设现代化的必然要求。新的《户籍法》的主要内容应当是规定公民的迁徙自由权，即公民享有依法迁徙入籍的自由，但是既然“依法”就说明这个迁徙自由并不是完全自由，并不是想迁到哪里就迁到哪里之类的自由，而应当是以遵循国家法律规范为前提，以市场经济调控为条件，以公民独立的自我选择为核心的自由。

正在改革中的户籍制度，将是未来《户籍法》的重要参照，户籍制度改革的进程，决定着户籍立法的进程，传统的户籍制度带来了城乡两种身份之间巨大的社会地位、经济利益的差异。当前，户籍制度改革的首要目标是，减少直至取消与户口相粘连的利益分配机制，恢复其单纯的社会管理和证明公民身份职能。我国原有的户籍制度的社会功能，大致有三：一是证明公民身份和维护社会治安，这是户口的基本功能；二是控制户口迁移，特别是控制其向大城市流动，这是户口的特殊功能；三是通过户口来分配某些不能保证充分供给的生活资料及一系列福利待遇，这是户口的附加功能。无论怎样改革，户口用以证明公民身份和维护社会治安的功能不会消失①，但是户口不应再具有利益分配功能，要将依附于户口制度上的劳动就业、教育制度、福利保障制度等功能剥离，将户口的附加值降低到人人平等。这是建立城乡一体化，建立平等竞争的人力资源市场，开发开放统一平等参与的社会保障体系的前提。

户籍改革的目标之一是改革户口迁移制度。以推进小城镇户籍管理制度改革为切入点，逐步放宽户口迁移限制，从城乡封闭的限制迁移转变为适度开放的相对自由的迁移。现实切实可行的做法是，从放宽准迁条件出发，从主要条件到次要条件，从技术条件到经营条件，从经济需要条件到生活需要条件，从少到多逐步地实现迁徙自由。

户籍改革的第二目标是建立开放型的人口管理模式。从以“户”为中心

---

① 《户籍最终要走向自由迁徙》，载《人大复印资料·体制改革》，2000年第5期。

的静态管理模式向以“人”为中心的动态管理模式过渡。① 实行以居住地登记为居民户口，不再区分农民人口和非农业人口，如实统计和反映公民居住状况和城市化水平，以此为基础，保证平等的就业参与机会，实行开放的社会保障制度，保障全体成员的平等合法权益。②

（三）完善各项社会保障制度

迁徙自由的实现不仅涉及户籍制度问题，还有与之有关的一系列社会保障、福利待遇问题。这就需要适时调整和完善诸如就业、社会保障、受教育方面的法律法规。以法律形式保障所有公民平等地享受接受义务教育的权利和社会保障的权利；调整过去在劳动就业和公民选举方面的法律法规，使所有公民的权利在法律层面都实现平等，外来流动人口也能充分行使选举权和被选举权等公民的政治权利；设立专门的权利保障机构，制裁一切非法侵害公民平等权利的行为。

中华人民共和国成立初期制定户籍制度的初衷是国家资源稀缺，不能兼顾各方面的利益，因此设立户籍来区分利益群体。几十年过去了，户籍不知不觉附载了太多的政治、经济和社会功能。农业户口和非农户的划分人为地分出了两个世袭的种群，户口性质不同，待遇不同。城乡居民的社会保障存在一定的差别，发达地区与不发达地区亦存在差别。近年来发达地区社会保障账户纷纷建立起来，而且基本上可以做到收支平衡。但欠发达的中西部地区，社会保障账户却远远建立不起来，即使建立起来也必然是亏损的，原因就在于劳动力在最好的年龄被发达地区占有，等到老弱病残时回到自己户籍所在地，负担就转嫁给了不发达地区。针对如此现实状况，国家应当在政策、资金上向农村、农民倾斜，以加快农村经济的发展，为农村社会保障体系的完善奠定物质基础。2004 年十届人大二次会通过的宪法修正案，在《宪法》第 14 条增加了一款“国家建立健全同经济发展水平相适应的社会保障制度”，十六大报告明确指出“发展城乡社会救济和社会福利事业。有条件的地方，探索建立农村养老、医疗保险和最低生活保障制度”。党的十八大把“社会保障全民覆盖”作为全面建成小康社会的重要目标。目前，农村地区的社会保障制度日趋完善，通过

---

① 曹景椿：《加强户籍制度改革，促进人口城镇化进程》，载《人口研究》2001 年第 5 期，第 16 页。

② 秦章：《我国户籍制度的现状和改革思路》，载《求是》杂志内部文稿，2002 年第 6 期，第 21 页。

农村社会保障制度的建设，一方面可以减少城乡差距，为迁徙自由的实现降低难度，另一方面，可以缓解农民进城要求的迫切性，从而降低因为实现迁徙自由所带来的人口动荡的可能性。

（四）完善宪法监督制度

制定宪法不是目的，实施宪法才是立宪者的最终目的，不管宪法如何规定，都可能出现法律法规对迁徙自由加以限制以至于违反宪法宗旨的情况。宪法规定了某种自由，而法律、法规实际上限制甚至取消了这种自由。

1954 年《宪法》明确规定了公民的迁徙自由，但由于没有健全的宪法监督机制，并且宪法缺乏必要的权威，并未经过任何修宪程序，仅凭一个条例，就废除了公民的迁徙自由，使宪法的有关条款成为一纸空文。要避免这种情形，就必须树立宪法至上的观念，完善我国的宪法监督制度，以确保宪法的规定付诸实施。

第一，要清理现有的法律、法规，对与迁徙自由相抵触的法律、法规要修改或者是废除，以确保其他法律在内容上与宪法保持一致。宪法监督制度中很重要的内容就是要审查一切法律、法规及其他法律文件的合宪性，保证国家所有的法律、法规内容的和谐、统一，对违反宪法原则和精神的一些具体规定，要通过立法机关及时地予以修改，必要时该废除的废除，以保障宪法规定的权利与自由能够切实实现。

第二，要在我国尽快建立宪法诉讼制度。随着人口的流动，很多城市出现了大量人户分离的情况，外来人口的利益更多地与现居住地的政府行为有关，而与其户籍地所在地政府关系不大，当外来人口的基本权利受到政府的侵犯时，应该有相应的诉讼途径来救济。美国对迁徙自由权的保护是通过法院司法审查宣布各州对异地迁居而来的居民实行歧视或差别的法律违宪来实现的。《公民权利政治权利国际公约》第 41 条规定依该公约设立的人权事务委员会受理对会员国的指控，但以用尽所有适用的国内救济措施为前提。在所有的救济措施中，司法救济是最公正、最有效的手段。在我国虽然可以通过行政诉讼、民事诉讼、刑事诉讼为保障人权提供司法救济的途径，但还没有将宪法纳入诉讼程序，因此，有相对数量的问题无法予以解决。所以应该从制度设计的角度去考虑完善对公民权利的救济手段。因此建立宪法诉讼制度，完善宪法监督，是保障宪法规定的权利和自由，履行国际公约义务的必然要求。

迁徙自由权是现代社会公民应享有的一项基本人权。它有助于塑造具有独立人格和自治理念的“自由公民”形象，进而有利于提高一个民族的整体素质和建构人格独立的现代公民社会。在现代法治社会，基于理性选择的自愿、自发及自由的公众迁徙行为，往往可能发展成为民意表达的有效手段，并且通过人力资源的有序流动和合理配置，可以为实现人尽其才、人尽其力和安居乐业的终极价值创造有利条件。而人力资源的市场配置模式必然要求法律保障劳动力的自由流动，必然要求人口迁徙的自由状态。当然，这种自由并非自由放任，而是指法律和政策调整之下的相对自由，即通过法律和政策保障公民的迁徙自由权，规范和引导公民的迁徙行为，实现人力资源的有序流动及合理配置。

总之，迁徙自由权是公民生而应有的权利，也是人们生生不息追求的权利。相信在党和国家的正确领导下，在全社会的共同努力下，迁徙自由权重新入宪必将会成为现实。我们应以全面深化改革为契机，对户籍制度及其相关制度进行改革，努力推进基本公共服务均等化、城乡一体化及进城务工人员市民化，逐渐形成国家依法规范、社会市场调节和个人自主选择的人口自由流动的机制，让公民真正享有迁徙自由权的愿望早日得到实现。

第八章　国家治理现代化与户籍制度改革

党的十八大以来，以习近平同志为核心的党中央明确提出，全面深化改革的总目标是完善和发展中国特色社会主义制度，推进国家治理体系和治理能力现代化现代化，并提出了改革的根本目标和具体路径，第一次在国家政治层面明确提出“国家治理现代化”这个新命题。党的十九大报告进一步提出“必须坚持和完善中国特色社会主义制度，不断推进国家治理体系和治理能力现代化，并把依法治国方略纳入国家治理体系和治理能力中去”的全面深化改革思想。国家治理现代化是党执政六十多年和改革开放四十一年实践的总结和升华，是“新常态”下国家领导人对中国现代化的“新认识”和“新主张”，是以习近平为核心的领导集体的执政纲领之一。它表明我国已进入中国特色社会主义新时代，有了新的时代目标和时代任务。户籍制度作为我国的社会管理制度之一，在人民的生活中扮演着极其重要的角色，影响着国家治理现代化的进程，也影响着全面深化改革总目标的实现，户籍制度改革是国家治理现代化的重要内容之一。不仅如此，推进国家治理现代化需要展现国家治理的开放性与自主性，应该坚持公平正义的价值导向，坚持法治、民主与科学的治理品质要求，坚持正确的价值选择；在实践中，需要在治理制度层面进行“人治”到“法治”的转变。因此，户籍制度改革势在必行，把户籍制度改革与国家治理现代化结合起来研究具有重要的现实意义。

2014 年《国务院关于进一步推进户籍制度改革的意见》出台后，“城乡统一”的户籍制度改革全面推进，各地均实行城乡居民统一登记为“居民户口”的登记制度，这是改善民生的重大举措。然而户籍制度改革并不必然带来对农村人口的公正待遇，仍需要通过转变政府社会治理方式，逐步将依附于户籍中的各种特权利益剥离，保障社会弱势群体在教育、就业、身份、公共财政、公共服务等方面获得公正的待遇与利益。户籍制度改革不仅关系到我国城乡居民的切身利益，更关系到国家治理体系与治理能力现代化的推进。

第一节 国家治理现代化概述

一、国家治理现代化的概念

现代化在不同的历史时期有着不同的内涵：我国近代史上，现代化标志着国家的独立和民族的解放，意味着国家富强和人民富裕；改革开放初期，现代化标志着经济发展和科技进步，意味着政治文明和文化进步；① 当前我国进入中国特色社会主义新时代，以习近平为核心的党中央提出了“推进国家治理体系和治理能力现代化”的改革总目标，因此，当代中国现代化意味着国家治理体系和治理能力的现代化。

“治理”和“管理”一字之差，体现的是共建共治共享，强调的是系统治理、依法治理、源头治理、综合施策。“治理”一词在国外最早出现于1989年世界银行分析非洲经济社会情况的一份报告中，此后，治理问题和治理理论引起了国外学者的广泛关注。我国对治理理论的研究集中于中共十八大之后。有专家认为“治理是官方的或民间的公共管理组织，在一个既定的范围内运用公共权威维持秩序，满足公众的需要，其目的在于运用权力去引导、控制和规范公民的各种活动，从而最大限度地增进公共利益”。② 因此，治理包括管理、服务、法制、道德、核心价值观等多方面的内涵和外延，治理的对象包括整个国家、社会或公民，治理的内容包括公共权威、管理制度、治理机制和治理方式等。国家治理体系是一整套紧密相连、相互协调的管理国家的制度体系，包括政治、经济、文化、社会、生态文明和党的建设等各领域体制机制、法律法规制度等。国家治理能力是一个国家的制度执行能力，也在一定程度上取决于国家执政党的能力，是运用国家制度管理“内政外交国防、治党治国治军”等各方面事务的能力。国家治理现代化内在地包括国家治理体系和治理能力的现代化，二者相辅相成、缺一不可，它是对习近平新时代中国特色社会主义思想引领下的中国特色社会主义的治理体系和治理能力的高度概括。

① 朱小娟：《国家治理现代化视域下户籍制度改革的探讨》，福建师范大学2016年硕士论文，第17页。

② 俞可平：《全球治理引论》，载《马克思主义与现实》2002年第1期，第20页。

二、国家治理现代化的内涵

（一）国家治理现代化包括国家治理体系和治理能力的现代化

2013年11月，党的十八届三中全会规划了全面深化改革总目标：完善和发展中国特色社会主义制度，推进国家治理体系和治理能力现代化。第一次明确提出了“国家治理体系和治理能力现代化”这一重大命题，这是在我国历史传承、文化传统和经济社会发展的基础上演化的必然结果，是我们党总结近代以来，特别是改革开放以来国内外国家治理而得出的深刻理论，也是坚持和发展中国特色社会主义的必然要求。2014年2月，习近平总书记对国家治理体系和治理能力作了进一步的论述，进一步明确了国家治理现代化的基本内涵。

国家治理体系简单说来就是一种制度体系，不仅关系着一个国家的经济、政治、社会、文化和生态“五位一体”的发展，影响全面小康的实现，而且关系着从严治党的开展。其具体内容包括体制机制、法律法规的安排。主要特征是在党的领导下，建立一整套紧密相连、相互协调的国家制度。户籍制度是国家用来管理人口的社会制度，是许许多多国家制度当中的一个。国家治理能力简单说来就是一个国家掌握和运用制度体系进行社会治理的能力和水平，在当前，治理能力关系着“四个全面”战略布局的实现。这不仅考验一个国家对制度的整合能力，更多涉及执政党如何应对社会变动的能力。近些年，国家通过户籍制度治理社会带来的问题逐渐增多。

从理论而言，国家治理现代化是一种全新的政治理念，它是我们党在长期的改革实践中概括总结的世界观与方法论，是对社会政治发展规律的新认识，也是对马克思主义国家理论的创新与发展，是中国共产党在发展新常态下的重要执政理论。从实践而言，国家治理现代化是深化改革的具体路径，意味着一个国家的行政制度、决策制度、司法制度、预算制度和监督制度都需要相应地进行突破性改革，以使中国特色社会主义制度更加完善，更加定型。

国家治理体系和国家治理能力是相辅相成的，二者存在着客观联系，并且不以人的意志为转移，单靠哪一个来治理国家都不可能实现最终的目标。“有了好的治理体系才能提高治理能力，提高国家治理治理能力才能充分发挥国家治理体系的效能。”① 制度体系更是具有根本性、全局性和稳定性的特征。因

① 《全面深化改革　不断提高运用中国特色社会主义制度有效治理国家的能力》，载《人民网-中国共产党新闻网》，http：//cpc.people.com.cn/xuexi/n/2015/0720/c397563-2733135.html，2014年2月17日访问。

而一旦提到国家治理现代化就要高度重视治理体系和治理能力的配套进行。

（二）正确认识当前国家治理体系和治理能力建设面临的现状

习近平在党的十九大报告中深刻指出，我国当前的社会主要矛盾已经由过去的人民群众日益增长的物质文化需求与落后的社会生产之间的矛盾，转化为人民日益增长的美好生活需要和不平衡不充分的发展之间的矛盾。社会矛盾和问题交织叠加，全面依法治国任务依然繁重，国家治理体系和治理能力的建设面临着诸多的挑战。国家民主政治的体制、机制、程序、规范以及具体运行还存在不完善的地方，国家的行政、法律、文化、生态文明制度建设还存在与经济社会发展不完全适应的地方，因此，国家治理现代化任重道远。

三、国家治理现代化的重要意义

（一）国家治理现代化，是中国特色社会主义现代化建设和政治发展的必然要求

国家治理现代化，是对改革开放41年现代化建设成功经验的理论总结，也是现代化进程中面临的各种严峻挑战的主动回应。改革开放41年来，我国现代化建设取得了举世瞩目的伟大成就，对经济体制、政治体制都进行了深刻的变革，在依法治国、公民参与、民主决策、社会治理、公共服务、政府问责、政治透明、行政效率、政府审批等方面变革方面取得了巨大的进步；从一元到多元、从集权到分权、从人治到法治、从封闭到公开、从管理到服务，中国取得了经济全面发展和社会成功转型的成就。或者说，中国能够在社会基本稳定的前提下保持经济的持续稳定发展，得益于国家治理现代化的逐步推进。

（二）国家治理现代化，促使我们正视当前面临的社会危机

41年的改革开放，我国进入中国特色社会主义新时期，社会主义现代化进入新的发展阶段。但我们也要深刻意识到，我国社会中的不同利益群体已经形成，各种利益冲突日益明显，社会不公平现象日益突出，生态环境急剧恶化，群体性事件急速增多，维护社会稳定形势日趋严峻，党和政府的公信力严重流失，现存的有些体制机制阻碍了社会的进步，这些都给国家治理现代化带来了新的挑战。目前在国家治理方面表现出的主要问题有：选举、协商、决策、监督等民主政治制度还有待健全，公民参与的渠道不够畅通，公共权力的制约有待加强，政府的公共服务还相对不足，政治的透明度有待提高，人治的

状况依然存在，社会组织发育不够健全，等等。只有正视这些社会面临的挑战和危机，才能认清形势，为国家治理现代化指明方向和道路，全面推进国家治理体系的现代化。

（三）国家治理现代化，有利于保障公民权益，实现公平正义

公平正义是社会主义核心价值观，是当代中国普遍的价值追求，也是社会文明进步的标志。当前我国依然存在诸多的不公平，譬如城乡差别、特大城市与中小城市之间的差别、户籍人口与非户籍人口之间的差别等。这些差别不完全是由户籍制度导致的，但户籍制度却在制造差别的过程中扮演着重要的角色，在相当长的一段时间内导致我国城市居民的子孙永远是市民，农村居民的后代只能是农民，并且形成了城乡有别的生活、工作待遇和社会保障，影响着农村居民的政治地位与经济待遇。国家治理现代化就是要完善治理体系和提高政府的治理能力，不断缩小城乡差别，统一公民身份，实现农村居民和城市人口在教育、医疗、就业、社会保障等基本公共服务的均等化，并最终实现户籍制度改革的终极目标，即公民迁徙自由权的实现。

第二节　国家治理现代化与户籍制度改革的关系

一、户籍制度改革是国家治理现代化的必然要求

当前我国的户籍制度承担的不仅仅是人口管理功能，还包括政治、经济、教育、社会保障等方面的功能，与社会的方方面面交织在一起。这严重影响着国家治理现代化的进程，制约着中国教育资源的配置、劳动力的流动、公民权益的保障和国家新型城镇化的进程。户籍制度阻碍着治理体系的完善，制约着治理能力的提高。国家治理的现代化也包括制度的现代化，户籍制度改革是国家制度现代化的重要表现。

户籍制度为国家的国民生产和社会经济发展规划提供了重要的人口数据和资料，为维护社会稳定和国家安全提供了保障，与此同时，也构筑了城乡二元户籍藩篱，形成了城乡二元利益集团，阻碍了社会主义市场经济的发展和完善，在当今的法治中国和中国特色社会主义新时期，它的弊端已越来越明显。当前，为了进一步完善国家治理体系和提高国家治理能力，促进国家治理现代化，国家逐步制定和出台了一系列的户籍制度改革的政策和措施。同时，我国社会经济结构的不断变化，公民政治权利意识的觉醒，综合国力的不断提升，

也为户籍制度的全面改革创造了条件，户籍制度改革是国家治理现代化的必然要求。

二、户籍制度改革是国家治理现代化的重要保障

首先，户籍制度改革可以推进城乡一体化进程。目前，我国城乡一体化建设任务繁重，二元户籍制度所带来的二元经济结构、二元政治结构、二元文化结构根深蒂固，严重地抑制了城市化的进程，进而影响国民经济的发展。因此，只有变“二元”为“一元”，才能有效地推动我国城市化和工业化的进程，更大限度地改变二元体制的现状，促进城乡市场经济发展的平衡性和可持续性，逐步实现城乡融合。

其次，户籍制度改革有利于市场经济的健康持续发展。通过户籍制度改革，可以带来公平自由的市场经济环境，可以实现公平的竞争环境和劳动力的合理流动以及劳动资源的合理配置。这是国家治理现代化对市场经济的要求，也是户籍制度改革的必然举措。

最后，户籍制度改革有利于民主政治权利的平等。我国宪法规定，公民在法律面前一律平等。这表明公民在同等的条件下，享有同等的权利、拥有同等的地位。而传统的二元户籍制度却带来了公民在政治权利、社会经济权利、社会保障、社会公共服务等方面不对等的权利和利益保障。户籍制度改革就是要实现公民平等的迁徙权、平等的政治权、平等的就业权和平等的教育权等，实现民主政治权利的平等。

不管是城乡一体化的发展，还是市场经济的健康持续发展，以及实现公民民主政治权利的平等，都是国家治理现代化的重要内容，因此，户籍制度改革带来这三方面的变化和发展，是国家治理现代化的重要保障。

三、户籍制度改革是社会主义制度自我完善的重要需求

我国的二元户籍制度是计划经济体制下形成的一种辅助性的政策措施，在当时的历史条件下对于城市的发展和社会的稳定起到了积极作用。但随着改革开放和市场经济的逐步确立，其弊端逐渐显现，尽管一元户籍制已逐步推进，但二元户籍制度的残留影响根深蒂固，这种现状已不能适应社会和经济发展的要求，阻碍着国家治理现代化的进程，不利于社会主义制度的自我完善。当前，为实现21世纪中叶全面建成小康社会的目标，推进新型城镇化和城乡一体化的进程，需要发展和完善城乡统一的劳动力市场，需要完善社会主义民主法制制度。社会主义制度的完善是全方位的，户籍制度作为社会主义制度的重

要组成部分，推进户籍制度改革是社会主义制度自我完善的重要需求。

以人为本是社会主义核心价值观的重要组成部分，公平正义是所有社会民主的共同追求，二者也是社会主义制度改革和创新应遵循的重要原则。户籍制度改革必须贯彻以人为本和公平正义的理念，促进社会主义制度的完善，保障社会主义制度的巨大优越性和持久的生命力，为实现制度的现代化提供不竭动力。

第三节　深化户籍制度改革，推进国家治理现代化进程的应对策略

一、国家治理现代化为户籍制度改革提出了新要求

改革开放是实现“两个百年”奋斗目标的必然选择，在中国特色社会主义新时期，全面深化改革的总目标是完善和发展中国特色社会主义制度，推进国家治理体系和治理能力现代化。① 特别是党的十九大以来，以习近平为首的党中央提出，我们改革的步伐不会停歇，开放的大门不会关闭。我们要让制度更加成熟定型，让发展更有质量，让治理更有水平，让人民更有获得感、幸福感、安全感。

社会治理的着眼点在于公平正义、改善民生、社会和谐和增强社会活力等方面，这些因素贯穿于户籍制度改革之中。亟待改革的户籍制度阻碍着国家治理现代化的进程，深刻影响着中国的教育资源配置、劳动力的自由流动、城乡公民的社会地位和中国城市化的质量。为了推进国家治理现代化的进程，实现国家全面深化改革的总目标，必须对户籍制度改革提出新要求。

（一）切实改善民生，逐步实现公平正义

民生问题主要包括教育、就业、分配、社保、医疗和稳定六个方面的内容，因此，改善民生是一项内涵丰富而复杂的社会系统工程。另外，民生工程带有明显的公益性质，直接关系到广大公众的切身利益和福祉，关系到社会的公平正义与和谐稳定，最主要的是人民的生存和发展问题。党的十九大进一步强调，提高保障和改善民生水平，加强和创新社会治理。从优先发展教育事

---

① 卫兴华：《由市场决定资源配置需厘清三个问题》，载《人民论坛》2014 年第 7 期，第 32 页。

业、提高就业质量和人民收入水平、加强社会保障体系建设、坚决打赢脱贫攻坚战、有效维护国家安全等方面提出了要求。

公平正义是社会和谐的基础，是社会主义最核心的价值追求，是社会改革发展的源泉动力。社会公平正义强调既要立足当前，着力解决影响社会公平正义的突出矛盾和问题，又要着眼长远，加紧制定对保障社会公平正义具有重要作用的制度。

中国长时期的二元户籍制度对国家的民生工程和公平正义造成的影响是根深蒂固的，在短期内无法消除。城乡居民在公共教育、社会保障、医疗保障、就业保障、住房保障等方面享有不对等的待遇，户籍的世袭性和等级性导致农民的后代永远是农民，市民的子孙永远是市民。市民可以享有绝对优越于农民的教育、医疗、社会保障等权利。2014 年，《国务院关于进一步推进户籍制度改革的意见》明确提出了“建立城乡统一的户口登记制度”的新型户籍制度，这是国家治理体系和治理能力现代化建设的重要体现，也意味着户籍制度改革要将公民的教育、医疗、社保等民生问题作为一个重要关注点，以期全面改善民生，推进社会公平正义。2016 年《居住证暂行条例》的颁布实施，更是实现公平正义，实现城乡社会融合的重要制度保障。

（二）完善社会主义市场经济体制

党的十四届三中全会通过的《关于建立社会主义市场经济体制若干问题的决定》，标志着我国社会主义市场经济的基本框架初步建立。党的十六大提出了到 2020 年建成完善的社会主义市场经济体制的改革目标，党的十六届三中全会对建设完善的社会主义市场经济体制作出全面部署。至此，我国改革进入完善社会主义市场经济体制的新阶段。党的十八届三中全会提出的“使市场在资源配置中起决定性作用和更好发挥政府作用”的重要论述，进一步深化了对社会主义市场经济规律的认识，坚定了社会主义市场经济的改革方向，明确了加快完善社会主义市场经济体制的重点任务。党的十九大报告进一步强调“坚持社会主义市场经济改革方向”“加快完善社会主义市场经济体制”，并指出了“经济体制改革必须以完善产权制度和要素市场化配置为重点，实现产权有效激励、要素自由流动、价格反应灵活、竞争公平有序、企业优胜劣汰”等贯彻落实举措。这些都是习近平新时代中国特色社会主义思想在经济体制改革领域的具体体现。

在完善社会主义市场经济体制过程中，要实现国家治理现代化，必须要处理好政府和市场的关系。十八届三中全会对政府和市场的关系作了重新定位，要求政府应该做市场的仲裁员、监管员、保安员和服务员，努力向市场和社会放权，将该管的事情做好，将不该管的事情交给市场和社会，以进一步激发市场活力。十九大报告指出了“经济体制改革的核心问题是处理好政府和市场的关系”，进一步深化行政体制改革，政府主要运用经济、法律、技术标准等手段引导调节经济社会活动，集中精力抓好宏观调控、市场监管、社会管理、公共服务和环境保护，减少行政干预。进一步健全监督机制，通过更充分的政务公开让人民群众更好监督政府依法行政，政府要主动接受社会公众和新闻舆论的监督。

为加快完善社会主义市场经济体制，政府要给自己准确定位，履行好自身的职能。政府是公权力的执行者，是经济活动的管理者，要在党的领导下，遵循经济发展规律，把握时代脉搏，对重大社会经济活动进行战略布局和宏观决策，对市场和社会经济发展方向进行长远利益引导，对重要资源配置进行宏观层次和全局发展调控，对社会公众和新闻舆论的监督主动公开接受。从而保障人民民主和社会安全，促进经济供求平衡，维护市场秩序，合理进行宏观调控，弥补市场缺陷。协调人力结构和优化生产布局，提供非竞争性的公共产品和公共服务，加强文化建设和生态建设，促进社会公平正义，逐步实现社会共同富裕。这些都在客观上要求户籍制度改革要从消除不平等着手，要消除阻碍劳动力、土地、资金、技术、信息等要素自由流动的限制，使有能力在城镇稳定就业和生活的常住人口有序实现市民化，实现劳动力在城乡之间自由流动。

（三）推进新型城镇化建设

首次正式提出“新型城镇化”是在2012年的党的十八大，其内涵是指坚持以人为本，以新型工业化为动力，以统筹兼顾为原则，推动城市现代化、城市集群化、城市生态化、农村城镇化，全面提升城镇化质量和水平，走科学发展、集约高效、功能完善、环境友好、社会和谐、个性鲜明、城乡一体、大中小城市和小城镇协调发展的城镇化建设路子。新型城镇化的“新”就是要由过去片面注重追求城市规模扩大、空间扩张，改变为以提升城市的文化、公共服务等内涵为中心，真正使我们的城镇成为具有较高品质的适宜人居之所。城镇化的核心是农村人口转移到城镇，而不是建高楼、建广场。

新型城镇化的核心是以人为本，即要坚持以人为本的理念。新型城镇化一方面要推进大批农村剩余劳动力落户城镇，实现“2020年常住人口城镇化率达60%、户籍人口城镇化率达45%”的目标；另一方面要提升城市自身文化、基本公共服务能力，实现城市户籍人口和常住人口基本公共服务均等化。这些都对户籍制度改革提出了要求，传统的户籍制度使得大量的农村剩余劳动力进城后由于没有正式的户籍而在公共教育、就业保障、住房保障、养老保障等方面享有不对等的待遇，形成了“因户口含金量低而不愿落户中小城市、因落户门槛高而无法落户大城市”的现状，制约着新型城镇化的进程。因此，推进新型城镇化建设必须要深化户籍制度改革，促进农村居民落户城镇，缩小城乡差距，确保流入城市的流动人口在为城市作出贡献的同时，也能享受到城市提供的社会保障和基本公共服务。

我国新型城镇化的另一重要途径是就地城镇化。毕竟，将所有农民集中到大城市是不现实的，在城乡户籍管理制度一体化之后，城乡之间的利益差异将不复存在。城市的外来人口会要求在教育、就业、医疗、养老和最低生活保障等方面享受与城市居民同等的待遇，因此中小城市要在教育、医疗、社保、就业、公共服务及公共配套设施加大投入，提升城市吸引力，推动人口的就地城镇化。不仅如此，城镇化还会带来许多留守儿童、空巢老人，导致许多心理问题和社会问题，而且这些人员在农村的生产效率较低，会造成农村土地资源的浪费问题，所以也要使他们就地城镇化。深化户籍改革，应该合理引导农业转移人口落户城镇的预期效应和选择，确保他们进入小城镇生活的基本生存保障和基本公共服务保障。

（四）实施乡村振兴战略

实施乡村振兴战略是习近平同志 2017 年 10 月 18 日在党的十九大报告中提出的战略，提出了“要坚持农业农村优先发展，按照产业兴旺、生态宜居、乡风文明、治理有效、生活富裕”的总要求。2018 年 2 月 4 日，国务院公布了中央一号文件，即《中共中央国务院关于实施乡村振兴战略的意见》。作为“七大战略”之一的乡村振兴战略，是决胜全面建成小康社会、开启全面建设社会主义现代化国家新征程的一项重大战略，是国家治理现代化的重要组成部分，是对“三农”工作作出的一个新的战略部署和新的要求。

实施乡村振兴战略，要坚持农业农村优先发展，巩固和完善农村基本经营制度，保持土地承包关系稳定并长久不变，第二轮土地承包到期后再延长三十年。实施乡村振兴战略，要坚持党管农村工作，坚持农业农村优先发展，坚持农民主体地位，坚持乡村全面振兴，坚持城乡融合发展，坚持人与自然和谐共生，坚持因地制宜、循序渐进。乡村振兴的最终目标，就是要不断提高村民在产业发展中的参与度和受益面，彻底解决农村产业和农民就业问题，确保当地群众长期稳定增收、安居乐业。

实施乡村振兴战略必然会推进新型城镇化的进程。乡村的发展变化推动着城乡行政区划的变化，导致农村人口的就地转移，即县改市（区）、乡改镇、村改居（委会）等手段导致农村人口就地转移为城镇人口，农村人口变为市民，从而提高了人口城镇化的比率，促进了农业转移人口市民化；同时，实施乡村振兴战略，还可以为劳动力、人才的返乡创造条件，促使精英人才重返乡村大施拳脚，大展宏图，通过激发出各类人才和劳动力的人力资本潜力和活力，将农村生产要素进行合理、优化的配置，不仅保证人力资源的返乡和下乡与进城一样具有效率改进的功能，而且是实施乡村振兴战略和实现农业农村现代化的关键一环。这些都对户籍制度改革提出了要求，既要保障农业转移人口市民化的市民待遇，也要探寻城市人口到农村落户的“逆城镇化”的正确途径。

二、国家治理现代化使户籍制度改革面临诸多难题

国家治理现代化为户籍制度改革指明了新的方向，“十三五”期间，确立了“促进有能力在城镇稳定就业、生活的常住人口实现市民化，稳步推进城镇常住人口基本公共服务的全面覆盖，实现1亿农业转移人口落户城镇”的户籍制度改革目标。然而，户籍制度改革是一项系统复杂的工程，在国家治理现代化背景下面临着诸多的现实难题。

（一）身份的统一并不必然意味着居民社会地位待遇的统一

2014年8月，《国务院关于进一步推进户籍制度改革的意见》明确指出统一城乡居民户口，从此再无城里人和乡里人，这标志着居民身份的统一，具有历史性的意义。从执行户口登记职能的公安机关来说，这项改革很简单，只要户口迁移不受限制，申请入户的公民都可登记为居民户口，农民瞬间可成为市民，身份差别亦瞬间消失。但是，我国建立的是一整套城乡有别的相对成熟的社会公共事务管理体制和运行机制，城乡居民的住房、福利、医疗保险、劳动就业等体制还存在差别，城乡国民待遇一体化还有一个过程。这种户籍制度改革将起到牵一发而动全身的效应，将对社会公共事务管理制度带来冲击。所以，居民身份的统一只是户籍制度改革的前奏，进一步深化户籍制度改革，实现城乡居民身份与社会地位的统一才是改革的目的，也是国家治理现代化的必然要求。

（二）居住证制度的实施并不必然带来城市常住人口基本公共服务的全覆盖

《中共中央关于制定国民经济和社会发展第十三个五年规划的建议》提出，推进以人为核心的新型城镇化，深化户籍制度改革，促进有能力在城镇稳定就业和生活的农业转移人口举家进城落户，并与城镇居民享有同等权利和义务。2016年1月施行《居住证暂行条例》，努力实现基本公共服务常住人口全覆盖。居住证制度全面实施的蓝图，意味着社会治理模式的爆发式变革。在全国流动人口高达2亿多人的今天，我们必须正视它对城市公共服务体制带来的冲击。大中小城市普遍存在公共服务不足和环境资源透支的现象，新市民的涌入意味着更多的财政支出，而且交通、公共基础设施等一系列社会治理和经济治理的任务会加重，所以地方政府在欢迎新市民的积极性方面会大打折扣，只能在住房、教育、就业、计生卫生服务等方面提供部分保障，并随着获得居住证时间的不断延长，而不断完善并扩大公共服务的保障范围，直至达到城市流动人口和户籍人口享有同等的基本公共服务权利。例如广东省规定，外来流动人口的子女可以在流入地接受义务教育并参加中考，但中考录取分数线就比本地户籍人口高。而要实现拥有居住证的流动人口和城市户籍人口的基本公共服务全覆盖还有一个过程。

（三）降低落户门槛并不必然推进新型城镇化

国务院《关于进一步推进户籍制度改革的意见》提出了“全面放开建制镇和小城市落户限制，有序放开中等城市落户限制，合理确定大城市落户条件，严控特大城市人口规模”的户口迁移政策，这为当前地方政府制定户口迁移政策指明了方向。这项政策一方面可以有效防止大城市病的爆发，另一方面也能推进人的就地城镇化。而在这种政策的引领下，自2017年起，武汉、成都、西安、南京、天津等20多个城市出台了一系列的大学生落户新政，以送房、送钱、送户口的现代治理理念吸引人才落户，这种低门槛的落户政策确实增加了城市户籍人口，向各地制定的“十三五”目标迈进了一步，例如，武汉市2017年的大学生新落户人数是2016年的9倍，总户籍人口较2016年增加近20万人，为历年最高值。西安2018年一季度落户人数更是达到24万余人，已接近2017年全年的数据。但是，这种以大跃进式方式降低落户门槛的落户政策的弊端不容忽视，松动户籍的政策可以增加城市人口，但不必然推进新型城镇化。这种大规模的外地毕业生的涌入，对城市容纳能力是个极大的考验，就业压力必然陡增，而且这些城市普遍有针对非户籍人员的限购措施，而毕业生又是买房需求最旺盛的群体，如果以吸引人才的名义将外地人瞬间变为本地人，无疑会增加大量的购买力，使房价上涨有了更多动力。这种针对特定人群的定向限购松绑，不仅对其他群体不公平，更是对国家房地产调控的规避。其他中小城市因公共服务能力有限、房价上涨乏力而对人才没有吸引力，导致中小城市空心化。新型城镇化不仅是以人为本的城镇化，还要综合考虑城市综合承载能力、产业结构、教育卫生水平、政府行政服务能力等因素，以起到对公民持久的吸引力的效果。

三、深化户籍制度改革，推进国家治理现代化进程的应对策略

（一）加强顶层设计，协同推进各项治理

国家治理现代化对国家立法制度、行政制度、司法制度等提出了更高的要求，将直接影响着户籍制度的改革和创新程度。

户籍制度改革必须首推户籍立法。完善法律制度是夯实社会和谐的法治基础，加强法制建设是实现公平正义的基本保障。国家治理现代化是全方位的，包括国家政权所有者、管理者、利益相关参与者都要纳入法制化轨道。因此户籍立法必须紧跟国家治理现代化的步伐，建立与现代化相适应的法律体系，最重要的、最迫切的是需要制定《户籍法》，改革现行户籍法律法规严重滞后于社会经济政治发展的现状。现行户籍管理的法律依据主要是 1958 年制定的《中华人民共和国户口登记条例》，其有关条款与当前社会形势相违背，不能适应国家治理现代化背景下的户籍制度和社会经济发展的需要，制定新的户籍法律迫在眉睫，以法律的形式统一公民身份，明确户籍管理的机构和职责，确立户口登记变更的具体程序，还户籍制度自身应有的功能。

户籍制度改革亦需要相关制度的变革与跟进。治理是政治的重要内容，国家治理体系也是政治的重要内容。① 推进国家治理现代化必然要在国家的行政制度、司法制度、决策制度、监督制度等领域进行突破性的改革。在我国，户籍制度是公安机关的行政管理制度，但由于户口背后的福利待遇和社会利益，使得这项管理又与教育部门、财政部门、社会保障部门、卫生部门等国家行政管理部门发生了千丝万缕的关系，导致户籍制度改革必须各部门齐抓共管，共

① 朱小娟：《国家治理现代化与户籍制度改革一脉相承》，载《法制与经济》2015 年第 Z2 期，第 62 页。

同推进，协调配套推动改革，才能实现真正意义上的户籍制度改革，才能使户籍制度改革走出现实困境，切实推进国家治理现代的进程。

（二）进一步健全基本公共服务体系

国家治理现代化更加强调政府的公共服务职能。现代政府的服务职能应从管制型向服务型发展，这也是政府治理发展的趋势。1998 年《国务院机构改革方案》首次把“公共服务”确定为政府的基本职能，2004 年时任国务院总理的温家宝首次提出了“建立服务型政府”的目标，并在 2005 年的《政府工作报告》中正式将“建设服务型政府”确认为政府目标。服务型政府应当构建健全的基本公共服务体系，为此，党的十七大报告提出加快推进以改善民生为重点的社会建设六大任务，如教育、医疗、社会保障、就业和收入分配，都离不开公共服务体系的建设；党的十八大报告提出了要加快健全基本公共服务体系；党的十九大强调要坚持人人尽责、人人享有，坚守底线、突出重点、完善制度、引导预期，完善公共服务体系，保障群众基本生活，不断满足人民日益增长的美好生活需要，不断促进社会公平正义。2018 年 2 月《中共中央关于深化党和国家机构改革的决定》正式通过，党和国家机构改革正式启动，这是推进国家治理体系和治理能力现代化的一场深刻变革，是实现计划经济条件下的机构职能体系向市场经济条件下的机构职能体系的重大转变，推动了改革开放和社会主义现代化建设。

完善的基本公共服务体系是服务型政府建设的主要内容，它涉及城乡基本公共服务均衡协调发展、城市户籍人口与流动人口基本公共服务均等化等社会问题，影响到教育、医疗、卫生、社保、公共安全等领域，这些都和当前的户籍制度有着千丝万缕的关系。服务型政府应本着以人为本的原则，理顺关系，分清职责，各个突破，解决城市人口和农村人口、城市户籍人口和非户籍人口、不同城市人口之间在诸如劳动就业、基本公共教育、基本医疗卫生服务、计划生育服务、公共文化服务等公共服务领域的差别化待遇问题，最终实现基本公共服务均等化。服务型政府应在尊重市场经济规律、城市化规律、城乡社会发展规律的前提下，实现政府职能的转变和治理的转型，以尊重、保障和实现公民的基本权利为导向，转变执政理念，提高治理能力，逐步实现国家治理能力和治理体系的现代化。

（三）构建大数据背景下的人口基本信息系统，实现数据共享共赢

随着物联网、云计算、移动互联网的飞速发展，一个以海量信息和数据发

掘为特征的大数据时代已经到来，这对国家的政治、经济、文化带来了巨大的冲击，也给人们的学习、工作和生活带来了极大的便捷，给公安管理体制带来了深刻的影响。户籍管理的一个重要功能便是为国家和社会提供人口基本信息，这些信息应具有真实性、全面性、变动性、共享性等特征，并既能为我所用，亦能为民所用。为此，公安机关进行人口信息采集时，应本着求真务实的工作态度，力求所采集信息的准确性，发现弄虚作假者，坚决实行“零容忍”予以追究责任。以公安人口信息为基础，融合人口和计划生育、人力资源和社会保障、住房和城乡建设、民政、教育、交通、工商、税务、统计等部门和金融系统的相关信息资源，建立以公民身份号码为唯一代码的国家人口基础信息库，实现对所有人口底数清、情况明、管得住、服务好。同时建立健全长效机制，加大数据整合力度和共享程度，同时拓展数据来源，加强与政府其他部门的沟通，建立数据交换共享平台。不断提高政府户籍管理服务工作的主动性、前置性和实效性，更好地服务于社会和谐稳定，为中国特色社会主义新时期的经济建设保驾护航。

（四）借鉴国内外成功做法，创新中国特色新型户籍制度

户籍管理作为收集和掌握人口信息的重要途径，为世界各国政府所采纳，并成为各国最重要的社会管理制度之一。它山之石，可以攻玉，我们可以在分析国外户籍管理特征的基础上，借鉴国际经验，探索建立一种立足国情、顺应国际趋势的新型户籍制度。

（1）欧洲各国的人口登记管理制度。欧洲各国的户籍管理普遍实行民事登记制度，政府依据居民的实际住所或常住地址，对其出生、死亡、婚姻、迁移等民事行为进行登记，并颁布法规对等级制度法制化。登记内容不仅包括公民的个人信息，还涉及其配偶和父母的职业、收入、信仰等相关内容。从管理体制来说，有三种模式，第一种是民事登记系统采取集中行政管理的模式，由中央一级的民事登记中心负责运作，下设地方民事登记处，并设立中央协调委员会指导、协调全国的民事登记。每个出生或作为移民加入民事登记体系的个人，都会由中央民事登记中心分配一个永久的个人识别码（PIN），用于个人随后的人口动态事件的登记。这一模式的代表国家有比利时、卢森堡、瑞典和丹麦等国；第二种是民事登记系统采取分散的行政管理模式，国家不设中央登记中心，而是在民政区划一级建立地方登记处，进行地区民事信息的登记和管理工作。各地区与国家（政府）一起作出提供数据的安排，并由国家内务部

或统计局来汇总全国的民事登记信息。这一模式的代表是以德国和波黑为代表的联邦政治制度的国家；第三种是系统采取集中与分散相结合的管理模式，民事登记由地方行政机构负责，中央登记中心不参与民事登记的具体操作，只负责将民事信息汇总，并提供给需要并有资格接受信息的机构。虽然个人识别码仍是民事管理的重要工具，但其使用范围相对有限，很多功能被社会保险号之类的专项号码所取代。法国和葡萄牙是这类模式的典型代表国家。

在人口迁移方面，欧洲国家普遍实行“事后迁移登记”制度，各国大多本着迁徙自由的原则，对人口迁移登记并没有限制政策，只是要求迁移者到警署或内政部门登记备案即可，迁入地政府事后会为迁入者提供社会保障等服务，因此迁移登记率也比较高。

（2）美国的人口登记管理制度。美国人口登记管理制度与欧洲国家有所不同，美国实行生命登记制度，政府对每个人的出生、死亡、婚姻、生育等事项进行记录，形成较完整的登记册，登记册的内容非常详细，涉及个人信息、父母的基本情况、父母与子女的社会关系等。生命登记资料与人口普查结合，可以为人口管理提供翔实的数据资料。社会保障号（SSN）是美国政府进行人口管理的法宝和基石。美国没有严格意义上的身份证，护照、驾照、信用卡等证件常常扮演身份证的角色，但它们的取得都必须以拥有一个社会保障号为前提。此外，社会保障号与联邦和各州的许多社会机构相衔接，是公民享受医疗保险、失业救助、住房补贴、看病就医的凭证。

美国实行迁徙自由，没有户口限制，没有迁移调控政策，公民迁移后将自动享有迁入地的政治参与权和社会福利待遇。但美国的迁徙自由也并非不受任何约束，公民迁入或定居某个城市，都必须符合该城市的一系列法律规定，如拥有固定的住房、合法的工作、稳定的收入等，否则，有关部门将依法予以制裁。迁移登记以个人纳税地点为依据，充分体现权利与贡献对等的原则，即公民及其子女能否获取某地的发展权，不是以是否拥有该地户籍为依据，而是以其是否为当地政府纳税为依据。

（3）日本的人口管理制度。日本是以户口簿和住民票为核心的人口管理体系。日本的户口簿以家庭为单位编制，簿内存有各家庭成员的户口登记卡，登记卡的填写采取“依人编制”（记载个人的重要身份事项）和“家庭卡片”（记载个人与其他家庭成员间的社会关系）相结合的方式，登记内容的填报有严格的法律规定，从而起到了登记身份和公证的作用。公民办理出生、婚姻、死亡、遗产继承等事务，都必须以户口簿为凭证。日本的住民票依据公民的居住地设立，是日本最常用的户籍文本。公民只要满足了一定的居住年限并拥有固定职业均可申请登记住民票，住民票上记载有姓名、出生年月、性别、与户主关系等十余项，是公民确认日常住址、迁移、纳税、选举、接受义务教育乃至领取健康和年金保险、米谷配给等的根本依据，但与公民的劳动就业及福利保险无关。

在人口迁移及流动人口管理方面，日本的独到之处是实行典型的“户籍随人走”制度，人口迁移完全自由，但对办理户口迁移有一套详细而严密的规定：公民在迁出之前先要到当地政府办理住民票迁出证明，注明迁出原因和计划前往地址，迁入新址后 14 天内到新住地政府办理迁入登记。随着“电子政府”计划的实施，日本新近出台了《住民基本情况网络登记制度》，今后公民凭借个人登录号就可以在网上方便地完成迁移登记，政府也可以根据电子记录掌握公民的行踪。

纵观国外发达国家的人口管理体制，特点各异，其发达畅通的信息化水平为管理体制的运作效率提供了保障，其完备的户籍管理法律法规为人口管理提供了法律依据，其相对健全的管理体制为各部门各司其职提供了指导，其不受户籍因素限制的自由迁徙制度为社会和谐创造了条件，其民事登记和人口统计的户籍管理功能为管理部门明确了自身的职责等，这无一例外不是我们在户籍制度改革过程中可资借鉴之处，在尊重我国国情的基础上可以适当取舍。

国内户籍制度改革新政不断推出，2014 年后，很多城市不断降低落户门槛，落户条件更为宽松，各地普遍提出取消农业户口与非农业户口的性质区分，实行一元化户口等级制度，农村“三权”稳步推进后的进城务工人员市民化的制约因素逐步被破解，居住证制度的实施使公共服务均等化向前迈进了一大步，实施乡村振兴战略推动了新型城镇化的进程，这一系列的举措构建了我国新型户籍制度的政策框架体系。

国内外的户籍制度管理体制促使我们更加清醒地认识到，我国的户籍制度改革取得了一定的成绩，但未取得实质性的进展，改革步履依然艰辛，有些地方对推进户籍制度改革认识不到位，积极性不高；有些地方对政策把握不准确、政策措施执行不到位甚至存在偏差；有些地方设置不合理的门槛，落户手续依然繁琐，等等，这些问题都亟待解决，也是考验地方政府治理能力的主要途径之一。地方政府提高治理能力必须要注重结合国内外实践经验，要将理论创新与实际现状结合起来，及时将成熟的改革创新上升为法规制度，并从制度上解决政府治理和社会治理改革创新的动力问题。例如在创新流动人口管理方面，地方政府应构建外来人口与户籍人口统一、衔接的开放式管理体系，并依据流动人口的居留时间和社会贡献给予开放和有弹性的权益保障。不断建立和完善人口信息系统，改变人口信息城乡分割、区域分割、部门分割的现状，创新出一套适合中国国情、适应城市化进程和经济社会发展需求的中国特色户籍管理制度。

参 考 文 献

一、著作类

[1] 陆益龙:《户籍制度——控制与社会差别》, 商务印书馆出版 2003 年版。
[2] 陆益龙:《超越户口——解读中国户籍制度》, 中国社会科学出版社 2004 年版。
[3] 王新华:《中国户籍法律制度研究》, 中国人民公安大学出版社 2001 年版。
[4] 俞德朋:《城乡社会从隔离走向开放——中国户籍制度与户籍法研究》, 山东人民出版社版 2002 年版。
[5] 辜胜阻:《非农化及城镇化理论与实践》, 武汉大学出版社 1993 年版。
[6] 殷志静、郁奇虹:《中国户籍制度改革》, 中国政法大学出版社 1996 年版。
[7] 王威海:《中国户籍制度——历史与政治的分析》, 上海文化出版社 2006 年版。
[8] 姚秀兰:《户籍、身份与社会变迁》, 法律出版社 2004 年版。
[9] 李红霞:《1949 年后的中国户籍制度变迁研究》, 华南师范大学出版社 2003 年版。
[10] 唐均:《中国城市居民贫困线研究》, 社会科学院出版社 1989 年版。
[11] 邓正来:《市民社会的理论研究》, 中国政法大学出版社 2002 年版。
[12] 俞德鹏、柴小华:《城市社区建设中的法律问题研究》, 山东人民出版社 2009 年版。
[13] 国家人口和计划生育委员会流动人口服务司:《中国流动人口发展报告 2013》, 中国人口出版社 2013 年版。
[14] 王春光:《中国城市化之路》, 云南人民大学出版社 2003 年版。
[15] 杨云彦:《中国人口转移与发展的长期战略》, 武汉人民出版社 1994 年版。

[16] 林毅夫、蔡昉：《中国的奇迹：发展战略与经济改革》，三联书店 1994 年版。
[17] 郑杭生：《从传统向现代快速转型过程中的中国社会》，中国人民大学出版社 1994 年版。
[18] 严书翰、谢志强：《中国城市化进程》，中国水利水电出版社 2006 年版。
[19] 万川：《中国户籍制度论稿》，群众出版社 2008 年版。
[20] 李振京、张林山：《我国户籍制度改革问题研究》，山东人民出版社 2013 年版。
[21] 王世杰、钱端升：《比较宪法》，中国政法大学出版社 1997 年版。
[22] 何华辉：《比较宪法学》，武汉大学出版社 1988 年版。
[23] 谢鹏程：《公民的基本权利》，中国社会科学出版社 1999 年版。
[24] [日] 杉原泰雄：《宪法的历史》，吕旭、渠涛译，中国社会科学出版社 2000 年版。
[25] 杨云彦：《中国人口迁徙与发展的长期战略》，武汉出版社 1994 年版。
[26] 彭万林：《民法学》，中国政法大学出版社 1997 年版。
[27] 杨立新：《人身权法论》，人民法院出版社 2002 年版。
[28] 段成荣：《人口迁移研究原理与方法》，重庆出版社 1998 年版。
[29] [法] 孟德斯鸠：《论法的精神》（上、下册），商务印书馆 1978 年版。
[30] [法] 卢梭：《社会契约论》，商务印书馆 1980 年版。
[31] 王广辉：《比较宪法学》，武汉水利电力大学出版社 1998 年版。
[32] 杨立新：《人身权法论》，人民法院出版社 2002 年版。
[33] 李步云、徐炳：《权利和义务》，人民出版社 1986 年版。
[34] 魏定仁：《宪法学》，中国政法大学出版社 1994 年版。
[35] 蒋碧昆：《宪法学》，人民法院出版社 2002 年版。
[36] 周叶中：《宪法》，北京大学出版社 2000 年版。
[37] 杨海坤：《宪法基本权利新论》，北京大学出版社 2004 年版。
[38] 董云虎、刘武萍：《世界各国人权约法》，四川人民出版社 2000 年版。
[39] 殷啸虎：《新中国宪政之路》，上海交通大学出版社 2000 年版。
[40] 孙国华、朱景文：《法理学》，中国人民大学出版社 1999 年版。
[41] 张永和：《权利的由来——人类迁徙自由的研究报告》，中国检察出版社 2001 年版。
[42] [荷兰] 亨利·范·马尔赛文等：《成文宪法的比较研究》，华夏出版社 1987 年版。

[43] 田炳信：《中国第一证件——中国户籍制度调查手稿》，广东人民出版社2009年版。
[44] 蔡昉：《中国流动人口问题》，河南人民出版2000年版。
[45] 李强：《户籍制度、迁徙自由与社会制度建构》，行政学院出版社2003年版。
[46] 新玉言：《新型城镇化——理论发展与前景透析》，行政学院出版社2013年版。
[47] 新玉言：《新型城镇化——模式分析与实现路径》，行政学院出版社2013年版。

二、期刊文献类

[1] 黄琨：《深化户籍度改革与进城务工农民市民化》，载《城市发展与研究》2009年第2期。
[2] 张青：《基本公共服务均等化的制度保障及推进举措》，载《广东社会主义学院学报》2017年第1期。
[3] 张爱华：《深化户籍制度改革与基本公共服务均等化——以地方政府深化户籍制度改革为基础》，载《净月学刊》2015年第4期。
[4] 郭秀云：《大城市户籍改革的困境及未来政策走向——以上海市为例》，载《人口与发展》2016年第1期。
[5] 朱佩娴：《户籍制度改革与地方政府职能的转变——以郑州户籍制度改革为例》，载《理论学刊》2006年第11期。
[6] 王海光：《当代户籍制度形成与沿革的宏观分析》，载《中共党史研究》2003年第4期。
[7] 于建嵘、李人庆：《城乡户籍制度的实践与政策建议》，载《战略与管理》2012年第2期。
[8] 张林山：《户籍制度改革：争议、误区与下一步改革方向》，载《中国经贸导刊》2012年第6期。
[9] 孔繁荣：《居住证管理在我国大城市人口管理中的作用探讨》，载《人口与经济》2008年第1期。
[10] 丁煜：《我国失业保险制度的演变、评估与发展意义》，载《中国软科学》2005年第4期。
[11] 汪洁：《新中国60年失业保险发展的历程及思考》，载《改革与战略》2012年第5期。

[12] 陆益龙：《正义社会学视野中的中国户籍制度》，载《湖南社会科学》2004 年第 1 期。
[13] 曹子坚：《重新审视“渐进式改革”》，载《中国改革》2005 年第 8 期。
[14] 张庆伍：《有关我国现行户籍制度改革的思考》，载《中国人民公安大学学报》1994 年第 6 期。
[15] 翟振武、段成荣、毕秋灵：《北京市流动人口的最新状况与分析》，载《人口研究》2007 年第 2 期。
[16] 王幸：《对加强流动人口管理工作的若干思考——以科学发展观为视角》，载《甘肃警察职业学院学报》2009 年第 1 期。
[17] 国家人口计生委流动人口服务管理：《中国流动人口生存发展状况报告——基于重点地区流动人口监测试点报告》，载《人口研究》2010 年第 1 期。
[18] 陈功：《马寅初人口科学论坛——流动人口管理和服务》，载《人口与发展》2009 年第 3 期。
[19] 官华平：《长江经济带农业转移人口市民化战略与实施路径选择—以湖北省为例》，载《湖北社会科学》2015 年第 12 期。
[20] 赵排风：《城乡二元就业制度对进城务工农民市民化的影响分析》，载《学理论》2016 年第 4 期。
[21] 王常勋：《户籍制度改革问题研究——从农民工市民化的角度谈起》，载《经济研究导刊》2015 年第 2 期。
[22] 石智雷：《农民工社会保护与市民化研究》，载《农业经济问题》2017 年第 11 期。
[23] 宋才发、向林生：《农民工市民化视野下的户籍制度改革研究》，载《商丘师范学院学报》2015 年第 8 期。
[24] 黄慧、阮文彪、孙博睿：《农民工市民化研究进展》，载《世界农业》2017 年第 3 期。
[25] 王永龙：《农业转移人口市民化的理论依据和路径探索》，载《湖南工程学院学报》2015 年第 4 期。
[26] 郭芹、高兴民：《农民工半城镇化问题的多维审视》，载《西北农林科技大学学报》2018 年第 5 期。
[27] 彭小辉、史清华：《城乡二元户籍的历史沿革、改革路径与启示》，载《现代经济探讨》2013 年第 8 期。
[28] 唐钧：《从城乡二元走向户籍和非户籍二元》，载《中国党政干部论坛》

2016年第10期。
[29] 侯微：《二元户籍管理制度的负面影响及改革措施》，载《大连海事大学学报（社会科学版）》2010年第2期。
[30] 陈凌云：《二元户籍制度的弊端与改革》，载《西南林学院学报》2006年第12期。
[31] 朱广黔、许湘云：《二元户籍制改革的方向和路径探析》，载《城乡经济》2015年第21期。
[32] 陈成文、孙中民：《二元还是一元：中国户籍制度改革的模式选择》，载《湖南师范大学社会科学学报》2005年第2期。
[33] 顾海英：《改革二元户籍制度，实现城乡一体化》，载《城乡经济问题》2002年第9期。
[34] 季素萍：《户籍制度改革与城乡收入差异分析》，载《商业经济研究》2015年第17期。
[35] 李仁芳：《论二元户籍制度在中国的生成》，载《西南科技大学学报（哲学社会科学版）》2007年第6期。
[36] 梁謇：《论中国城乡二元体制的变迁》，载《行政论坛》2011年第5期。
[37] 王涛、王凌云：《社会治理视觉下的城乡二元户籍制度破解》，载《重庆科技学院学报（社会科学版）》2014年第7期。
[38] 万长松、樊梦丹：《深化户籍制度改革的研究》，载《蚌埠学院学报》2016年第2期。
[39] 侯亚杰：《户口迁移与户籍人口城镇化》，载《人口研究》2017年第4期。
[40] 杨菊花：《浅议〈居住证暂行条例〉与户籍制度改革——兼论居住证与新型城镇化》，载《东岳论丛》2017年第3期。
[41] 岳晓琴、艾勇军：《现行户籍制度改革的误区与新型城镇化的有效途径》，载《现代城市研究》2015年第12期。
[42] 张志萍：《新型城镇化进程中关于户籍制度改革的思考》，载《改革与战略》2014年第1期。
[43] 钱杰、殷建国：《新型城镇化进程中推进户籍制度改革的制约因素及其措施》，载《中国人民公安大学学报》2016年第4期。
[44] 邹一南：《城镇化的双重失衡与户籍制度改革》，载《经济理论与经济管理》2014年第2期。
[45] 辜胜阻、李华、易善策：《城镇化是扩大内需实现经济可持续发展的引

擎》，载《中国人口科学》2010 年第 3 期。
[46] 李强、胡宝荣：《户籍制度改革与进城务工农民市民化路径》，载《社会学评论》2013 年第 2 期。
[47] 郭秀云：《从“选择制”到“普惠制”——到城市户籍改革政策取向与路径探析》，载《社会科学》2010 年第 3 期。
[48] 李奋生、李云慧：《大城市户籍制度改革的制约因素及对策研究》，载《农业经济》2014 年第 3 期。
[49] 许经勇：《推进户籍制度改革面临的深层次问题》，载《吉首大学学报》2013 年第 6 期。
[50] 时国强：《新型城镇化背景下房地产业的机遇与挑战》，载《郑州航空工业管理学院学报》2014 年第 2 期。
[51] 张红利：《我国传统城镇化的反思和新型城镇化的内涵要求》，载《生态经济》2013 年第 11 期。
[52] 邹一南：《户籍制度改革的内生逻辑与政策选择》，载《经济学家》2015 年第 4 期。
[53] 高翔：《地方政府控制落户的行为逻辑及其制度基础》，载《浙江大学学报（人文社会科学版）》2015 年第 5 期。
[54] 袁媛：《我国户籍制度改革中的路径依赖研究》，载《农村经济》2015 年第 1 期。
[55] 张国胜、陈瑛：《我国户籍制度改革的利益分配与重组研究——新时期全面深化改革的政治经济学思考》，载《中南财经政法大学学报》2015 年第 4 期。
[56] 陈长江、高波：《中国“双重”二元经济的转型分析》，载《经济学家》2015 年第 10 期。
[57] 朱江丽、李子联：《户籍改革、人口流动与地区差距——基于异质性人口跨期流动模型的分析》，载《经济学（季刊）》2016 年第 2 期。
[58] 陈锡文：《推进以人为核心的新型城镇化》，载《理论学习》2016 年第 1 期。
[59] 韩业斌：《户籍制度改革与迁徙自由权入宪路径分析》，载《哈尔滨学院学报》2015 年第 2 期。
[60] 周鑫：《论迁徙自由权入宪与户籍制度改革》，载《学理论》2015 年第 2 期。
[61] 倪业群、陈祖权：《迁徙自由在建设法治国家中的价值及其实现》，载

《广西师范大学学报》2004年第3期。
[62] 朱福惠：《论迁徙自由》，载《四川师范大学学报（社会科学版）》2001年第3期。
[63] 曹景椿：《加强户籍改革，促进人口迁移和城镇化进程》，载《人口研究》2001年第5期。
[64] 杨立新：《自由权之侵害及其民法救济》，载《法学研究》1994年第4期。
[65] 岳智明：《我国宪法应恢复迁徙自由》，载《河南社会科学》1999年第4期。
[66] 菜昉：《劳动力迁移的两个过程及其制度障碍》，载《社会科学研究》2001年第4期。
[67] 曹景椿：《加强户籍制度改革，促进人口迁移和城镇化进程》，载《新华文摘》2001年第1期。
[68] 朱小娟：《国家治理现代化与户籍制度改革一脉相承》，载《法制与经济》2015年第Z2期。

三、学位论文类

[1] 张海涛：《论宪法对我国居住证制度的规制》，华东政法大学2011年硕士学位论文。
[2] 张冬苹：《基本公共服务均等化视觉下的我国户籍制度改革》，海南大学2010年硕士学位论文。
[3] 朱佳：《新型城镇化进程中的我国户籍制度改革》，江苏大学2016年硕士学位论文。
[4] 李安照：《阻力与对策——中国户籍制度改革》，浙江大学2010年硕士学位论文。
[5] 唐亚霞：《城乡统筹视觉的户籍制度改革》，重庆工商大学2008年硕士学位论文。
[6] 李雪刚：《社会治理背景下的户籍制度改革》，西南政法大学2015年硕士学位论文。
[7] 李晓丽：《城市化进程中的农民工市民化问题研究——以济南市为例》，山东大学2007年硕士学位论文。
[8] 赵章华：《农民工市民化的制度变迁研究》，安徽大学2012年硕士学位论文。

[9] 陈平：《农民工市民化意愿影响因素研究——基于常德市1000个样本分析》，西南大学2015年硕士学位论文。
[10] 宋佳：《我国新型城镇化背景下的户籍制度改革研究》，延安大学2016年硕士学位论文。
[11] 王亚伟：《新型城镇化建设中户籍制度改革问题研究——日照市为例》，山东师范大学2015年硕士学位论文。
[12] 朱佳：《新型城镇化进程中我国户籍制度改革研究》，江苏大学2016年硕士学位论文。
[13] 陆鹏飞：《新型城镇化战略下浙江省中心镇发展的关键问题研究》，浙江大学2014年硕士学位论文。
[14] 刘军辉：《改革开放以来我国户籍制度改革研究》，首都经济贸易大学2010年硕士学位论文。
[15] 陈涓：《户籍制度与资源配置研究——基于高考移民的视角》，天津大学2011年硕士学位论文。
[16] 严士清：《新中国户籍制度演变历程与改革路径研究》，华东师范大学2012年硕士学位论文。
[17] 吴京：《我国城镇流动人口户籍制度改革研究》，郑州大学2013年硕士学位论文。
[18] 袁华川：《当代户籍制度改革问题及对策研究》，西南政法大学2012年硕士学位论文。
[19] 黄彩玲：《中国当代城市化进程中的户籍制度变迁研究》，南京大学2012年硕士学位论文。
[20] 董文娜：《改革开放以来我国城镇化进程论析》，东北师范大学2012年硕士学位论文。
[21] 赵宾宾：《试论当前我国政府社会管理职能的完善》，东北师范大学2012年硕士学位论文。
[22] 朴香娜：《城市化进程中的中国户籍制度改革》，吉林大学2014年硕士学位论文。
[23] 王兆林：《户籍制度改革中农户土地退出行为研究：重庆的实证》，西南大学2013年硕士学位论文。
[24] 刘雅媛：《户籍制度对实现流动儿童义务教育均等的限制及其改革对策》，吉林大学2015年硕士学位论文。
[25] 朴诗瑶：《城乡发展一体化背景下吉林省农村户籍制度改革的研究》，延

边大学2015年硕士学位论文。
[26] 钱源：《我国户籍制度改革面临的问题与对策研究》，华中师范大学2015年硕士学位论文。
[27] 曹青彦：《我国中小城市户籍制度改革的探索研究》，内蒙古师范大学2015年硕士学位论文。
[28] 崔莉：《广州市户籍制度改革研究》，云南大学2015年硕士学位论文。
[29] 阮文杰：《我国城市户籍制度改革问题研究》，东华大学2016年硕士学位论文。
[30] 马桂萍：《进城务工农民市民化制度演进及创新》，辽宁师范大学2008年博士学位论文。
[31] 赵静：《改革我国二元户籍制度的若干构想》，郑州大学2012年硕士学位论文。
[32] 李袁媛：《论迁徙自由权在我国的实现模式》，湖北大学2013年硕士学位论文。
[33] 李铮：《论迁徙自由与我国户籍制度改革》，河南大学2010年硕士学位论文。
[34] 樊红蕾：《论我国公民迁徙自由权的保障与实施》，西北大学2017年硕士学位论文。
[35] 温元贞：《新型城镇化背景下迁徙自由权研究》，吉林大学2015年硕士学位论文。
[36] 朱晓娟：《国家治理现代化视域下户籍制度改革的探讨》，福建师范大学2016年硕士学位论文。